타프티가 말해주지 않은 것

О чем не сказала Тафти
By Вадим Зеланд

Original copyright © ОАО Издательская группа «Весь», 2019
Cover and interior designer — Ирина Новикова
Photographer — Мария Тайкова
Make-up artist — Галина Желенкова

세상에서 가장 괴이하고
매혹적인 자기계발 픽션

트랜서핑 V2.2

타프티가 말해주지 않은 것

바딤 젤란드
지음
♦
정승혜
옮김

정신세계사

일러두기

- 편집부 주로 표기된 것 외의 모든 각주는 옮긴이가 쓴 것입니다.
- 단행본은 겹묶음표 《》, 단행본 장제목과 간행물은 묶음표 〈〉로 표기했습니다.

타프티가 말해주지 않은 것

바딤 젤란드 짓고, 정승혜 옮긴 것을 정신세계사 김우종이 2022년 2월 23일 처음 펴내다.
이현율과 배민경이 다듬고, 변영옥이 꾸미고, 한서지업사에서 종이를, 영신사에서 인쇄와 제본을,
하지혜가 책의 관리를 맡다. 정신세계사의 등록일자는 1978년 4월 25일(제2021-000333호),
주소는 03965 서울시 마포구 성산로4길 6 2층, 전화는 02-733-3134, 팩스는 02-733-3144이다.

2024년 7월 16일 펴낸 책(초판 제2쇄)
ISBN 978-89-357-0454-5 04320
978-89-357-0309-8 (세트)

홈페이지 mindbook.co.kr | 인터넷 카페 cafe.naver.com/mindbooky | 유튜브 youtube.com/innerworld |
인스타그램 instagram.com/inner_world_publisher

♦ 차 례 ♦

땋은머리 1

Q. 미래의 프레임을 '비춰볼' 필요가 생기자마자 머릿속에 심상이 떠올라요. 그다음 제 의지를 여러 번 말로 반복하면서 이 모든 기분 좋은 감각을 확실하게 느껴봅니다.

A. 땋은머리를 먼저 활성화시킨 다음 스크린에 심상을 그리거나 머릿속으로 떠올려야 한다. 이 순서대로 해야 한다.

Q. 슬라이드를 비출 때 그것이 현실이 될 거라는 믿음은 어느 정도여야 할까요? 저의 바람이 이루어진다는 사실을 의심하는 건 아닙니다. 다만 그날그날 기분에 따라서 이런 질문이 떠오를 때가 있어요.

A. 믿음은 나중에 생길 것이다. 우선은 행동을 하라. 타프티가 최대한 자주 연습하라고 조언한 것도 그런 이유에서다. 그 까닭은 첫 번째로 땋은머리를 단련해야 하기 때문이며, 두 번째로는 정신적

인 틀을 바꿔야 하기 때문이다. 땋은머리가 효과가 있음을 여러 번 확인하게 되면 믿음은 자연스럽게 생길 것이다.

Q. 땋은머리 기술을 사용할 때 안전 사항이나 주의사항이 있나요? 어떤 것은 해도 되고, 어떤 것은 하면 안 되는지 같은 것들 말입니다.

A. 땋은머리에 대해서는 〈땋은머리와 에너지 흐름〉(《여사제 타프티》 197쪽) 장에서 더 자세히 알 수 있을 것이다. 땋은머리의 정확한 위치를 찾아내면 알 수 있는 특정한 느낌이 있는데, 그 느낌은 사람마다 다르다. 어딘가 불쾌한 느낌이 일시적으로 들 수도 있다. 하지만 그런 느낌은 금세 사라진다. 안전과 관련해서는 특별히 걱정할 것은 없다. 문제가 될 만한 일은 여태까지는 없었다.

Q. 기도를 할 때 땋은머리는 활성화된 상태여야 하나요? 아니면 기도의 힘은 땋은머리를 사용하지 않아도 될 정도로 강력한가요?

A. 나는 성직자가 아니기 때문에 그것은 내가 왈가왈부할 문제가 아닌 것 같다. 하지만 당신이 신에게 기도를 한다면 신은 그 자체만으로도 당신에게 귀를 기울일 거라고 생각한다. 그러나 당신이 현실에게 기도한다면, 정확히 말해 현실을 바꾸겠다는 의도를 가지고 있다면 땋은머리가 당신의 의도를 훨씬 강력하게 만들어줄 것이다.

Q. 저에게는 두 가지 문제가 있습니다. 하나는 제 목표를 상상하는데 오랜 시간 동안 집중을 하지 못한다는 것이고, 다른 하나는 땋

은머리를 상상하지 못하겠다는 것입니다. 알고리즘이 있다면 알려 주세요.

A. 자신의 목표를 오랫동안 상상할 필요는 없다. 땋은머리는 짧은 시간 동안 목표 프레임에 집중하기 위한 기술이다. 땋은머리를 어떻게 상상하는지에 대해서는 〈땋은머리와 에너지 흐름〉 장을 주의 깊게 읽어보길 바란다.

Q. 질문이 있습니다. 프레임, 즉 목표를 비출 때 한 프레임만을 비춰야 하나요? 아니면 한꺼번에 여러 개의 프레임을 비춰도 되나요? 삶이라는 것이 한 영역에서만 이루어지는 것도 아니고, 원하는 것이 두 개, 세 개, 또는 열 개까지도 생길 수 있지 않습니까?

A. 땋은머리 기법을 자유자재로 사용할 수 있다면 열 개나 되는 프레임을 전부 한 번에 비춰봐도 된다. 땋은머리의 느낌을 유지하면서 한꺼번에 그 모든 프레임에 집중할 수 있다면 말이다. 또 한 가지 중요한 사실은, 이 프레임들이 **서로 모순되지 않아야 한다는** 것이다. 애초에 있던 당신의 프레임 중 그 어떤 것도 서로 충돌해서는 안 된다.

땋은머리 기법을 사용할 때에는 한 번에 한 프레임만 돌려보는 것이 더 좋다. 그렇게 해야 더 안정적이고, 프레임들끼리 서로 엇갈리는 일이 없다. 나머지 프레임들도 하루 동안 각각 따로따로 돌려보라. 프레임이 여러 개라면 몇 번에 걸쳐 한 번에 하나씩 돌려보면 된다. 중요한 것은 이 작업을 용의주도하게 해야 한다는 사실이다.

Q. 어쩌면 작가님께서 이미 여러 번 받아본 질문일 수도 있을 것 같습니다. 저는 땋은머리를 느끼지도 못하겠고, 언제 땋은머리를 활성화시켜야 하는지도 모르겠습니다. 물리적으로도, 에너지적으로도 느껴지지 않아요. 하지만 버스를 타고 특정 장소로 가려고 한다거나 뭔가를 얻고자 할 때와 같이 쉽고 사소한 일들을 해내려고 할 때는 성공합니다. 다만 앞서 말씀드린 것처럼, 땋은머리를 사용하는 것만큼은 잘 못 하겠어요! 아니면 제 착각일지도 모르겠네요…. 땋은머리를 활성화시키려고 할 때는 긴장도 하지 않고, 근육을 전부 편하게 이완시켜 놓습니다. 날개뼈 사이에서 온기나 에너지가 느껴지기를 기다리지 말고 그냥 그 부위에 그런 느낌이 있다고 상상만 하면 되는 건가요? 땋은머리는 엄청난 기법인 것 같아요. 저도 이 기법을 사용해보고 싶어요!

A. 땋은머리가 느껴지지 않는다면 에너지를 전혀 느끼지 못하고 있거나, 당신의 경우 땋은머리가 심각하게 퇴화해 있다는 뜻일 수 있다. 사용되지 않는 것은 퇴화하기 마련이다. 마치 근육처럼 말이다. 근육도 꾸준한 운동으로 키워 나가야 하지 않는가? 〈땋은머리와 에너지 흐름〉 장에 설명된 방식으로 에너지를 단련해보길 바란다.

땋은머리가 매우 약해진 상태라고 해서 아주 단순한 일들을 할 때도 그것이 아무 효과도 내지 않을 것이라는 뜻은 아니다. 아무것도 느껴지지 않는다 해도 날개뼈 사이의 부위에 집중하며 프레임을 비춰보라. 그걸로도 충분하다. 《여사제 잇파트》에서 볼 수 있다시피, **잇파트 본인도 처음에는 그 어떤 것도 느끼지 못했다.**

시간이 흘러 땋은머리가 충분히 강해지면 팔을 자유자재로 움직이는 것처럼 땋은머리를 쉽게 사용할 수 있을 것이다. 그렇게 되면 더 어려운 일들도 해낼 수 있는 순간이 오게 된다.

Q. 땋은머리나 그것의 끝부분이 활성화되었다는 분명한 느낌이 전해지지 않는다면 어떻게 해야 할까요? 이럴 때는 그냥(그 느낌을 느껴 보려고 애쓰면서) 땋은머리를 상상하면 되나요? 그렇게 해도 효과가 있을까요?

A. **《여사제 잇파트》에서 마틸다도 땋은머리를 분명하게 느끼지 못했다.** 그녀는 '등에서 어떤 나른한 감각이 느껴졌다'고 했는데, 이 표현 역시 다양하게 해석될 수 있다. 애초에 마틸다는 땋은머리를 뒤통수에서 이어지며 활성화되었을 때 끝이 살짝 올라가는 '땋은머리' 그 자체로 느낀 것이 아니다. 그녀에게는 매개체가 있었다. 그것은 바로 그녀의 등에 달려 있던 커다란 리본이었는데, 그 리본은 그녀가 집중을 하는 데 도움이 되었다. 그것뿐이다. 그녀가 그것에 주의를 기울이자마자(땋은머리가 아니라 '리본'이었다는 사실에 주목하길 바란다) 모든 것에 성공했다. 당신도 성공할 수 있다.

하지만 땋은머리를 심상화하고 그 느낌을 이해하려고 애쓰는 것은 당연히, 그리고 반드시 해야 하는 일이다. 땋은머리는 **여러 가지 형태로 나타나며,** 땋은머리가 활성화되면 그것이 무엇인지 바로 이해하고 느낄 수 있을 것이다.

Q. 땋은머리가 어떻게 생겼으며 어디에 달려 있는지 그림으로 설명해 주실 수 있나요?

A. 그림은 당신에게 아무런 도움도 되지 않을 뿐 아니라 오히려 방해만 될 것이다. 땋은머리의 느낌은 주관적이며 사람마다 다르기 때문이다. **그저 날개뼈 사이에 뭔가가 있음을 느끼기만 하면 된다.** 그 느낌이 땋은머리를 활성화하려고 시도할 때마다 똑같다면 땋은머리를 활성화하는 데 성공한 것이다. **정확히 어떤 느낌인지는 중요치 않다.** 예컨대 그 느낌이 태양신경총*과 같이 다른 부위에서 느껴진다면 그것은 땋은머리가 아니다. 땋은머리는 날개뼈 사이에 있다. 땋은머리가 어디에 있고 정확히 무엇인지 알아내기 위해 안간힘을 쓴다면 결국 아무것도 알아내지 못할 것이다. 너무 긴장하지 말라. 당신의 날개뼈 사이에 뭔가가 있음을 느껴본 다음, 그 느낌을 그대로 유지한 채 당신이 이루고자 하는 프레임을 내부 스크린에 비춰보거나, 머릿속으로 상상해보거나 말로 표현하면 된다. 간단하다. 느끼고, 1분 또는 그보다 짧게 그 느낌에 집중한 다음 프레임을 비춰보고 그 느낌을 놓아주면 된다.

Q. A와 B라는 친구가 있다고 가정해보겠습니다. A는 어려운 과제들을 스스로 해결하는 법을 배우고, 똑같은 과제를 하는 데 시간이 더 오래 걸립니다. 반면에 B는 아무런 힘도 들이지 않고 문제들을 단번에 해결해주는 요술 지팡이를 가지고 있습니다. 고등학생이

---

* solar plexis. 사람의 몸에서 주요 기능을 담당하고 있다고 알려진 부위. 가슴의 끝이나 복강의 시작 부분 사이에 있다.

된 A는 많은 경험과 지식을 가지고 있고, 모든 문제를 풀고 많은 것들을 해낼 수 있습니다. B는 그가 가진 요술 지팡이를 빼앗기면 초등학교 1학년과 별 차이가 없을 정도의 수준이 됩니다. 다시 말해서 성장도, 발전도 없었다는 말이지요. 실제로 이런 일이 있었다는 것도 아니고 비난을 하는 것도 아니며, 대략 이렇게 묘사해 보겠다는 겁니다. 타프티의 기법은 여기에서 말하는 요술 지팡이, 말하자면 문제를 회피하게 해주는 도구 아닐까요?

A. '땋은머리를 사용하는 학생은 아무것도 배우지 못한다'는 말을 하고 싶은 것인가? 아니면 그런 학생은 공부를 하지 않고도 우수한 성적을 받을 수 있다는 점을 말하려는 것인가? 땋은머리는 그런 식으로 효과를 내는 것이 아니다. 그것은 요술 지팡이가 아니다. 그저 당신의 영화 속에 조금 더 순탄한 길이 나타나도록 도와주는 도구일 뿐이다. 공부는 반드시 해야 한다. 운동선수가 반드시 훈련을 해야 하는 것처럼 말이다. 경기를 하든, 시험을 보든 어떤 경우에서도 악조건의 상황이 벌어질 수 있다. 이런 상황에서 땋은머리는 모든 일이 순조롭고 당신에게 도움이 되는 방향으로 흘러가는 영화 필름으로 건너뛸 수 있게 해준다. 아주 단순한 사건들 속에서 흔히 '기적'이라고 일컬어지는 일들이 일어나는 것이다. 더 복잡한 상황을 해결하기 위해서는 땋은머리뿐 아니라 체력 관리를 하면서 노력을 해야 할 것이다.

Q. 아무리 땋은머리 기법을 시도해봐도 성공하지 못했습니다. 이쯤 되니 '땋은머리라는 게 정말로 있는 것인가?' 하는 의문이 듭니

다…. 모든 걸 제대로 하고 있는 것 같은데 말이지요. 날개뼈에서 살짝 떨어진 부분에 땋은머리와 비슷한 뭔가가 있다고 상상하고, 그러면서 내부 스크린에 제가 원하는 것을 그린 상태에서 약 1분 정도 그 느낌을 유지합니다. 사건이 여러 가지 결과로 이어지기 전에 이 기법을 사용하면 성공할 확률은 50대 50이에요. 성공했다고 말하기에는 힘든 확률이죠. 제가 실현시키고자 하는 사건을 그저 상상하기만 할 때도 이루어지는 것은 아무것도 없습니다. 충분히 반복하는데도 말이지요. 제가 잘못하고 있는 것일까요? 이렇다 할 느낌도 없고, 그저 땋은머리가 있다는 시늉만 할 뿐입니다.

A. 성공할 것이다. 만일 성공하지 못한다면 이유는 세 가지다. 첫 번째로 땋은머리가 매우 약하게 발달되어 있기 때문이다. 이럴 땐 연습을 더 많이 하면 된다. 두 번째로, 노력을 과도하게 하고 있는 것이다. 노력은 역기 따위를 드는 일에나 필요하다. 그런 정성으로 땋은머리를 사용하면 아무것도 성공할 수 없을 것이다.

당신이 노력을 너무 많이 하면 근육이 긴장되고, 그렇게 되면 내부의도를 사용하게 된다는 사실에 주목하길 바란다. 외부의도가 '외부'의 의도로 불리는 이유는, 그 의도가 당신의 것이 아니기 때문이다. 외부의도를 가지기 위해서 필요한 것은 잔뜩 긴장하는 것이 아니라 '새끼손가락을 살짝 들어올리는 것'이다. **직접 뭔가를 하려는 시늉만 하는 것이다.** 하지만 사실상 주차장에 빈 자리를 당신 자신이 직접 만들 수는 없지 않은가? 그렇게 할 수 있는 것은 외부의도다. 그리고 이 외부의도를 사용하기 위해서는 '새끼손가락'에 해당하는 땋은머리만 있으면 된다. 땋은머리는 외부의도를 끌어들이기 위한 당신의 '속임수'다.

내부의도는 몸의 앞쪽을 사용하여 효과를 낸다. 반면에 땋은머리는 몸의 뒤쪽에 있다. 그래서 당신은 직접 행동하는 것이 아니라 **그 행동은 저절로 이루어지는 것이라는** 환상을 만들어 외부의도가 믿게끔 하는 것이다. **외부의도는 당신도 모르는 사이에 사건이 저절로 해결될 때 사용되는 힘이다.** 당신은 그저 상황이 어떻게 흘러가야 하는지 슬쩍 힌트만 주면 된다. 그래서 '당신과는 아무 상관이 없다'고 하는 것이다. 그리고 정작 본인은 외부의도가 무엇을 해야 하는지 슬쩍 **눈치**만 주면 되는 것이다.

마지막으로 세 번째 이유는 당신의 틀이자 달팽이의 껍데기인 '정신적 틀'이다. 여기서 정신적 틀이라는 것은 '나는 현실을 선택할 수 없다'는 고정관념을 말한다. 실패를 한다 해도 크게 신경 쓰지 말고 최대한 자주 연습하라. 그리고 마침내 성공하면 사념 표시기(《여사제 타프티》 187쪽)로 그 성공을 확실하게 표시해두라. 당신이 성공했다는 확신이 드는 바로 그 순간이 노력이 필요한 타이밍이다. 사념 표시기를 이용하여 당신의 만족감과 기쁨을 열심히 만끽하라. 땋은머리와 온갖 원칙들을 비롯한 그 외의 모든 것들을 하는데 필요한 것은 **가벼운 마음과 자연스러움이다.**

Q. 책에서 읽은 것처럼 저는 앞뒤 따지지 않고 곧바로 땋은머리 기법을 사용하기 시작했고, 이틀 정도는 썩 괜찮게 해냈어요! 당연히 매우 신이 났었죠. 저는 백수였기 때문에 늘 돈이 궁한 상태였는데, 요술 같은 땋은머리 기법에 성공한 것도 모자라 이틀 '내내'

계속 효과가 있었으니까요. 그 밖에 사소한 행운도 잇따랐습니다. 하지만 어느 날 갑자기 다른 인생이 시작된 것처럼 그 이후부터 지금까지 실패만 하고 있습니다. 모든 것을 제대로 하고 있는데도 말이죠. 왜 책을 읽고 난 다음 이틀 동안은 매번 성공적이었고, 지금은 계속해서 실패만 하는 것일까요? 이 밖에도 저는 주식 투자와 환치기를 하고 있는데, 땋은머리와 의도를 사용하여 제가 구매한 주식의 주가가 올라가는 영화 필름으로 건너가려고 시도해봤습니다. 그리고 실제로 이익을 봤죠(전부 머릿속으로 그려보기도 하고 심상화도 했습니다). 그런데 왜인지 지금은 효과가 없습니다. 심지어 제가 주문했던 것과는 완전히 반대로 제가 구매하는 주식마다 주가가 떨어져 손절을 하는 상황이 생기고 있죠. 땋은머리 기법을 사용할 때 제약이라도 있는 걸까요?

A. 여기에서 제약이라고 할 만한 것은 딱 한 가지다. 영화와 프레임은 당신의 것이어야 하며, 그 속에서 끝내 성공을 손에 쥐는 주인공은 당신이고 그 외의 사람들은 단역 배우들처럼 배경화면에 존재해야 한다는 것이다. 다른 영화 속의 사람들이 나오는 프레임을 비춰본다면 성공할 확률은 낮다. 당신은 사람들에게 아무 영향도 미치지 못한다(물론 NLP*같은 방법으로 다른 사람을 조종할 수야 있겠지만 우리가 다루고자 하는 내용은 이것이 아니니 논외로 하자). '주가가 오르락내리락 하는' 시나리오 역시 마찬가지다.

주식 시장에서라면 상황은 더 복잡하다. 당신 말고도 수많은 사람

---

* 신경 언어 프로그래밍(Neuro-Linguistic Programming). 실용심리학의 한 분야로, 인간 행동의 긍정적인 변화를 이끌어내는 기법을 종합해놓은 지식 체계의 명칭.

이 주식에 투자를 하고 있으며, 수익을 보고자 하는 사람 역시 그곳에 널려 있다. 그들 모두 자신만의 시나리오를 가지고 있다. 누군가는 이득을 얻고, 누군가는 파산한다. 그렇게 많은 사람이 관련되어 있다면 당신이 필요로 하는 영화로 건너뛰는 것은 너무나 어려운 일이다. 당신에게만 어려운 게 아니라 현실에게도 어렵다.

어떤 부정적인 사념 표시기가 당신이 실패하게 되는 원인이 되었을 것이다. 땋은머리는 백 퍼센트의 확률을 보장해주는 것이 아니다(가능성을 훨씬 높여줄 뿐이다). 그리고 거듭 말하지만, 특히 당신의 '일'에 많은 사람의 이해관계가 걸려 있을 때는 더욱 그렇다. **실패에 집중해서는 안 된다.** '부작용'을 겪었다는 듯이 간단히 무시하면 그만이다.

이제 당신이 해야 할 일을 알려주겠다. 당신의 목표가 주식 투자에서 수익을 보는 것이라면 최대한 자주 프레임을 돌려보라. 하지만 당신이 설정한 것과 같이 '어떤 주식의 주가가 올라가는' 프레임이 아니라, 당신이 수익을 얻는 **최종 결과**의 프레임을 돌려보는 것이다.

예컨대 카지노에 가는 사람들의 경우에도 마찬가지로, 당신이 베팅한 숫자에 쇠구슬이 멈추는 모습이 담긴 프레임이 아니라 환전소에서 칩을 돈으로 교환하는 **최종적인 프레임**을 비춰야 한다. 금액을 결정해서도 안 된다. 그저 돈을 받기만 하라. '얼마를 벌 것인가'부터는 이미 너무 어려운 문제가 된다. 카지노에서는 너무 많은 사람의 영화 필름이 이리저리 얽혀 있기 때문에 당신이 필요로 하는 현실로 건너뛰기가 힘들 것이다.

또 한 가지 중요한 사실을 말해주겠다. 이런 현실은(특히 돈이 관련되어 있다면) 미리 여러 번 돌려봐야 한다. 곧바로 행운이 찾아오는 경우는 드물다. 어느 날 아침, 잠에서 깨어나 프레임을 돌려봤는데 단번에 모든 것이 성공할 거라고 생각해서는 안 된다. 반드시 용의주도하게 연습하되, 조바심을 내지 않고 기다리는 편안한 태도가 필요하다. 쉽게 얻은 것은 쉽게 사라진다. 그리고 노력은 사념표시기를 사용할 때 하라. 모든 것이 효과가 있으며, 당신도 할 수 있고, 현실을 바꿀 능력이 있음을 당신의 정신적 틀에 확실하게 입력하라.

하지만 애초에 카지노나 주식과 같은 도박은 웬만하면 피하라고 조언하고 싶다. 승산이 없는 게임이라서가 아니다. 그런 게임을 하는 데 있어 반드시 필요한 포커페이스를 유지하기가 어렵기 때문이다. 앞서 언급했던 포커페이스를 말이다.

Q. 땋은머리를 단련하기 위한 연습이나 훈련 방식이 있나요?

A. 우선은 집중해서 땋은머리를 느껴봐야 한다. 이에 대해서는 〈땋은머리와 에너지 흐름〉 장에서 더 자세히 알 수 있다. 땋은머리가 활성화되었을 때의 느낌은 여러 가지이며 사람마다 다르다. 직접 경험해보면 알게 될 것이다. 땋은머리를 단련하기 위한 유일한 방법은 당신의 목표 프레임을 규칙적으로 비춰보는 것뿐이다.

Q. 최근에 저는 땋은머리를 사용하여 예측한 사건들이 꿈에서 실제로 이루어진다는 사실을 알게 되었습니다. 이런 일들이 꿈에서 일어

난다면 그 말은 즉, 제가 주문한 내용이 받아들여졌다거나, 아니면 현실에서도 실현될 것이라는 뜻일까요?

A. 당신의 결단력이 얼마나 강한지, 현실을 선택하는 데 얼마나 진지하게 임하는지, 그리고 그것이 가능할 것이라는 믿음이 얼마나 큰지에 따라 달라진다. 흥미로운 것은 당신이 '현실을 선택한다'는 표현 대신 '사건을 예측한다'고 말한 것이다.

당신이 해야 할 일은 예언이 아니라 선택이다. **공상을 하는 것이 아니라 이루겠다는 의도를 가져야 한다.** 《여사제 잇파트》에서 잇파트와 마틸다는 이렇게 말하곤 한다. "나는 그렇게 하기로 결심했다. 끝." 이것은 자신의 결단을 한데 모아 흔들리지 않는 강한 의도로 발산하는 강력한 현실 통제 기법이다.

하지만 이보다 더 차분한 방법으로 현실을 선택할 수도 있다. 여기에는 긴장도, 심지어 의지라고 할 만한 것조차 필요치 않다. 그저 믿기만 하면 된다. 더 정확히 말하자면 '효과가 있음을 알면 된다.' 앎의 형태로 구현되는 이런 침착한 **믿음은 연습을 통해 만들어진다.** 사소한 사건부터 큰 목표까지 최대한 자주 현실을 선택해야 한다. 확신이 점점 더 강해짐에 따라 **믿음이 앎의 형태로** 찾아올 것이다. 그렇게 당신의 정신적 틀이 바뀌게 될 것이다.

Q. 더 어려운 목표들을 이루기 위해서는 어떻게 해야 하나요? 이런 경우에도 마찬가지로 땋은머리를 활성화시키고 초연하고 냉정하게 장면을 그려보면 되나요?

A. 반드시 초연하거나 냉정해질 필요는 없다. 당신이 비추는 프레임

이 마음에 든다면 그 프레임에 감정적으로 몰입할 수 있을 것이다. 예컨대 '자신의 집 벽난로 옆에 있는 흔들의자에서 편안하게 쉬는' 장면을 상상하면 그것에 자연스레 몰입하게 되는 것처럼 말이다. 땋은머리를 활성화시키고, 당신의 프레임을 상상하며 만족감을 느껴보는 방법도 있다.

또는 "그렇게 하기로 결심했어. 그 일이 일어날 거야"라는 강한 결단력을 가지고 현실을 선택하라. **차분하되, 완전한 결단력을 가지고 해야 한다.**

중요한 것은 프레임을 비추는 순간에 열망이나 실패에 대한 두려움, 의심과 같은 잉여 포텐셜을 만드는 감정이 생기지 말아야 한다는 것이다. 이미 시작한 이상 의심은 버리라. 행동을 해야 한다. 의심 따위는 과거에 남겨두어야 한다. 의심에 의심을 거듭했을지라도, 그 후 어느 순간부터는 완전한 결단력을 가지고 행동하기 시작하는 것이다.

그 밖의 어려운 목표를 달성하고자 할 때도 단순한 목표를 이루려고 할 때와 마찬가지로 하면 된다. 다만 목표 달성 기법을 더 오래, 더 용의주도하게 해야 할 것이다. 여기에서 목표 달성 기법이란 프레임을 비춰보고 반영을 만드는 것을 말한다. **땋은머리로 자신의 목표를 설정할 뿐 아니라 그 목표가 이미 이루어진 듯한 상태에서 살아야 하는 것이다.**

Q. 땋은머리와 조합점*은 같은 것인가요, 다른 것인가요?

A. 다른 것이다. 땋은머리가 활성화되면 그것의 끝부분이 조합점과 맞닿기는 한다. 하지만 반드시 그 사실을 알아야 할 필요는 없다. 우리의 에너지 정보장**이 어떻게 생겼는지 정확히 아는 사람은 아무도 없다. 신체 해부학에서도 아직은 미지의 영역으로 남아 있기도 하고 말이다.

Q. 머리카락을 실제로 땋아보면 도움이 될까요?

A. 아무 도움도 되지 않을 것이다.

Q. 저는 왼손잡이인데, 제 의도가 정반대의 모습으로 실현될 수도 있을까요? 다시 말해서, 거울에 비친 모습처럼 제 주문과 반대되는 상황으로 나타날 수도 있는지 궁금해요.

A. 당신이 왼손잡이든 오른손잡이든 아무 차이도 없다. 어느 손을 자주 쓰는지는 아무런 영향도 주지 않을 것이다.

---

* assemblage point. 〈돈 후앙 시리즈〉에서 사용되는 개념. 그에 따르면 조합점은 테니스공 크기의 빛나는 점으로, 인간의 의식이 조합되는 지점이라고 한다. 오른쪽 견갑골의 돌출 부위에서 약 60센티미터 정도 떨어진 곳에 위치한다.

** energy-information field. 인체가 내뿜는 정보 에너지로, 그 인체의 상태가 전부 기록되어 있는 것으로 알려져 있다.

Q. 실전에 관한 질문입니다. '물컵 기법'*과 '의도 발생기'** 기법을 사용할 때 땋은머리를 활성화시키면 효과가 더 커질까요? 아니면 이 기법들을 각각 따로 사용하는 것이 좋을까요?

A. 두 기법과 땋은머리를 함께 사용하는 것은 아무 의미가 없다. 이 기법들은 각기 다른 방식으로 효과를 내기 때문이다. 목표를 달성하기 위해서는 의도 발생기, 물컵 기법과 땋은머리를 모두 사용하는 것이 가장 효과적이고 좋은 방법이기는 하다. 다만 개별적으로 사용해야 한다. 세 가지를 동시에 사용해서는 안 되는 이유가 있거나 그것이 불가능해서가 아니다. 어떤 것이든 할 수 있으며, 가능하기도 하다. 다만 따로 사용하는 것이 더 쉬운 방법이기 때문에 이렇게 권하는 것이다.

Q. 왜 어떤 때는 땋은머리를 활성화하는 데 실패할까요? 성공과 실패는 무엇에 의해 좌우되는 것인가요? 또 한 가지 궁금한 점이 있습니다. 땋은머리를 활성화하는 일에 성공했을 때는 땋은머리가 날개뼈 사이 부근에 있는 것이 느껴져요. 하지만 왜인지 모르게 태양신경총 부위에서도 제가 불안할 때 느끼는 것과 똑같은 느낌이 듭니다. 굉장히 침착한 상태인데도 불구하고요.

---

* 종이에 자신의 바람을 적은 다음 그것을 깨끗한 물이 담긴 유리컵 아래에 깔아둔다. 양 손바닥을 서로 마주 보게 하고(손바닥을 서로 붙이는 것이 아니라 어느 정도 공간을 두고 떼어놓는다), 두 손 사이에 강한 에너지 덩어리가 만들어진다고 상상한다. 그러면서 종이에 적어둔 내용을 되새기거나 읽은 뒤, 손으로 컵 주변을 감싸고 에너지를 물 안으로 불어넣은 다음 그 물을 마신다.

** 동양의 기공 수련처럼 양 손바닥으로 어떤 공과 같은 모양의 에너지를 생생하게 느끼고, 만지고, 움직이면서 원하는 바를 확언하는 방법. 저자는 이렇게 하면 의도가 주변으로 훨씬 강력하게 방사될 뿐만 아니라 몸의 에너지도 빠르게 충전된다고 한다.

A. 모두가 곧바로 성공하는 것은 아니다. 단 한 번도 에너지를 사용해본 적이 없는 사람이라면 연습을 조금 해야 할 것이다. 땋은머리뿐 아니라 그것을 어떻게 사용하는지도 개발이 필요하다. 〈땋은머리와 에너지 흐름〉 장을 읽어보길 바란다. 태양신경총 부위의 감각은 진짜가 아니다. 그 느낌은 금세 사라질 것이다. 태양신경총에 신경을 쓰지 말고 땋은머리에 집중해야 한다. **땋은머리는 등 뒤, 날개뼈 부근에 있다.**

Q. 하루가 끝나갈 무렵이면 제가 거의 하루 종일 잠들어 있는 채 시간을 보냈고 알고리즘은 거의 사용하지 않았다는 사실을 알아차리곤 합니다. 저의 의식은 깨어난 것이 결코 아니었고, 길가에 흔히 널려 있는 잠들어 있는 사람들 중 하나에 불과하다는 걸 새삼스레 깨닫게 된 거지요. 이제 그 문제를 고치려고 합니다!

저의 질문은, 땋은머리를 활성화시킬 때 졸음이 느껴지고 하품이 나온다는 것입니다…. 금방이라도 눈을 감고 두어 시간 정도만 눈을 붙이고 싶다는 생각이 들어요. 신기한 일이지요. 왜 이런 상태가 될까요? 평소 때의 에너지에는 아무 문제가 없고, 잠도 충분히 자고 식습관도 좋은 편입니다. 운동도 자주 하고요.

A. 졸음은 당신의 에너지체에 변화가 일어나고 있다는 신호인데, 평소에 부족했던 부분이 보완되고 나아지고 있다는 것을 의미한다. 에너지 활동을 처음 시작한 많은 사람이 이런 나른함을 느끼곤 한다. 특히 에너지의 흐름을 이용하여 땋은머리를 활성화시킨다면 그것도 마찬가지로 에너지 활동에 해당한다.

Q. 땋은머리에 대해 궁금한 점이 있습니다. 땋은머리가 어떻게 생겼는지 상상이 가질 않아요. '등에서 비스듬히 올라간다'는 말이 무슨 뜻인지 조금 더 정확하게 설명해주실 수 있을까요? 예를 들어, 제가 팔을 살짝 들어올렸을 때, 팔을 들어올린 만큼 등에서는 땋은머리도 동시에 올라간다는 뜻으로 이해하면 될까요?

A. 그렇다. 제대로 이해하고 있다. 그것 말고 '비스듬히'라는 말에 어떤 다른 의미가 있겠는가? 사실 이 표현에 대한 질문을 많이 받는다. 다들 외국인이라도 되는지 단어의 뜻을 잘 모르고 있는 것 같다. 머리를 땋은 여성을 찾아서 머리카락의 끝을 잡고 뒤로 살짝 움직여보면 땋은 머리가 비스듬한 대각선을 그리며 아래로 내려오는 것을 볼 수 있을 것이다. 이제 '비스듬히'의 뜻을 알겠는가?
하지만 땋은머리를 반드시 땋은머리의 모습으로 상상할 필요는 없다. **그저 날개뼈 뒤에 뭔가가 있다고 상상하며 이 부위에 주의를 기울이면 된다.**
아무것도 느껴지지 않는다면 숨을 들이마시며 뒤통수로부터 날개뼈를 향해 수직으로 내려오는 화살표가 달려 있다고 상상하라. 그저 방향을 가리키는 표시인 화살표를 생각하면 된다. 그 다음, 숨을 내쉬면서 이 화살표의 끝이 비스듬히 올라가면서 등에서 조금 멀어진다고 상상해보라.
그렇게 해도 아무것도 느껴지지 않는다면 의도적으로 느낌을 불러일으켜 보라. 천천히 차분하게 코로 숨을 들이마시면서 날개뼈 부위에 뭔가가 솟아오르거나 부풀어 오른다고 상상하라. 바로 이것이 땋은머리다. 그 다음엔 숨을 내쉬고 땋은머리를 좀더 뒤쪽으로 멀리 보낸다고 상상해보라. **날숨에 해야 활성화가 더 잘 된다.**

만약 땋은머리가 잘 느껴지지 않는다면 땋은머리를 좀더 단련시키고 들숨과 날숨을 반복하며 날개뼈 부근에서 땋은머리를 느껴보기 위해 연습을 더 해야 할 것이다. 당신이 받은 느낌을 최대한 있는 그대로 상상해보라. 그렇게 꾸준히 하다 보면 땋은머리가 결국 **깨어날 것이다. 숨을 깊이 내쉬면서** 땋은머리를 활성화시키는 습관을 들이는 것이 좋다.

Q. 저는 시각화를 하지 못하는 병이 있습니다. 다른 말로 표현하자면, 사건에 대한 기억을 시각적으로 기억해내지 못한다는 것이지요. 의사들은 이런 증상을 '아판타지아 증후군'*이라고 하더군요. 전 세계에서 6퍼센트에 해당하는 사람이 이런 질병을 앓고 있다고 해요. 저는 어떻게 하면 좋을까요?

A. 심상화를 잘 못 하거나 전혀 할 수 없다면 프레임을 비춰보는 대신 사념체를 선언하도록 하라. 이것 또한 효과가 있을 것이다. 《트랜서핑 해킹 더 매트릭스》를 참고하면 유용하고 효과가 좋은 사념체들의 예시를 많이 찾을 수 있을 것이다.

Q. 매우 우습고 바보 같은 질문일 수도 있습니다만, 땋은머리 중 어떤 부위를 사용하여 의도를 비춰야 하나요? 날개뼈를 향하고 있는 땋은머리의 끝부분인가요, 아니면 땋은머리가 처음 시작되는 뒤통

---

* Aphantasia. 눈으로 본 이미지를 머릿속으로 시각화하지 못하는 증상.

수 지점인가요?

A. 땋은머리의 끝이 어느 쪽이며, 어떤 부분으로 의도를 비춰야 하는지가 뭐가 중요한가? 오직 땋은머리를 느끼는 것만이 이 기법에서 가장 핵심이며, 그것을 느끼기만 해도 충분하다. 그 외의 사실은 알 필요 없다.

독자들의 성공담

알렉세이 니콜스키

제가 땋은머리를 느끼는 방법을 어떻게 하루 만에 터득했는지 공유해드리고자 합니다. 저는 군번 인식표를 가지고 있는데, 이것을 목걸이로 만들어 목에 항상 걸고 다녔습니다. 어떻게 하면 등 뒤에 집중하여 땋은머리를 느끼는 방법을 알아낼 수 있을까 내내 고민하던 중에 드디어 방법을 알아냈어요. 목에 걸려 있던 군번줄 목걸이를 등 뒤로 휙 넘겼더니, 마침 군번 인식표가 날개뼈 사이에 닿았던 것입니다. 적당한 무게감이 있어서 등에 닿았을 때 그 느낌이 바로 느껴졌고, 그것 때문에 등 뒤에 뭔가가 있다는 사실을 꾸준히 되새길 수 있었습니다. 바로 그날 저는 몇 가지 사소한 사건들을 땋은머리 기법으로 성공시켰고, 이것은 한 시간 동안 효과가 있었습니다. 지금은 목걸이를 하지 않고 다니지만, 날개뼈 사이의 느낌은 여전히 느낄 수 있어요.

알렉산드르 라드첸코

저의 경우에는 날개뼈 근처에서 땋은머리를 느낄 수 없었습니다. 그보다 약간 더 떨어진, 말하자면 등에서 60~70센티미터 정도 떨어진 부분에서 따스한 진동이 느껴지더군요. 이 상태에서 훨씬 쉽고 효과적으로 시각화를 할 수 있었습니다.

나탈리야 자르코바

제가 땋은머리를 느꼈을 때의 경험을 공유하고자 합니다. 《여사제 잇파트》를 읽기 전에는 등 뒤에서 아무것도 느껴지지 않았습니다. 그러다 정확하게 알게 되었죠. 날개뼈 부위에서 나른함이 느껴졌습니다.

@thewinnertakesitall83

타프티에게 감사할 뿐입니다! 《여사제 타프티》를 읽으니 지금까지 제가 현실을 어떻게 인식하고 있었는지, 평생을 어떤 태도로 세상을 대하고 있었는지 보이더군요! 어릴 적부터 친척들은 저를 '괴짜'라고 불렀습니다. 무의식의 차원에서 할 수 있었던 일인 것 같은데, 저는 계속해서 현실을 저에게 맞춰가며 살았거든요. 땋은머리에 대해서도(저는 예전에 이것을 '밧줄을 가지고 있다'고 표현했습니다) 세 살 때부터 주변 사람들에게 이야기하고 다녔고, 그들은 이것을 유별난 행동이라고 여겼죠. 하지만 이제는 알겠습니다. 그들 모두가 잠들어 있고, 저만 잠에서 깨어나 있었으며 지금도 깨어나 있다는 사실을요. 최근에 들어서는 제 모든 능력이 '이 세상에서 나는 어떤 존재인가?'에 대한 분명한 지식으로 바뀌기 시작했습니다.

알레나 바가우트디노바

《여사제 타프티》를 처음 읽었을 때는 아무리 해도 땋은머리를 사용할 수 없었습니다. 도저히 그것이 느껴지지 않았죠. 아무리 집중하려고 애써봐도 문자 그대로 아무 느낌도 없었어요. 하지만 포기하지 않겠다고 결심했습니다. 그런 식으로 2주가 흘러갔어요. 그러던 중 바로 어제 뭔가가 바뀌었습니다. 반드시 어떤 것을 느껴야만 한다며 애쓸 필요가 전혀 없다는 사실을 알게 되었습니다. 따끔따끔한 통증이나 따스한 온기 같은 촉각에 온 신경을 곤두세우지 않겠다고 다짐했어요. 중요한 것은 행동을 하기만 하면 끝이라는 사실이었습니다. 그래서 행동을 시작했습니다.

저는 집을 나서며 헬스장의 주차장에 빈 자리가 있는 현실을 상상해봤습니다. 차를 세우기에 가장 좋은 자리 세 곳을 미리 생각해두었죠. 도착했더니 실제로도 빈 자리가 세 군데 있었고, 최종적으로 제가 차를 세우기로 마음먹은 자리의 양옆은 비어 있었습니다. 또 중고거래 사이트에 판매 글을 작성한 지 2년이나 된 기타가 얼른 나갔으면 좋겠다는 생각도 했습니다. 그런데 바로 그날 '내일 기타를 보러 오고 싶다'는 연락을 받았어요. 오늘 마침내 그 기타를 팔았고요. 그래서 이런 결론을 내렸습니다.

1. 선택한 프레임에 집중할 때는 카메라의 플래시가 터지듯이 짧고 분명하게 해야 한다.

2. 목표 프레임에 대한 생각은 '~하면 좋을 것 같다'는 문장 형식으로 해야 한다.
3. 위의 두 가지가 확실하게 이루어진다면 땋은머리의 형상이나 존재감이나 느낌은 중요하지 않다.

가장 중요한 사실은 실패하더라도 포기하지 말아야 한다는 것입니다. 언젠가는 반드시 습관이 되기 마련입니다. 그저 시간문제지요.

참고로, 심상이 아주 짧게 번쩍이며 지나가면 그 모습을 미처 다 보지 못할 가능성도 있습니다. 무척 흥미로운 경험이지요. 마치 두뇌가 이미지를 따라가지 못한 나머지, 그 일이 반드시 일어나야 하는지, 애초에 가능한 일이기는 한 것인지 이성적인 판단을 내리지 못하는 느낌입니다. 땋은머리는 정말 환상적인 기법이에요!

게오르기 바샤린

오늘은 땋은머리와 관련된 매우 신기한 일을 겪었습니다. 담배를 한 대 피우고 싶다는 생각을 하면서 집으로 가던 중이었어요. 집으로 가는 길에 모르는 사람 네 명과 마주치게 되었죠. 거의 모두가 술에 취한 상태였습니다. 저는 그때 땋은머리를 활성화했습니다. 먼저 그들이 제게 다가오더니, 한 명이 인사를 하고 행운을 빌어주는 것이었습니다. 그중의 한 여성은 걸음을 멈추고 제게 담배를 권하더군요.

예브게니 도모세도프

땋은머리를 활성화시킨 다음 매우 흥미로운 일을 하는 저의 모습을 상상했습니다. 이틀이 지나자 믿기지 않을 만큼 좋은 조건의 업무 면접 제의가 들어왔어요.

마르가리타 이바니츠카야

제 땋은머리의 끝은 꼬리뼈 부분에서 느껴집니다. 마치 날개뼈 부분에서 돋아나 꼬리뼈까지 이어져 그 끝이 밝게 빛나고 있는 느낌이에요. 제가 땋은머리를 느껴보려고 하면 할수록 그 위치는 같습니다. 어제는 사랑니를 빼기 위해 치과에 갔는데, 치과 의자에 앉아 땋은머리의 끝을 떠올리며 '모두 잘 될 거야'라고 생각했습니다. 물론 복잡한 수술이기는 했지만요. 마취가 풀리면 수술 부위에 통증이 매우 심해서 이틀이나 사흘 동안 진통제를 먹어야 한다고 의사가 그러더군요. 평소에 저는 약을 먹지 않기 때문에, 이번에도 만일의 경우를 대비해 사두긴 했지만 실제로 약을 먹지는 않았습니다. 오늘 아침에 눈을 떴더니 아무 수술도 하지 않은 것 같았습니다…. 아무런 고통도 느껴지지 않아요!

야나 우스마노바

실전에 대해 말씀드리자면, 저는 '등 뒤에서 나른함'이 느껴진다고 생각하고 등 뒤로부터 앞을 향해 의도를 보내어 이것으로 최종 프레임을 비춘다고 상상하면 더 편한 것 같습니다. 이렇게 하면 '나의 프레임이 정말 실현될까?'라는 의심은 거의 하지 않게 됩니다. 그래서 이 기법이 놀랍다고 할 수 있지요. 저는 프레임 기법을 통해 이미 세 번 정도 미래를 바꿨고 기분마저 저절로 좋아지고 있습니다.

비카 토미나

일주일 전만 하더라도 땋은머리가 느껴지지 않았습니다. 심지어 지금도 완전히 느낀다고는 못 하겠어요. 현실을 선택할 때 잠에서 깨어나 주의를 등 쪽에 집중하고, 뭔가가 등 뒤에서 볼록하게 튀어나온 모습을 머릿속으로 그려봅니다. 일주일 동안 현실을 선택하려고 해봤지만 아무 일도 일어나지 않았어요. **그러던 어느 날,** 프레임 속 사건들이 현실에서 **일어나기 시작했어요.**

안나 루카비츠키나

땋은머리는 분명 효과가 있어요. 한 번은 아이가 심하게 아파서 병원에서 발을 동동 구르고 있었는데, 그곳에서 구급차를 불러 주립 병원의 응급실로 이송되었죠. 그때 응급실로 가는 길 내내 저는 땋은머리를 활성화시키고 아들이 다시 건강해진 모습을 담은 장면을 돌려보았습니다. 병원에 가까워질 무렵 '엄마, 이제 괜찮아요'라고 아들이 말하더군요. 의사는 아들을 진찰하더니 정말로 모든 고비가 지나갔다고 말하며 집으로 보내줬습니다.

라도스티 샤슬리바야

제 경험담을 얘기해드릴게요. 땋은머리를 활성화시키는 동안에는 뒤통수에서 허리까지 전율이 흐릅니다. 그러다 땋은머리가 완전히 활성화되고 에너지가 흐르기 시작하면 좋은 느낌이 파도처럼 몸 전체에서 흘러요. 이것이 마틸다가 말한 '나른한 느낌'인 것 같아요. 마치 잔잔한 수면에서 점점 커지는 물결처럼 저에게서 시작해서 사방으로 퍼져 나가는 느낌이에요. 한번은 땋은머리를 활성화하지 않은 상태에서도 느낌이 남아 있어서, 직장에 대한 생각을 해봤습니다 (정확히 말하자면 좋은 직장을 가지고 싶다는 생각을 했어요). 어떻게 되었을까요? 제 의도는 이 '수면 위의 물결' 한가운데에 떨어져 머지않아 현실이 되었죠.

땋은머리 2

Q. 《여사제 잇파트》에서 잇파트가 팔을 어깨높이까지 들어올려 손잡이와 속마음을 조종하는 동작은 메타 현실에서만 효과가 있는 것인가요? 아니면 실제 현실에서도 똑같이 사용할 수 있나요?

A. 물론 실제 현실에서도 사용할 수 있다. 차이가 있다면 메타 현실에서는 그 효과가 금방 나타나지만, 실제 현실에서는 목표가 얼마나 복잡한지에 따라 시간이 조금 걸릴 수 있다는 점이다.

Q. 잇파트가 욕망을 실현시키려고 할 때 상체를 살짝 숙였다가 한 번에 펴면서 두 팔을 들어올리는 신비스러운 동작은 무엇인가요? 새로운 기법인가요, 아니면 의도를 더 강하게 만드는 방법인가요?

A. 이 동작은 땋은머리를 활성화시키는 방법 가운데 하나다. 동작을 한번 따라 해보라. 상체를 살짝 숙였다가, 내쉬는 숨에 몸을 빠르

게 펴며 어깨에 손이 닿도록 두 팔을 구부리는 것이다. 이때 날개뼈 근처에서 어떤 느낌이 드는지 집중해보라.

Q. 저는 등에서 약간 떨어진 부위에서는 땋은머리를 못 느끼겠어요. 모든 것을 책에 쓰인 방법대로 하는데, 왜인지 모르게 등에서 떨어진 부위가 아니라 날개뼈 사이 지점에서 뻐근한 느낌이 가볍게 들어요. 마치 고된 하루를 보내고 나면 등이 쑤시는 것처럼요. 단지 그 부위가 날개뼈 사이일 뿐입니다. 이럴 수도 있나요?

A. 땋은머리는 반드시 등에서 약간 떨어진 부위에서 느껴지지 않을 수도 있다. 등 바로 뒤, 혹은 등 피부에서 **어떤 것이 느껴지며 매번 그 느낌이 반복된다면** 그것으로 땋은머리 기법을 사용할 수 있다. 땋은머리를 활성화할 때의 느낌은 여러 가지며, 사람마다 다르다.

Q. 저는 땋은머리가 목 뒤에서 느껴집니다. 이것도 가능한가요?

A. 등 뒤의 **날개뼈 높이**에서 느껴져야 한다. 다른 부위에서 느껴지는 것은 진짜가 아니다.

Q. 땋은머리는 어떤 모습이라고 상상해야 하나요? 문자 그대로 머리를 땋아 만든 모습을 말씀하시는 건가요? 이런 모습으로 상상하면 되나요?

A. **그 어떤 모습으로도 상상할 필요가 없다.** 그저 되는대로 땋은머리를 느껴보려고 하면 된다.

Q. 제가 책의 내용을 제대로 이해한 것이 맞다면, 작가님께서는 트랜서핑을 실전에서 사용할 때 내면의 대화(독백)를 멈춰야 한다고 특별히 강조하시지 않는 것 같습니다. 이성적인 생각으로부터 마음을 자유롭게 분리시킬 필요가 전혀 없고, 그저 목표를 실현시키기 위해 필요한 사념을 고르는 것만으로 충분하다고요. 하지만 머릿속이 고요한 상태에서 심상화를 하거나 의도를 선언한다면 목표가 더 빨리 이루어지지 않을까요? 머릿속이 조용하다면, 제가 선택한 사념체는 멈추지 않는 이성의 속삭임으로부터 방해를 받지 않을 테니까요.

A. 내면이 고요한 상태를 꾸준히 유지하지 못하는 것인가? 굳이 왜 그렇게 해야 하는지 모르겠다. 땋은머리 기법은 아주 잠깐 동안 집중해서 스크린과 머릿속에(또는 둘 중 하나에) 목표 프레임만을 비추는 것이다. 이 정도의 집중력만 발휘하더라도 다른 잡념은 떠오르지 않을 것이다.

Q. 땋은머리를 활성화시킨 후 시간이 조금 지나고 나면 날개뼈 사이 부위가 간질간질해요.

A. 흔한 동반 증상이다. 금세 사라질 것이다.

Q. 오랫동안 해결되지 않는 고민이 하나 있습니다. 바로 금전 문제죠. 이런 경우에는 땋은머리와 거울 기법을 어떻게 사용하는 것이 좋을까요?

A. 이런 질문에는 간단하게 대답하기가 힘들다. 나로서도 설명할 내

용이 많고, 당신도 많은 것을 해야 하기 때문이다. 땋은머리 기법을 사용하면 어느 날 갑자기 하늘에서 돈다발이 뚝 떨어질 거라고 기대하는 건 아니길 바란다. 물론 사소한 일로 목돈이 생길 수도 있겠지만 꾸준히 돈을 벌기 위해서는 노력을 더 해야 한다.

《여사제 타프티》 이전에 나온 트랜서핑 책들을 구해 거기 있는 기법들을 연습해보도록 하라. 그러면 무엇을 어떻게 해야 하는지 자세히 알 수 있을 것이다. 그다음으로 '영사기'를 계속 사용하며 땋은머리를 활성화한 채 사념체를 선언하고 목표 프레임을 비추는 것이다. 당신이 매우 부유한 사람이라는 가상의 현실을 만들어 내기 위해 반영을 선택하는 기법을 사용하면 된다.

이렇게 여러 가지 기법을 복합적으로 사용하다 보면 당신의 현실도 변화하기 시작할 것이다. 다양한 기회들이 당신을 찾아오게 된다(당신 앞에서 여러 개의 문이 열릴 것이다). 당신이 해야 할 일은 의식을 깨워두고 현실을 관찰하는 것이다. 당신이 눈치채지 못하는 사이에 이 기회들이 당신을 스쳐 지나가지 않도록 말이다.

Q. 장기적인 목표(집이나 아파트를 마련하는 것 등)를 이루기 위해서는 땋은머리를 어떻게 사용하면 좋을까요?

A. 평소에 하듯이, 당신이 자신의 집에 살고 있는 프레임을 용의주도하게 돌려보면 된다. 하지만 땋은머리만 사용해서는 안 될 것이다. 타프티의 기법을 모두 사용하기를 추천한다. 그렇게 하면 삶이 전체적으로 순조롭게 흘러가며, 목표는 더 빠르게 이루어진다.

Q. 의식을 깨우고 날개뼈 사이에 주의를 기울이면 깊이 숨을 들이마시고 싶다는 생각이 들어서 실제로도 그렇게 합니다. 그리고 온몸에 개미가 돌아다니는 기분이 들어요. 원래 이런 건가요? 땋은머리를 느낄 수는 있습니다. 그런데 빛이 나오면서 미래의 영화 필름(제 사념)을 비추는 카메라가 땋은머리의 끝부분에 달려 있는 모습을 상상하게 돼요. 땋은머리는 이런 식으로 사용하면 되나요?

A. 온몸에 개미가 기어다니는 것 같은 느낌은 동반 증상이며, 금방 없어질 것이다. 다만 땋은머리 자체에만 집중해야 한다. 그 어떤 '카메라'도 달아둘 필요가 없다. 어려워지기만 할 테니 말이다. 느낌은 단순해야 한다. 그저 **날개뼈 사이의** 느낌 자체에 집중하고, **그 느낌을 불러일으키는 것을 습관으로 만들라.** 당신이 필요로 하는 프레임을 규칙적으로, 용의주도하게 비춰보라.

Q. 등 뒤에서 도저히 아무것도 느끼지 못하겠습니다. 그 어떤 것도 느껴지지 않아요. 버스가 제때에 올 거라는 평범한 현실조차 선택하지 못해요. 어떻게 해야 땋은머리를 느낄 수 있을까요?

A. 당신이 땋은머리를 느끼지 못하는 이유는 단 한 번도 에너지 활동을 해본 적이 없기 때문이다. 자신의 에너지를 전혀 느끼지 못하는 것이다. 〈땋은머리와 에너지 흐름〉 장에 소개된 것처럼 에너지의 오르내림을 느끼는 연습을 해보라.

Q. 제가 느끼는 것이 의도의 땋은머리가 맞는지 잘 모르겠습니다. 저는 등 쪽에 땋은머리가 있는 느낌이 아니라 척추에서 살짝 떨어진

부분의 날개뼈 높이에 뭔가가 있다는 느낌이 들기만 해요. 이것도 작가님께서 말씀하신 땋은머리가 맞는 것 같기도 하고요.

A. 그것이 땋은머리다. 우리가 상상하는 모습 그대로의 땋은머리가 아니라 바로 이 **'뭔가가 있다는 느낌'**이 맞다.

Q. 제 땋은머리가 어디에 있는지 모르겠습니다. 땋은머리를 못 느끼겠어요.

A. 단 한 번도 에너지 활동을 해본 적이 없다면 땋은머리를 곧바로 느끼지 못할 수도 있다. 《여사제 타프티》의 〈땋은머리와 에너지 흐름〉 장에 나오는 방법으로 에너지를 단련시키라.

Q. 땋은머리를 느껴보기 위해서 무의식적으로도 땋은머리가 있다는 상상을 해야 하나요? 제삼자의 입장에서 제 '등 뒤에' 땋은머리가 달린 것을 보는 모습을 상상해도 될까요?

A. 자신에 대해 말하면서 '그에게는 땋은머리가 있다'고 표현하고 싶은 것인가? 그렇게 한다 해도 소용없을 것이다. 당신은 당신이고 다른 사람은 다른 사람이니 말이다. '나는 나다. 나에게는 땋은머리가 있다'라고 말해야 한다. 무의식은 여기에서 아무 상관이 없다. 날개뼈 부위에서 뭔가가 느껴지기만 하면 된다. 반드시 머리카락을 땋아놓은 느낌일 필요는 없다.

Q. 땋은머리를 느끼는 데 실패할 때도 있습니다. 무엇보다도 가장 어려운 것은 웅크리고 앉거나 어딘가에 기대어 앉아 있을 때, 아니

면 천장을 보고 누워 있을 때입니다. 이런 자세가 어떤 관련이 있을까요? 제 생각에는 땋은머리를 느끼는 데 있어 옷이 아니라 의자의 등받이가 관련이 있는 것 같습니다. 어딘가에 기대지 않고 등을 곧게 폈을 때 땋은머리를 사용할 수 있는 것인가요, 아니면 이것은 순전히 저만의 착각인가요?

A. 아직 땋은머리의 완전한 느낌이 형성되지 않아서 그런 경험을 하는 것이다. 사물의 접촉 여부나 자세는 아무런 관련이 없다. 다른 모든 습관이 그렇듯이 땋은머리를 느끼는 것도 연습을 해야 한다.

Q. 다른 은비교 교리에서 땋은머리에 대한 증거, 암시, 언급 같은 것이 있나요? 저는 오랫동안 여러 은비교 책들을 주된 관심사로 삼아 즐겨 읽었습니다. 교리들마다 다른 표현을 사용하거나 다른 시각으로 바라봤을 뿐 똑같은 현실에 대해 설명하고 있다는 것을 이미 오래전에 깨달았는데도 땋은머리에 대한 내용만큼은 트랜서핑 말고는 그 어디에서도 보지 못했습니다.

A. 땋은머리가 언급되었을 법한 저서는 잘 모르겠다. 나는 책을 통해 땋은머리에 관한 지식을 얻은 것이 아니라, 보통 은비교 교리가 그러하듯이 보이지 않는 정보 채널을 통해 처음 알게 되었다.

Q. 스트레스를 받은 상태에서 땋은머리를 사용해도 되나요?

A. 안 된다. 스트레스를 받았을 때는 잠에서 깨어나 자기 자신과 상황을 지켜봐야 한다. 그러면 스트레스가 사라질 것이다.

Q. 땋은머리를 사용할 수는 있지만, 유명한 화가나 새로운 장르의 창시자가 된 저 자신의 모습을 상상하지는 못하겠습니다(예컨대 '나는 천재다', '나는 천재적이라고 할 만한 특성들을 가지고 있다'고 말할 수 있는 수준의 모습을요). 물론 말로는 할 수 있지요. 하지만 심상화는 못 하겠습니다. 그래서인지 실현되는 목표들은 작은 것들뿐이고, 실현되는 속도도 느립니다. 경험은 적은데 너무 많은 것을 곧바로 이루려고 하기 때문일까요?

A. 심상화가 잘 되지 않는다면 사념체를 사용하는 방법도 효과가 있을 것이다. 예술처럼 '진부한' 영역에서 성공을 거두기 위해 가장 중요한 것은 자신만의 독특한 스타일을 가지는 것이다. 물론 다른 많은 분야도 마찬가지이기는 하지만 말이다. 공동의 대열에서 벗어나 자신만의 길을 가야 한다. 다른 사람들과는 차별화되는 방식을 택하는 것이다. 이러한 독특한 방식이란 땋은머리를 사용하여 사념체를 돌리면 저절로 나올 것이다(예컨대 '나는 천재고, 모든 것을 천재적인 방식으로 독특하고 훌륭하게 해낸다' 등과 같은 사념체가 있다).

이런 사념체를 돌리다 보면 **자신의 실제 능력과는 상관없이** 천재성을 발휘하는 영화 필름으로 이동하게 된다. 저절로, 자연스럽게 그렇게 된다. 물론 여기에서 당신은 자신의 일을 하며 본인의 소명을 다한다는 조건이 지켜져야 한다. 음악적 재능이 전혀 없는데 스타가 되고 싶어하는 경우가 아니어야 하는 것처럼 말이다.

Q. 여러 가지 에너지 상태를 겪으며 땋은머리를 활성화하는 연습을 하다 보니 궁금해졌습니다. 땋은머리 기법은 아침에 일어난 직후

에 해야 하나요? 아니면 잠이 들 무렵이나, 피곤할 때와 같이 에너지 수준이 높지 않을 때 해야 하나요? 땋은머리를 너무 자주 사용하면 피로해지지는 않을까요? 하루에 두어 번, 에너지가 상승할 때 땋은머리를 활성화하는 것이 훨씬 더 효과가 좋지 않을까요? 아니면 에너지의 수준은 별로 상관이 없나요?

A. 땋은머리를 자주 사용한다고 해서 피로해지지는 않지만, 뭐든지 적당히 하는 것이 좋다. 과도하게 노력을 해서는 안 된다. 물론 에너지가 상승할 때 땋은머리를 사용하는 것이 효과가 가장 좋기는 하다. 잠들기 직전이나 잠에서 깬 직후에 하는 것은 효과가 떨어질 것이다.

Q. 땋은머리를 느끼는 동시에 목표 프레임을 상상하지 못하겠어요.

A. 긴장하지 않은 상태에서 쉽게 땋은머리를 느끼기 위해 단순한 프레임을 비춰보는 연습을 더 많이 해야 한다.

Q. 땋은머리가 어디에 달려 있는지 더 자세히 설명해주실 수 있나요? 땋은머리의 끝부분이 등의 날개뼈 사이 지점에서 약간 떨어진 지점이라는 사실은 잘 알겠습니다. 하지만 시작점은 어디에 있나요? 뒤통수에서 시작되나요?

A. 땋은머리의 위치와 모양은 아무 의미가 없다. 중요한 것은 당신 자신이 받는 땋은머리의 느낌이다. 그리고 그 느낌은 사람마다 다르다.

Q. 여러 가지 목표를 이루기 위해 하루 동안 땋은머리를 여러 번 활성화해도 되나요? 그렇게 하면 너무 큰 부담이 되지는 않을까요?

A. 당신의 집중력과 바람이 충분히 따라주기만 한다면, 목표가 여러 개일 때 각각의 목표를 비추기 위해 땋은머리를 여러 번 활성화해도 좋다. 땋은머리를 사용하는 데에는 한계치라는 것이 없다. 다만 적극적으로 사용하되 부담이 되지는 않도록 균형을 유지하라.

Q. 저는 어렸을 때부터 긴 머리를 땋은 머리 스타일을 해오고 있습니다. 제가 어렸을 때는 항상은 아니지만 꽤 자주 행운이 따랐던 기억이 납니다. 하지만 무언가가 혹은 누군가가 저를 도와줬다거나, 뭔가가 아주 쉽고 자연스럽게 해결되었다는 생각이 든 적은 단 한 번도 없었습니다. 그런 기적들을 그저 당연히 일어나야 하는 것들로 받아들였죠! 심지어 제 할머니는 머리를 자르면 제 행운도 '잘려나갈 것이라고' 줄곧 말씀하시기도 했습니다. 그 당시에는 그 말을 진지하게 받아들이지 않았지만요. 그런데 어른이 된 지금은 느낌이 약해진 것 같습니다…. 긴 머리는 여전히 그대로이고, 생활도 썩 괜찮긴 하지만 그 이상의 뭔가를 더 하고 싶어요. 더 발전하고 성장하며, 저의 숙명을 찾아내고 마음에 맞는 일을 찾아내거나 혹은 그 일이 스스로 저를 찾아왔으면 좋겠습니다. 실제 머리카락으로 만들어진 땋은머리가 외부의도의 땋은머리가 될 수도 있는 건가요? 《여사제 잇파트》의 마틸다도 옷에 달려 있던 분홍색 리본을 이런 식으로 사용했던 걸로 기억합니다. 애초에 긴 머리카락을 가진 사람은(실제 머리카락이) 그것을 땋아서 자신의 바람을 이루어

주는 땋은머리로 사용할 수 있을까요?

A. 그럴 수도 있고, 아닐 수도 있다. 어쩌면 다른 사람은 실제 머리카락을 땋았을 때 의도의 땋은머리를 더 잘 느낄 수 있을지도 모른다. 당신이 어렸을 때 본능적으로 땋은머리를 느꼈던 것도 그러한 이유에서였을 것이다. 하지만 반드시 머리를 땋을 필요는 없다. 의도의 땋은머리는 에너지의 다발로, 굳이 머리를 땋지 않아도 누구나 가질 수 있는 것이다. 다만 문제는 당신이 그것을 사용할 수 있는지, 그것이 제대로 발달돼 있는지의 여부다.

Q. 두 달간의 연습 끝에 드디어 땋은머리를 느끼는 데 성공했어요! 작가님의 조언을 따라 연습을 하기에 앞서 매번 에너지를 단련하는 활동을 했습니다. 정말 신기한 기분이었어요. 매번 왼쪽 날개뼈 뒤에서 압력이 느껴지더라고요(아플 정도는 아니고 아주 가볍게 누르는 느낌이었습니다. 설명하기가 힘드네요). 요새는 이 무게감이 트랜서핑의 아말감 기법(《트랜서핑 해킹 더 매트릭스》 47쪽)을 사용하거나 슬라이드를 돌려볼 때도 느껴집니다. 이런 경우에도 땋은머리가 활성화된 상태를 유지해야 하나요? 아니면 무시해야 하나요?

A. 땋은머리는 알고리즘에 따라 사용해야 한다. 먼저 깨어나고, 땋은머리의 느낌을 활성화한 다음 그 감각을 느끼며 프레임을 선택하고, 그렇게 한 후에 느낌을 놓아주는 것이다. 그 이상은 필요치 않다. 반드시 자신이 땋은머리를 통제할 줄 알아야 하며, 그것이 직접 움직이는 것이 아니라 당신이 원하는 순간, 당신의 의지에 따라 사용할 수 있어야 한다. 땋은머리를 통제할 수 있도록 그것을 길들이

라. 아말감의 원칙 역시 땋은머리를 사용하여 선언할 수 있다.

Q. 땋은머리 기법을 사용하기 전에 잠에서 깨어나야 한다는 사실을 잊을 때가 있습니다. 그런 상황에서 땋은머리 기법을 계속 사용하는 것은 의미가 없나요? 아니면 이미 사용하기 시작한 상태에서 잠에서 깨어나도 되나요?

A. 땋은머리는 알고리즘에 소개된 순서대로 사용해야 한다. 그렇지 않으면 효과가 없거나, 땋은머리를 통제할 수 없게 된다.

Q. 제가 가능태 공간에 있는 것이 느껴졌습니다. 저는 에너지 채널들 속의 흐름을 따라가봤죠. 땋은머리를 올리고 슬라이드를 비춰봤습니다. 땋은머리의 느낌을 최대한 오래 유지하려고 노력했어요. 그런데 슬라이드를 돌려볼 때 두려워지고, 정말로 일어나지 않았으면 하는 가장 무시무시한 생각이 불쑥 떠올랐어요. 이럴 때는 어떻게 해야 하나요? 그 이후에 프레임을 여러 번 반복적으로 돌려서 바로잡을 수 있나요? 슬라이드로 두려움이 스며들지 않게 할 수 있는 방법이 있을까요? 예를 들어, 아이가 아플 때 모든 것이 잘 해결되고, 아이가 건강한 모습으로 함께 시간을 보내거나 놀러 가는 슬라이드를 돌릴 때처럼요. 여행을 가고 있는데 갑자기 '휙!' 하면서 가장 피하고 싶은 무서운 사건이 비치기 시작합니다.

A. 슬라이드를 돌려보기 전에 차분하고 편안한 상태로 들어가 모든 것이 잘 될 것이라는 자신감을 가져야 한다. 그다음에 프레임을 비춰보는 알고리즘을 시작하는 것이다. 하지만 부정적인 사념이

끼어들 틈이 없도록 프레임을 잠깐 동안만 돌려야 한다. 짧은 프레임으로 돌려야 하는 이유가 바로 여기에 있다. 불필요한 것이 끼어들지 않도록 하기 위해서다.

Q. 책을 읽을 때 땋은머리를 활성화하는 것이 도움이 될까요? '땋은머리가 활성화되고 메타력이 강해지는 모습'을 '영사기'로 돌려보면 도움이 될지 궁금합니다. 저는 《여사제 타프티》를 3분의 2 정도 읽었습니다. 그런데 책을 읽을 때마다 자꾸 잡념이 떠올라요. 그래서 한두 문단 정도를 다시 읽어야 하는 일이 반복되죠. 내용이 전혀 눈에 들어오지 않을 때도 있습니다. 이럴 때 땋은머리를 활성화하고 '이것이 저에게 유용함을 가져다주는' 슬라이드를 돌리곤 합니다. 핸드폰이 아니라 노트북으로 읽으면 훨씬 더 집중이 잘 됩니다. 기기의 용량에 영향을 받기라도 하는 걸까요? 와이파이도 꺼놓습니다. 물론 책으로 읽는 것이 가장 좋겠지만요. 《여사제 타프티》는 전자책 사이트에서 결제해서 읽었습니다. 실제로 깨어난 상태가 되면 제 주변의 세계와 빛, 소리, 감각은 훨씬 더 깊어지고 선명해집니다. 바로 이것이 '나 자신이 보이고 현실이 보이는' 상태겠지요.

A. 그렇다. 어떤 방법이든지 도움이 될 것이다. 당신도 이미 경험을 통해 깨달은 것 같다.

Q. 독자와의 문답 중에서 작가님께서는 "땋은머리는 확률을 높여줄 뿐, 백 퍼센트의 효과를 내지 못한다. 특히 많은 사람의 이해관계

가 얽혀 있을 때 더 그렇다"고 말씀하신 적이 있습니다. 예를 들자면 제 목표는 인기 있는 미용실을 운영하는 것입니다. 하지만 서비스업에 종사하는 다른 사람들의 이해관계를 건드리지 않나요? 제 미용실이 인기 있고 고객들이 제 미용실을 더 많이 찾으면 다른 업주들은 손해를 보게 되니까요(과장을 좀 보탠다면요). 그렇다면 이런 경우에도 제가 다른 사람들의 이해관계를 해치기 때문에 땋은머리가 효과를 내지 못할 수도 있나요?

A. 경쟁자들의 이해관계에 대해서는 걱정할 필요 없다. 우주는 광활하고 그것의 은혜는 모두에게 돌아가고도 남을 정도로 넘치니 말이다. 문제는 누군가는 현실을 선택하는 반면에 다른 누군가는 그저 손가락을 빨면서 행운을 바란다는 사실이다. 당신은 현실을 선택할 수 있다는 사실을 알고 있다는 점에서 강력한 무기를 가지고 있다. 그러니 '양심의 가책을 느끼지 말고' 그 무기를 사용하라.

Q. 땋은머리 기법을 사용하기 시작했고, 처음 시도했을 때부터 기적을 경험했습니다. 하지만 제가 예상했던 모든 사건은 ― 심지어 아주 단순한 사건들도 ― 그 일이 일어나기까지 최소 열두 시간 전에 미리 생각해야 실현됩니다. 저는 도로가 꽉 막힌 출근길에 이 편지를 쓰고 있어요. 이미 지각을 한 지 오래죠. 땋은머리로 이 상황에서 벗어나려고 해봤지만 아무 소용이 없네요.

그런 생각을 하던 중에 궁금한 점이 생겼습니다. 일어나기를 바라는 사건을 선택할 때 '최소한 얼마 전에 땋은머리를 사용해야 하는가?'와 같은 원칙(또는 조언)이 있나요? 아니면 사람마다 다른

가요? 예를 들어 출근길이 막히지 않을 것이라고 하루 전에 선언을 했다면 모든 것이 제 예상대로 흘러가고, 오늘 교통체증에 갇힌 상태에서 길이 막히지 않을 거라고 선언을 한다면 아무 소용이 없는 건가요?

A. **땋은머리는 사소한 사건을 선택할 때 순간적으로 효과를 낸다. 곤란한 상황이 이미 일어난 후라면 당신에게 필요한 영화 필름으로 이동할 수 없다. 당신이 직접 예상한 것처럼 곤란한 상황을 피하기 위해서는 최소 열두 시간 전에 땋은머리 기법을 사용하는 것이 좋다.**

Q. 질문이 있습니다. 미래의 프레임을 비춰보기 위해 땋은머리를 활성화하면 왼쪽 날개뼈 뒤에서 가벼운 압박감이 느껴집니다. 그런데 땋은머리 기법을 사용하기 시작하면서 아말감과 슬라이드 기법을 사용할 때에도, 심지어 의도를 글로 써서 선언하고 확인할 때에도 똑같은 느낌이 들어요. 이 느낌을 버려야 하나요? 아니면 반대로 두 개의 서로 다른 기법을 함께 사용하는 차원에서 땋은머리를 활성화시킨 상태를 유지해야 하나요?

A. **여러 개의 기법을 동시에 사용할 수는 있지만, 반드시 알고리즘을 지켜야 한다. 즉, 땋은머리를 활성화한 다음 현실을 선택하고 그 느낌을 놓아주는 순서대로 하는 것이다. 그렇지 않으면 땋은머리를 통제할 수 없게 될 것이다.**

Q. 작가님께서는 '영향을 미칠 수 있는 것은 자기 자신의 영화 필름

뿐'이라고 말씀하신 적이 있습니다. 다시 말해서 자신이 선택할 수 있는 것은 자신의 현실뿐이라고 하셨지요. 하지만 두 사람이 하나의 '상금'을 두고 경쟁을 할 때는 어떻게 해야 하나요? 더 강력한 땋은머리를 가진 사람이 이기는 것인가요? 둘 다 양보하고 싶은 마음은 추호도 없고, 둘 다 자신이 승기를 잡는 현실로 건너가려고 합니다. 하지만 제 경쟁자(또는 적)가 물질세계와 형이상학적 세계 모두를 사용할 수 있다는 사실을 알고 있다면 어쩌죠? 제가 어떻게 하면 이길 수 있을까요? 적이 아닌 제가 이기는 가능태를 어떻게 하면 실현시킬 수 있을까요?

A. 당신이 사용하고 있는 타프티의 기법을 당신의 경쟁자가 마스터했을 가능성은 매우 적다. 그런 사람들은 소수에 불과하다. 적어도 아직까지는 말이다. 하지만 두 사람 모두 타프티의 기법을 사용할 수 있다면, 늘 그렇듯이 의도가 더 강하고, 더 미리, 용의주도하게 현실을 선택할 수 있는 사람이 승리할 것이다.

Q. 땋은머리를 활성화했을 때 저는 세 개의 프레임, 세 개의 의도와 세 개의 목표를 비춰봅니다. 제 삶의 큰 동기가 되는 것들이지요. 하지만 효과가 분산되지 않도록 하기 위해 한 번에 한 개의 프레임만 비춰보는 것이 좋다는 조언을 들은 이후로는 어떻게 해야 할지 잘 모르겠습니다. 작가님의 말씀대로 한 개만 돌려봐야 하나요? 아니면 그대로 세 개를 전부 비춰봐도 되나요? 그러면 새로운 현실이 더 늦게 실현되지 않을까요?

A. 세 개의 프레임을 한꺼번에 돌릴 수 있을 정도로 집중력이 강하다

면 그렇게 하라. 하지만 더 확실한 효과를 내기 위해서는 땋은머리를 한 번 활성화시킬 때 프레임을 하나씩 개별적으로 비춰보는 게 좋을 것이다.

Q. 궁금한 점이 있습니다. 트랜서핑은 이미 오래전부터 알고 있었고, 그것이 실제로 효과가 있다고 믿어 의심치 않습니다. 하지만 프레임을 상상하거나 완전히 만족스럽고 몰입한 상태를 유지할 수 없어 트랜서핑에서 멀어질 때가 있습니다. 문제는 이런 식이에요. 예컨대 야자나무가 가득하고 태양이 따스하게 내리쬐는 아름다운 해안가의 백사장에서 휴가를 즐기고 있는데, 끔찍한 사념체가 갑자기 머릿속을 불쑥 헤집고 들어오는 것입니다. 바다에 식인 상어가 나타난다든지 하는 상황 말이에요. 심지어 이것은 끔찍한 생각 중 가장 단순한 예시에 불과합니다. 이런 생각이 한번 떠오르고 나면 불쾌한 느낌이 들기 시작해요. 그래서 심상화 자체를 하기가 두려워집니다.

A. 슬라이드를 돌려볼 때 그 어떤 기생충 같은 사념도 머릿속으로 기어들어오지 못하게 하기 위해서 프레임을 빠르게 비춰볼 수 있는 알고리즘이 있는 것이다. 단숨에 땋은머리를 활성화하고, 프레임에 집중한 다음 느낌을 놓아주는 것이다. **잠시만 프레임이나 사념체에 주의를 집중하면 된다.**

Q. 타프티는 연습을 더 많이 하라고 조언했습니다. 하지만 최대치라고 할 만한 것이 있을까요? 여러 상황에 처하면서 제가 원할 때마

다 무한대로 시나리오를 바꿔도 되나요? 아니면 최대한으로 사용할 수 있는 한계가 있나요? 예를 들어, '하루에 한두 번'이라든지요. 바보 같은 질문처럼 보일 수도 있겠지만, 너무 과도하게 사용하게 될까 걱정입니다.

A. 《여사제 타프티》를 충분히 주의 깊게 읽지 않은 것 같다. 시나리오를 바꾸는 것은 불가능하다. 현실을 선택하면서 다른 시나리오가 펼쳐지는 영화 필름으로 이동할 뿐이다. 이 둘은 완전히 다르다. 의도는 사건의 흐름이 아니라 최종적인 목표 프레임에 맞춰져 있어야 한다.

최대치는 없다. 제한이라고 할 수 있는 유일한 것은 현실을 선택하는 것이 당신에게 부담이 아닌 만족감을 선사해야 한다는 것이다. 자기 자신에게 억지로 강요해서는 안 된다.

독자들의 성공담

"처음에는 주의를 기울이는 것이 어려웠지만, 시간이 지나니 할 수 있게 되었습니다. 정말 환상적인 일이에요. '탐정 놀이'가 저에게 가장 큰 도움이 되었죠. 제가 탐정이 되었다고 상상하는 겁니다. 탐정은 자기 자신을 드러내지 않고 상황을 예의주시하며 의식이 깨어난 상태를 항상 유지해야 합니다. 저는 시간이나 기회가 있을 때마다 땋은머리를 활성화하여 현실을 선택해요. 땋은머리를 사용할 때에는 나름의 어려움이 있죠. 바로 땋은머리를 느끼는 일입니다. 하지만 저는 아직 배우는 단계에 있으며, 제 땋은머리는 퇴화한 상태고, 이것을 '회복'시키기 위해서는 시간이 필요하다는 사실을 잘 알고 있습니다. 실제로 타프티도 '땋은머리는 훈련을 해야 강해진다'고 했으니까요. 그래서 저는 손 놓지 않고 계속 연습합니다. 더 정확히 말하자면 '땋은머리'를 놓지 않고 연습해요."

"저는 타고 다니던 차를 지난 1월에 중고로 급하게 팔아야 할 일이 있었습니다. 제 차는 매우 낡아서 겨우 굴러갈 정도였습니다. 이미 수리를 여러 번 했지만, 바꿔야 할 부품도 많고 손볼 데가 더 있었어요. 그때는 겨울인 데다 눈도 많이 내리고 추웠습니다. 이런 시기에는 아무도 차를 사려고 하지 않죠. 중고 시장에 내놓은 지 6개월이 지났지만 끝내 팔리지 않았습니다.

땋은머리 기법을 처음으로 시도해보기 위한 이상적인 목표였죠. 저는 책에 쓰인 내용을 그대로 따라해봤습니다.

1. 현실의 꿈에서 깨어나 내가 어디에 있고, 현실은 어디에 있는지 자각한다.
2. 땋은머리를 느껴보거나, 느끼려고 시도한다. 그리고 그 느낌을 유지하며 현실을 선택한다. '나의 차는 금방 쉽게 팔릴 것이다. 나의 차를 필요로 하는 적당한 청년을 찾을 것이다. 그는 우리 둘 모두에게 적절한 시간에 찾아와서 차를 살펴보고 매매계약을 할 것이다.'
3. 현실을 선택하는 것 말고도 저는 틈날 때마다 실제로 제 차가 팔

린 것처럼 행동했습니다. 그 차가 팔렸다는 사실에 기뻐하고, 차고지에 빈 공간이 생긴 것과 돈이 생긴 사실에 기뻐했습니다. 매일 하루에 몇 번씩 반복했죠. 물론 인터넷에 중고차 판매 게시글을 올리기도 했고요.

일주일이 지나자 차를 보고 싶다는 전화가 오고 게시글의 조회수가 올라가기 시작했습니다. 그 전에는 넉 달 동안 아무도 전화를 하지 않았는데, 이렇게 하니 갑자기 연락과 관심이 늘어난 겁니다. 몇 명은 차를 사고 싶다고 했지만, 모종의 이유로 거래가 무산되었습니다. 하지만 저는 실망하지 않았어요. 그저 그것이 제 문이 아니라는 사실을 인식하고 계속해서 제 의도를 발산했습니다.

며칠이 더 지나자 예전에 차를 살펴보고 나서 좀더 생각해보겠다고 했던 청년이 차를 사겠다고 연락을 주더군요. 매매계약은 물 흐르듯 순조롭게 흘러갔습니다. 심지어 그는 차가 무척 마음에 든다고 했고, 이 차를 가지게 된 것에 대해 몹시 기뻐하더군요. 드디어 이루어졌어요! 제가 원하던 상황이 그대로 일어난 거예요! 이제 저는 꿈같은 현실을 선택할 수 있고, 불가능한 일이라는 것은 없다는 사실을 알게 되었어요."

"땋은머리 기법을 계속해서 연습하고 있습니다. 가장 효과가 좋을 때는 샤워를 할 때입니다. 물이 잡념을 없애고 주의를 집중하게 하는 데 도움이 되거든요. 땋은머리를 가장 처음으로 사용한 것은 제가 삶에서 가장 중요하고 진실한 목표를 이룰 때였습니다. 바로 엄마가 되는 것이었어요. 책을 읽기 시작하자마자 저는 품 안에 아이를 안고 애정 어린 눈으로 그 아이를 바라보는 모습, 아이가 건강하게 태어난 모습을 상상하기 시작했습니다. 그리고 한 달 뒤에 임신을 했다는 사실을 알게 되었어요! 정말 멋진 일이었죠! 게다가 효과도 정말 빨리 나타났어요!”

땋은머리 3

Q. 처음에 땋은머리를 활성화했을 때는 모든 것이 쉽고 순조롭게 흘러갔고, 결과도 긍정적이었습니다. 하지만 시간이 지나자 이상한 일이 생겼습니다. 땋은머리를 활성화하려고 하니, 누군가가 머리의 끝을 스테이플러로 등에 붙여 놓은 것처럼 들어올려지지 않는 느낌이 들더라고요. 처음에는 그저 제가 미숙한 탓일 것이라고 여기며 대수롭지 않게 넘겼습니다. 그러다 이런 일이 점점 더 자주 일어나면서 신경이 쓰이기 시작했습니다. 요새는 땋은머리 기법을 잠시 쉬고 있어요. 이런 일이 일어날 수도 있나요?

A. 정신적인 막힘 현상이 일어난 것이다. 당신에게 어마어마한 가능성이 있다는 사실을 깨닫고 겁을 먹은 것 같다. 사실은 그 어떤 스테이플러 심도 없다. 땋은머리가 어디에서 시작되어, 끝부분은 어디에 있고, 그것이 어떻게 효과를 내는지 깊이 생각할 필요 없다.

땋은머리가 '등에 고정되어 있는' 것 같아도 그저 땋은머리의 느낌에 주의를 기울이라. 스테이플러 심과 같은 느낌은 전혀 중요치 않다. 중요한 것은 땋은머리의 느낌 그 자체, 그뿐이다. 행여 안간힘을 써야 겨우 그것이 느껴질 정도라도 말이다.

Q. 궁금한 점이 있습니다. 저는 《리얼리티 트랜서핑》 시리즈를 여러 번 정독했는데도 이 질문에 대한 답을 찾지 못했고, 《여사제 타프티》에서도 도저히 찾을 수 없었습니다. 제 질문은, '결과적으로 바라는 상황이나 슬라이드 속에 있는 자신의 모습을 어떤 식으로 상상하면 되느냐?' 입니다. 다시 말해서 평소 경험하는 것처럼 1인칭의 시점에서 사건을 바라보되, 동시에 3인칭의 시점으로 다른 사람이 되어 옆에서 저를 봐야 하나요?
저에게는 건강상의 문제도 있습니다. 특히 왼쪽 다리에 하지정맥류와 피부병이 있는데요. 제가 만약 땋은머리를 활성화하여 튼튼하고 매끈한 다리를 가지고 있다고 상상하면 건강을 회복하는 데 도움이 될까요?
그리고 땋은머리를 사용할 때는 멈춰 있는 장면인 프레임을 상상해야 하나요, 아니면 슬라이드를 사용하여 자신의 영화를 돌려봐야 하나요? 작가님께서는 타프티의 기법이 트랜서핑보다 훨씬 더 강력하다고 하셨지요. 그 말은 슬라이드를 사용하는 것은 의미가 없고 효과도 적다는 뜻인가요?

A. 당신은 책을 여러 번 정독했다고 했지만 아직도 이해하지 못한 것 같다. 슬라이드는 영화를 보듯이 밖에서 바라보는 것이 아니

라, 그 속에 있는 모습을 상상해야 한다고 분명 모든 책에 나와 있다. 트랜서핑에서 사용하는 슬라이드나 타프티 기법의 프레임 모두 주의가 깨어난 채 현실 속에 존재해야 한다. 즉, 독자적인 존재가 되는 것이다. 예컨대 차를 운전하고 있다고 상상해보라. 당신이 지금 운전석에 앉아 페달을 밟고 운전대를 잡은 채 차를 몰고 있다고 상상하는 것이다.

건강 관련 문제는 목욕을 할 때 사념체를 선언하는 타프티의 기법과 땋은머리를 사용하여 해결할 수 있을 것이다. 〈땋은머리와 에너지 흐름〉 장을 참고하라.

타프티 기법의 알고리즘을 사용하여 현실을 선택할 때 당신은 단기적 · 장기적 목표 모두가 실현된 짧은 목표 프레임을 심상화하고 사념체를 선언한다. 반면에 슬라이드는 프레임이 아니라 당신의 목표가 실현되는 완전한 영상이다. 어떤 기법을 사용하든 그 누구도 당신을 방해할 수는 없다. 중요한 것은 오직 기법을 사용하는데 집중하는 당신의 능력뿐이다. 땋은머리나 슬라이드 자체에 주의를 얼마나 잘 유지하느냐에 달린 문제인 것이다. 타프티의 기법은 오랫동안 집중하지 못하는 현대인에게 더 적합하다고 할 수 있다. 물론 의도를 강력하게 만드는 도구의 역할을 하기도 한다.

Q. 저는 땋은머리의 느낌을 빠르게 찾고 이해했습니다. 효과가 있더군요. 다만 한계가 있었습니다! 제 바람은 이루어졌지만, 그 대신 인생의 다른 분야에서 문제가 생기더군요. 마치 균형이 깨지는 것 같았습니다. 한 곳에서 이득을 보았다면 다른 곳에서는 손해를 보

는 것입니다. 그것도 엄청난 손해를요. 어쩌면 의도를 제대로 만들어내지 못해서일 수도 있다는 생각이 듭니다. 하지만 모든 것을 예측할 수는 없는데 어떻게 하나요?

A. 하나의 목표가 다른 목표를 실현시키는 것에 방해가 되고 있다는 뜻이다. 길 하나를 걸으면서 동시에 다른 길에 있는 것까지 손에 넣고 싶어하는 셈이다. 어쩌면 두 목표가 서로 모순이 되는 것일 수도 있다.

Q. 땋은머리를 사용하여 저에게 주어진 소명이 무엇인지 알아낼 수도 있나요? 만약 그렇다면 어떻게 알아낼 수 있을까요?

A. 자신의 소명을 찾아내겠다는 내용이 담긴 사념체를 만들라. 어려울 것이 뭐가 있겠는가?

Q. 땋은머리를 사용할 때 지켜야 하는 안전 사항을 요점만 짚어서 간단하게 말씀해주실 수 있나요? 예를 들어 특정 사람들과 관계를 개선하기 위해 사용해도 된다든지 하는 점 말입니다. 다른 사람의 건강이 좋아지는 프레임을 비춰봐도 되나요? 그렇다면 어떻게 해야 그것을 올바른 방법으로 할 수 있을까요?

A. 땋은머리를 사용할 때는 위험한 일이라고 할 만한 것이 없다. 물론 부작용 같은 현상이 일어날 수도 있다. 예컨대 견디기 힘든 과도기적 필름으로 건너뛰는 경우다. 현실은 곧바로 변하는 것이 아니며, 자연스럽게 변하지 않을 때도 있다. 땋은머리는 알고리즘을 엄격하게 지켜가며 사용해야 한다. 다른 사람의 건강에 대해서는

자녀가 있다면 그 자녀의 건강을 위해서만 땋은머리를 사용할 수 있다. 다만 아이가 청소년기에 들어서기 전, 당신과 똑같은 영화 필름 속에 있을 때뿐이다.

Q. 제 가치를 높이기 위해 땋은머리를 사용하려고 하는데, 여러 개의 목표에 대한 프레임들을 한꺼번에 돌려봐도 되나요? 아니면 각각의 목표마다 매번 다르게 땋은머리 의식을 해야 하나요? 그렇다면 땋은머리 의식을 연속으로 여러 번 이어서 해도 되나요?

A. 땋은머리의 느낌과 주의를 붙잡아둘 수 있을 만큼 집중력이 충분하다면 목표 프레임을 연속으로 비춰봐도 좋다. 하지만 그렇지 않다면 틈틈이 조금씩 쉬면서 의식을 수행하길 권한다. 다만, 휴식을 취하되 생각에 대해서 완전히 잊어서는 안 된다. 생각의 흐름을 계속 통제하도록 노력하라.

Q. 의도의 땋은머리에 대해 읽자마자 땋은머리가 어디에 있는지 쉽게 찾았고 분명하게 느낄 수 있었습니다. 하지만 효과는 없었어요. 지난 8개월 동안 운이 안 따라주는 상황이 연속으로 일어났습니다. 취직도 실패하고, 제가 꿈꾸던 일은 이루어질 가능성이 희박해지고, 그냥 모든 일에 흥미를 잃었습니다.

A. 심리적인 부담이 있는 것 같다. 땋은머리로 반드시 이루어질 만한 사건을 비추는 훈련을 해보라. 《여사제 타프티》에도 실제로 그렇게 써 있다. 그저 타프티의 조언을 그대로 따르라. 그러면 당신이 가진 부담감은 저절로 사라질 것이다.

Q. 5분 뒤면 당장 자리를 박차고 나가 담배를 피울 것이라는 사실을 알고 있으면서도, 땋은머리를 활성화하여 이런 안 좋은 습관이 없어지는 프레임을 반복적으로 비춰보는 게 의미가 있을까요?

A. 물론 땋은머리가 도움은 되겠지만, 그것만으로는 습관을 고칠 수 없을 것이다. 생활 습관을 더 활동적으로 바꿔야 한다. 예컨대 달리기를 시작해보라. 달리기나 흡연 중 하나만 할 수 있을 것이다. 이 두 가지 습관을 동시에 가지기란 불가능하기 때문이다.

Q. 땋은머리를 활성화할 때 자꾸만 눈이 감기는데, 이것이 정상인가요? 저는 땋은머리를 느끼기 위해 눈을 감고 집중을 해야 합니다. 그런데 작가님께서는 땋은머리를 활성화할 때 생각에 잠긴 듯한 눈빛이 된다고 하셨습니다. 그렇다면 눈을 뜨고 있는 것이 좋은 건가요?

A. 눈을 감는 것이 편하다면 눈을 감고 하라.

Q. 땋은머리 기법을 한 번 사용할 때마다 슬라이드를 얼마 동안 유지해야 하나요? 30초인가요? 3분? 아니면 5초인가요? 사람마다 다를 거라는 사실은 알겠습니다. 하지만 시간을 '초과'했는지, '미처 다 채우지' 못했는지 어떻게 알 수 있나요? 어쨌거나 슬라이드를 칼같이 끊고 '빠져나와야' 하니까요.

A. 슬라이드를 '칼같이 끊을' 필요는 없다. 단지 확신을 가지고 슬라이드를, 더 정확히 말하면 목표 프레임이나 자신이 주의를 기울이고 있던 사념체를 끝내면 된다. 시간은 주의를 기울일 수 있을 정

도면 충분하지만, 가급적 1분을 넘기지 않는 게 좋고 최대한 2분 안에 끝내야 한다.

Q. 임신했을 때 땋은머리를 연습해도 될까요?

A. 아마도 괜찮을 것 같다. 땋은머리가 해가 되지는 않을 테니 말이다.

Q. 작가님의 말씀대로라면, 현실의 물리적 육체를 가지고도 하늘을 날아다니는 것이 가능하다는 거지요? 땋은머리를 사용해서 제가 날아다니는 영화로 이동하면 되나요?

A. 의도가 매우 강하고 상당한 양의 연습을 거친다면 원칙적으로는 가능하다. 공중부양을 하는 사람도 있지 않은가?

Q. 제 땋은머리의 느낌은 두 가지입니다. 때로는 등 뒤에 뭔가가 있다는 가벼운 존재감만 느껴지는데, 그럴 때마다 눈물이 납니다. 그런가 하면 어떤 때에는 땋은머리가 느껴지면서 한 갈래로 땋은 머리가 노랗게 빛을 내는 모습이 눈에 보이기도 하는데, 그럴 때면 마치 눈에 모래가 들어간 것처럼 심하게 따끔거리기 시작합니다. 그러면서 눈에 눈물이 고여요. 이 느낌 때문에 집중하기가 무척 힘이 듭니다. 이것이 정상인가요?

A. 눈의 느낌은 부차적인 느낌으로 시간이 지나면 없어질 것이다. 눈을 감고 땋은머리 기법을 시도해보라. 오직 땋은머리에만 집중하고 눈의 느낌에는 주의를 기울이지 말라.

Q. 고개를 돌리면 땋은머리도 따라서 움직이나요?

A. 땋은머리는 얼굴이나 몸의 방향과는 무관하며 주변의 사물들로부터 영향을 받지도 않는다.

Q. 첫 시도 만에 땋은머리를 느끼는 것에 성공했지만, 그와 동시에 날개뼈 부근에 통증이 생겼습니다. 처음이라 습관이 들지 않아서 그런 걸까요? 아니면 땋은머리와는 상관없는 우연의 일치일까요? 이럴 땐 어떻게 해야 하나요? 연습을 계속해야 하나요, 아니면 잠시 중단해야 하나요?

A. 날개뼈 부근의 통증은 일시적인 부작용처럼 시간이 지나면 사라질 것 같다. 하지만 통증이 계속된다면 정형외과를 가보거나 혼자서 스트레칭을 해보길 바란다. 통증은 땋은머리가 아니라 척추의 문제일 수 있다.

Q. 타프티는 '사소한 일에 땋은머리를 사용해서는 안 된다'고 했습니다. 하지만 그 사소한 일이 구체적으로 어떤 일인가요? 우주의 에너지를 받아들여 땋은머리를 사용하는 것이고 이 에너지가 무한한 것이라면, 저도 의식이 깨어난 상태에서 아무 일에나 땋은머리를 사용할 수 있지 않을까요? 아니면 땋은머리를 사용할 때 횟수에 제한을 둬야 하나요?

A. 연습은 사소한 사건을 포함하여 최대한 자주 해야 한다. 다만 잠시 숨을 돌릴 틈은 있어야 한다. 매일 일어나는 사건처럼 문자 그대로 모든 일마다 땋은머리를 사용해서는 안 된다. 중요한 것은

당신의 근본적인 목표 프레임을 용의주도하게 설정하는 것이다. 그 이후에는 시나리오의 흐름에 몸을 맡겨도 된다.

Q. 이미 여러 사람이 이 질문을 했을 것 같은데, 제가 또 물어보는 거라면 죄송합니다. 독자들의 후기를 보면 땋은머리의 느낌이 사람마다 제각각이라 이해가 잘 가지 않습니다. 땋은머리를 어떤 부위에서 느끼는 것이 맞나요? 예를 들어 저는 땋은머리에 주의를 고정시켜두면 어깨보다 약간 아래에 따뜻한 것을 대고 있는 느낌이 듭니다. 제가 제대로 하고 있는 것이 맞나요?

A. 느껴지는 대로 느끼라. 땋은머리의 느낌은 문자 그대로 사람마다 제각각이다. 중요한 것은 활성화시키고 놓아줄 수 있는 느낌을 날개뼈 근처에서 지속적으로 느끼는 것이다.

Q. 어떻게 땋은머리에서 주의를 놓치지 않으면서 현실을 선택할 수 있나요? 땋은머리에 주의를 유지하면서 동시에 제 프레임을 비춰보는 게 참 어렵습니다. 이것을 더 잘 할 수 있는 방법이 있을까요?

A. 당신이 입고 있는 옷의 날개뼈 부분을 집게로 집어보라. 집게가 느껴지는가? 어떤 것에 대해 생각하면서 동시에 등 뒤에 있는 집게를 느껴볼 수 있겠는가? 땋은머리도 똑같이 하면 된다. 긴장하지 말라. 땋은머리를 느껴보고, 그다음 그 느낌을 유지하며 목표 프레임을 머릿속으로, 또는 말이나 형상으로 그려보라.

Q. 땋은머리를 사용할 때 눈을 감아야 하는지 떠야 하는지가 의미가 있나요?

A. 눈을 감고 뜨는 여부는 아무 의미가 없다.

Q. 땋은머리를 규칙적으로 사용했더니 특별히 신경을 쓰지 않았는데도 갑자기 활성화되는 일이 일어나기 시작했습니다. 그래서 사념의 흐름을 통제하지 않는다면 제 세계의 층으로 무시무시한 일이 흘러 들어올 수도 있을 것 같아요.

A. 그런 일이 일어나지 않도록 하려고 **프레임을 비추는 알고리즘을 엄격히 지켜가며** 땋은머리를 사용해야 하는 것이다. 잠에서 깨어나 땋은머리를 활성화하고, 프레임을 비춘 다음 느낌을 놓아주는 것이다. 그중 마지막 순서가 아주 중요하다. 땋은머리를 늘 자신의 통제 범위 안에 두어야 한다. 그것이 통제 밖으로 벗어나도록 내버려둬선 안 된다. 땋은머리가 자신의 존재에 대해 알아차리게 되면, 즉 제멋대로 활성화하기 시작하면, 그 즉시 당신의 목표 프레임을 비춰본 다음 반드시 땋은머리의 느낌을 놓아줘야 한다.

Q. 거울을 보며 땋은머리 기법을 사용할 때는 어떻게 해야 하나요?

A. 땋은머리와 거울을 함께 사용하는 것, 다시 말해 거울을 보며 땋은머리 기법을 사용하는 것은 의미도 없고 별로 추천하고 싶지 않다. 프레임을 비출 때의 시선은 앞쪽의 살짝 윗부분을 향하고 있어야 한다. 거울을 비롯한 특정 사물들은 보지 말아야 한다. 당신이 보고 있어야 할 것은 자신의 프레임이며, 그것을 머릿속으로

심상화하거나 사념체로서 선언해야 한다.

Q. 알듯 말듯 한 이 땋은머리를 도저히 못 느끼겠습니다. 어떻게 해야 하나요? 제가 추가적으로 무엇을 더 해야 할까요? 물론 땋은머리의 느낌을 상상하는 것은 할 수 있지만, 그렇게 하면 제가 원하는 자리에 땋은머리가 있는 모습을 상상하게 되는 거잖아요? 그렇게 해서 땋은머리를 느낀다고 해도 결국 땋은머리라고 착각하는 것뿐이지 않을까요? 뒤통수에서 특정한 긴장감이나 나른한 느낌이 들기는 하지만 그것이 땋은머리로 이어지지는 않습니다. 그 밖에도 궁금한 것이 있습니다. 고개를 돌리면 땋은머리, 즉 의도의 내부중심도 따라서 이동하나요?

A. 땋은머리를 못 느끼겠다면 날개뼈에서 조금 떨어진 부분에 땋은머리가 있다고 상상해보라. 의도를 가지고 그 느낌을 만들어내는 것이다. 《여사제 타프티》〈땋은머리와 에너지 흐름〉 장에 쓰인 방법대로 에너지를 사용하여 연습해보라. 한 번도 에너지를 사용해 본 적이 없다면 처음부터 땋은머리를 느끼지 못할 수도 있다. 하지만 틈날 때마다 날개뼈 뒤쪽에 주의를 집중한 채 땋은머리를 상상하다 보면 그것은 어느 순간 깨어날 것이다. 그리고 프레임을 비출 때 고개를 돌릴 필요는 없다.

Q. 제가 전부 잘못하고 있는 것 같습니다. 저는 땋은머리가 날개뼈 사이에서 돋아나오고, 땋은머리의 끝이 등에서 살짝 떨어진 부분에 있다고 상상하고 있습니다. 이것이 잘못된 방식인가요? 또, 저

는 뒤통수부터 등 중간 정도까지 늘어지는 화살표가 매달려 있는 모습을 상상해요. 그런 다음 화살표를 돌려, 시작 부분을 날개뼈 한가운데로 보내고 화살표의 끝이 등에서 살짝 떨어진 곳으로 뻗어 나간다고 생각합니다. 그러면 땋은머리가 활성화돼요.

A. 땋은머리의 생김새나 정확한 위치는 중요하지 않다. 중요한 것은 날개뼈 뒤쪽 지점에서 뭔가를 느끼는 것이다. 당신이 설명한 방식대로 땋은머리가 활성화된다면 제대로 하고 있다는 뜻이다.

Q. 명상을 하면서 땋은머리를 사용하면 효과가 증가하나요?

A. 어떤 명상인지에 따라 다르다. 일단 땋은머리는 알고리즘에 따라 사용해야 한다. 현존의 상태에 들어가 땋은머리를 활성화한 다음 목표 슬라이드에 주의를 집중하고 땋은머리의 느낌을 놓아주는 것이다. 명상을 하면서 이 알고리즘(기법을 사용하는 순서)을 따를 수 있다면, 그리고 명상을 통해 집중력을 높이고 정신을 더 맑게 할 수 있다면, 그 질문에 대한 대답은 '그렇다'이다. 더 큰 효과를 볼 수 있을 것이다.

독자들의 성공담

"저는 의심이 많은 성격이라 《여사제 타프티》를 읽으면서 곧바로 중요한 사건부터 시작하는 것이 아니라, 일상적인 일에서 땋은머리 기법을 사용해보기로 했습니다. 짐가방을 꾸려야 하는 상황이었어요. 만약 집에서 짐을 챙겼다면 필요 없는 물건을 버릴 수 있었겠지만, 당시에는 출장차 해외에 나와 있었죠. 하지만 아무리 애를 써도 가방 문이 닫히지 않는 거예요. 그때 땋은머리를 사용했습니다! 짐가방 위로 올라가 손잡이를 몇 번 문지르면 가방 문이 잠기는 슬라이드를 떠올렸습니다. 그렇게 짐을 꾸리는 모습을요.

그렇게 한참을 가방과 씨름하고 있을 때 같은 방에서 묵던 직원이 들어와 저를 도와주었습니다. 저희 둘이서 가방을 닫았죠. 저는 위에서 누르고, 그 직원이 지퍼를 잠갔습니다. 마침내 가방을 완전히 닫았어요. 그러고는 생각했죠. '어디 보자. 그런데 만약…?' 제 땋은머리는 제가 반드시 챙겼어야 했던 아주 작은 부품을 제대로 챙겼는지 상기시켜 줬습니다. 그리고 저는 자리에서 한 바퀴 돌자마자 약 50센티미터 정도 떨어진 거리에서 그 물건을 발견했습니다. 물론 그전에 짐을 전부 꺼내어 확인해야 했지만요.

저는 땋은머리를 열심히 활성화했습니다. 이미 수하물 무게 규정을 훨씬 넘겨버린 제 짐가방은 마치 아무 문제도 없다는 듯, 데스크 직원의 눈짓 하나로 통과되었죠. 또, 귀국 후 회사에 보고하는 일도 전부 쉽고 간단하고 빠르게 끝날 거라는 프레임을 땋은머리로 비춰봤습니다. 주변의 모든 사람은 제가 보고 준비 때문에 일주일 동안 골머리를 썩을 거라고 예상했지만, 모두 하루 만에 준비가 되었어요.

그러고 나니 제가 '영사기'로 슬라이드를 비춰볼 때마다 땋은머리를 적용시키기만 하면 효과가 있다는 사실을 깨달았습니다! 그저 슬라이드를 끼워 넣은 다음 행동을 하기만 하면 되는 거죠. 제가 상상한 모든 일이 현실이 되었습니다…. 지인들과의 관계가 눈에 띄게 좋아졌고, 남자친구와의 사이도 더 안정적으로 변했습니다(남자친구에게 영향을 미치려고 하거나 그의 모습을 슬라이드로 돌려본 것이 아니라, 만일 그가 제 인연이 아니라면 저를 더 사랑하고 마음도 더 안정적인 다른 사람을 만날 거라고 생각하며 제 곁에 그런 사람의 실루엣이 있는 모습을 상상했습니다). 그 밖에도 해외에 있는 대학에서 편입하라는 제안과 해외 기업으로부터 스카우트 제의를 받았습니다(저의 전공과 경력을 살리는 모습을 상상했는데, 그 결과 저에게 공부와 일자리를 제안한 사람들은 제가 이곳에서 몇 달 더 지내며 학업을 마쳐야 한다는 사실에 아쉬워하다 못해 속상해하더군요).

그 밖에도 저는 제가 살 집과 여러 가지 필요한 물건들을 가지고 있는 모습을 상상했습니다. 제 생각에는 외국으로 이주하는 시나리오와 거의 백지에서 시작하는 삶이 가장 간단한 시나리오였던 것 같아요. 이전의 삶에서 유일하게 남은 것이라고는 남자친구(그는 저와 함께 떠날 거라고 했죠)와 제 가족, 연락을 주고받을 만한 가까운 지인들뿐이었어요. 한 마디로 불필요한 물건이나 인연은 전부 없애버리는 셈이었죠. 예전의 보수적이고 의심 많은 성격은 그대로이지만, 이제 두렵지는 않아요."

"저는 일시적으로 상업용 부동산 중개 일을 하고 있습니다. 그 일이 좋아서 하는 것이 아니라, 부차적인 수입이 크기 때문입니다. 저는 수익을 더 늘리기 위해 땋은머리를 사용하기로 했어요.

2주 동안 손에는 물컵을 들고 등 뒤에는 땋은머리를 활성화시킨 채 긴장을 풀고 '나의 고객을 저절로 찾을 수 있게 될 것이고, 나는 성공적으로 거래를 성사시켜 큰 수익을 얻을 것이라고' 상상하고 이 사념체를 머릿속으로 반복해서 되뇌었죠.

2주라는 짧은 기간이 흘렀고… 제 첫 거래는 이틀 만에 훌륭하게 성사되었습니다! 그리고 중개료로 큰돈을 받게 되었죠. 역시 자신감은 배신하지 않더군요. 세계가 저를 향해 마중 나오고, 모든 것이 효과가 있으며 훌륭하다는 사실을 사념 표시기와 땋은머리로 확인했습니다!

연애 문제에 있어서도 진전이 있었습니다. 정말로요! 여기에서도 마찬가지로 똑같은 알고리즘을 사용했습니다. 긴장을 풀고, 물컵과 땋은머리를 사용했죠."

스크린

Q. '슬라이드'를 돌려볼 때, 제가 상상하는 장면에서 어느 정도의 거리를 두고 지켜봐야 하나요? 제가 주인공이 되어 사건이 제 눈앞에서 펼쳐지도록 해야 하나요? 아니면 저 자신을 옆에서 바라보는 관점으로 슬라이드를 돌려야 하나요?

A. 가장 간단한 연습 방법을 하나 알려주겠다. 집에 있을 때 자신의 방에서 눈을 감고 당신이 부엌에 있다고 상상해보라. 집의 구조를 잘 알고 있기 때문에 상상하기가 쉬울 것이다. 당신이 부엌에 있는 장면을 '상상'하는 것이라는 점에 주목하길 바란다. 당신이 부엌에 있다는 가상의 현실을 머릿속으로 만드는 것이다. 부엌 안에, 그 현실에 존재하는 동시에 프레임을 비춰보는 것이다. 그러면 당신은 옆에서 프레임을 바라보고 있는 것이 아니라, **그 속에 존재하게 된다.**

Q. 머리로 이해가 되지 않는 것이 있습니다. 자신의 모습을 주시하고 있다면, 슬라이드 속의 삶을 상상하거나 살면서 어떻게 그 안에서 백 퍼센트 존재할 수 있나요? 적어도 일부는 저 자신을 지켜보고 있어야 하지 않나요? 아니면 슬라이드 속에 있는 기분이나 냄새 등을 완전히 느끼면서, 다시 말해 백 퍼센트 슬라이드에 몰입하다가 슬라이드를 돌리는 작업이 끝나면 곧바로 저 자신으로 돌아와야 하는 건가요?

A. 알고리즘을 따르면 된다. 먼저 '나 자신이 보이고, 내 현실이 보인다'고 말하며 현존의 상태로 들어가 이 상태에서 땋은머리를 활성화시킨다. 그 다음 눈앞의 스크린, 즉 슬라이드에 완전히 몰입한다. 다만 여기에서 땋은머리의 느낌을 놓치지 말아야 한다. 당신의 내부 관찰자(목격자)가 직접 모든 것을 주시할 것이다.

Q. 질문이 있습니다. 트랜서핑에서는 '목표 슬라이드를 상상하면서 그 슬라이드를 옆에서 바라보는 것이 아니라 그 중심에 있어야 한다'고 쓰여 있습니다. 예를 들어 제가 새로 산 차를 타고 있다고 상상할 때, 운전석에 앉아 좌석의 가죽이 주는 감촉을 느껴보고 핸들을 잡아보는 것처럼 말입니다. 차를 탄 저의 모습을 옆에서 바라보는 장면을 상상하는 것은 잘못된 방법이라고 알고 있어요. 반면에 《여사제 타프티》에서 나온 땋은머리 기법에서는 자신의 목표가 이루어지는 영화가 스크린에 재생되는 모습을 거리를 두고 바라본다고 상상하라고 합니다. 다시 말해 옆에서 지켜보라고 합니다. 이런 경우에는 어떻게 해야 하나요?

A. 《여사제 타프티》에는 자기 자신을 옆에서 지켜봐야 한다고 쓰여 있지 않다. 오히려 정반대의 내용을 강조하고 있다. 프레임 속에 존재해야 한다고 말이다. 타프티가 말하는 '스크린'이라는 것은 당신이 슬라이드를 재생시키는 내부 스크린이다. 이 스크린이 '앞쪽'에 있다고 불리는 이유는 등 뒤에 있는 땋은머리와 대비되기 때문이다. 프레임 속에 존재하면서 눈앞의(내부) 스크린에 이 프레임을 재생시켜야 한다.

Q. 만일 제가 다른 시나리오가 펼쳐지는 영화 필름으로 이동했다면, 그 속의 사람들은 엄밀히 따지면 이전의 영화 필름과는 다른 사람들이 아닌가요(예전과 다르게 말하고 행동하니까요)? 다시 말해서, 제가 다른 영화 필름으로 이동한다면 제 아내도 바뀌는 건가요? 그저 살아 움직이는 마네킹이나 프로그래밍된 마네킹인가요? 뭐가 뭔지 혼란스러워집니다.

A. 아니다. 다른(당신의) 영화 필름에는 다른(당신의) 시나리오가 펼쳐진다. 그곳의 사람들은 이전 필름의 사람들과 똑같다. 그렇지 않다면 혼돈이 일어났을 것이다. 바뀌는 것은 사람들이 아니라 오직 당신의 시나리오뿐이다. 이 개념을 이해하기 어려운 이유는 영화 필름이라는 것이 실제로 일어나는 일을 간략하게 만들어 보여주는 비유에 불과하기 때문이다. '실제로는 어떤 일이 일어나고 있는가?'는 우리의 이성으로는 이해할 수 없는 문제다.

Q. 제 기억으로 《트랜서핑 해킹 더 매트릭스》에서 어느 날 잠에서 깨어났더니 그의 아내가 전혀 다른 사람이고, 그가 근무하던 비밀 기업도 사라져버렸던(다시 말해 다른 필름, 다른 영화로 이동한 것이죠) 예시가 있었던 것 같습니다. 생각해보십시오. 기업 하나가 통째로 사라지고 아내마저 바뀌어버린 것입니다! 이것은 영화 필름을 바꾸면 제 환경도 완전히 달라진다는 사실을 반증하는 것이 아닌가요?

A. 당신이 말한 대로 《트랜서핑 해킹 더 매트릭스》에 트랙 이탈의 사례가 소개되어 있다. 이것은 한 사람이 살고 있는 영화 필름에서 아주 멀리 떨어진 곳에 위치한 필름으로 이동하게 된 극단적인 사례다. 이런 경우에는 모든 것이 완전히 달라질 수 있지만, 이 일이 실제로 벌어질 확률은 매우 낮다. 일반적으로 트랙 이탈이 일어날 때는 변화가 그다지 크지 않은 가까운 필름으로 이동하게 된다.

Q. 《여사제 타프티》에 대해 질문이 있습니다. 이 책에 소개된 새로운 기법은 무척 흥미롭지만, 왜인지 모르게 저는 전작들처럼 이 책에 그다지 끌리지 않는 것 같습니다. 이유는 저도 잘 모르겠어요. 제가 작가님의 책을 계속 읽는 이유는 뭔가 신선하거나 새로운 것을 발견했다는 느낌을 받기 때문인데, 여기에서는 그런 점이 없기 때문인 것 같습니다.

A. 신선하거나 새로운 사실이라면 《여사제 타프티》에 차고도 넘친다. 당신이 말하는 '끌린다'는 것은 동화 같은 것을 의미하는 것 같다. 《여사제 타프티》에는 실전 기법이 더 많다. 이 내용은 단순히 읽는다고 되는 것이 아니라 실제로 써봐야 한다. 그러면 이 책에 끌릴

것이다. 진짜로 말이다.

Q. 두 개의 스크린 사이에 있는 지점에 주의를 집중하면 머릿속에서 사고가 멈추는 현상이 일어납니다. 그 상태에 들어가면 아무것도 생각하기 싫어져요. 다시 말해, 내면에 고요함 이외에는 아무것도 느껴지지 않아요.
《여사제 타프티》에서는 두 개의 스크린을 통해 관찰을 할 수 있다고 쓰여 있지만, 실제로는 고요함을 제외하면 내면에서 아무것도 느낄 수 없습니다. 그리고 생각을 하기 시작하면 잠에 빠져들어 버리고, 다음번에 깨어났을 때는 제가 무슨 생각을 했는지만 기억날 뿐이에요. 아무리 해도 생각하는 과정을 주시하지 못하겠어요.
이것이 정상인가요? 아니면 제가 책의 내용을 제대로 이해하지 못해서 뭔가 잘못하고 있는 건가요?

A. 자기 자신과 현실을 관찰하기 위해서 반드시 두 스크린의 사이에 있어야 하는 것은 아니다. 단지 당신의 생각이 무엇에 얽매여 있는지 자각하고 주변의 현실을 바라보면 된다. 《여사제 잇파트》를 읽어보길 바란다. 앞서 말한 내용이 이 책에 더 알기 쉽게 쓰여 있다.
애초에 '깨어남'이라는 것은 당신의 생각이 무엇에 얽매여 있었는지 자각하는 짧은 순간을 의미한다. 어떤 동기로 인해 의식적인 행동을 계속하거나 프레임을 비추기 위해서는 반드시 잠에서 깨어나야 한다. 반드시 자기 자신과 현실을 계속해서 주시하고 있을 필요는 없다. 그저 잠깐 잠에서 깨어나, 뭔가를 자각하고, 선택하고,

다시 평화롭게 잠들어 시나리오에 따라 움직이면 된다. 중요한 점은 목표 프레임을 선택하는 것이다. 그 다음부터는 시나리오에 순응하면 된다.

Q. 현실의 거울이 어떻게 작동하는지 이해가 잘 안 됩니다. 어떻게 하면 거울을 향해 '마법의' 메시지를 제대로 보낼 수 있나요? 예를 들어보겠습니다. 제가 거울을 향해 '나는 부자다' 또는 '나는 억만장자다!'라는 메시지를 보냈습니다. 그러면 거울은 똑같이 '나는 부자다', '나는 억만장자다!'라고 대답합니다. 다시 말해서 부자가 된 것은 거울인 겁니다. 아니면 다른 방법이 있는 것인가요? 어떻게 하면 거울이 저와 같은 사람이라는 사실을 알게 해줄 메시지를 보낼 수 있을까요?
다른 예시를 들어보겠습니다. '나는 행복하다!'라고 말하면 거울도 똑같이 '나는 행복하다!'라고 대답할 겁니다. 그렇다면 행복해지는 것은 제가 아니라 거울 아닌가요?
아니면 '차를 줘!'라고 말하자 거울도 '차를 줘!'라고 대답합니다. 다시 말해서 제가 요구했던 것을 거울에게서 빼앗아 오려고 하는 상황이 돼버리는 겁니다.

A. '거울을 향해 메시지를 보낸다'는 말이 무슨 뜻인가? 현실의 거울은 당신과 별개로 존재하는 것이 아니라, 당신이 그 안에 존재하는 것이다. 누군가가 되고 싶다면 이미 그 사람이 된 것처럼 행동하면 된다. 뭔가를 얻고 싶다면 이미 그것을 가지고 있는 것처럼 행동하면 된다. 이것은 땋은머리로 현실을 선택해야 한다는 사실과는 별

개의 문제다.

Q. 저는 주의를 계속해서 중심에 고정시켜두지 않아도 되고, 제때에 잠에서 깨어날 줄 아는 것이 더 중요하다고 이해했습니다. 하지만 실제로 해보니 필요한 순간에 깨어나는 것이 잘 안 되더군요. 뭔가가 균형에서 벗어나려고 하면 잠에서 깨어나 '모든 것은 그것이 일어나야 하는 방향으로 흘러가고 있다'고 저 자신에게 말합니다. 하지만 다른 사람들과 함께 있을 때면 너무 깊게 잠이 들어버려요.

A. 한 번에 성공할 수 없다면 연습을 더 해야 한다. 습관이 되고, 저절로 이루어지도록 만들 때까지 계속해서 시도하고 반복해야 한다.

Q. 관찰자 상태에서는 공감을 해도 괜찮은가요?

A. 물론이다. 안 될 이유가 있겠는가? 대리석상처럼 냉정해지라는 말이 아니다. 그 어떤 감정이든 느껴도 괜찮다. 그 감정을 느끼도록 내버려두고, 그것을 관찰하라. 당신이 관찰자가 된다면 감정이 당신을 쥐락펴락하는 것이 아니라 당신이 자유롭게 그것을 지배하게 된다.

"저는 모스크바에 있는 한 대형 병원의 분점에서 수간호사로 근무하고 있습니다. 타프티를 만나기 전의 직장생활은 그야말로 아수라장이었습니다. 하지만 이제는 아침마다 '나는 오늘 평온하고 좋은 하루를 보낼 것이다. 모든 일이 성공적이고 여유롭게 흘러갈 것'이라고 말하며 저의 현실을 선택합니다. 그러면 환자들이 예의를 갖춰서 저를 대하며 마치 본인이 가장 좋아하는 친척이나 TV 속 스타를 만났다는 듯이 저에게 인사를 하거나, 모든 보고가 제때 이루어지고, 모든 것이 순조롭고 한 치의 오차 없이 흘러갑니다. 하지만 이제는 그런 일상을 당연하게 받아들이죠. 그리고 현실의 거울 속에서 약간의 '잔물결'이 일어나거나 이상한 일이 일어나기 시작하면 '오, 이런 유용한 일이! 지금은 단번에 알아차리기 힘들지만 시간이 지나면 정확하게 알게 되겠지!'라고 저 자신에게 말합니다. 그러면 이 말에 동의하듯이 현실도 변합니다.

제가 '나는 숙련된 전문가고, 나의 노동은 완전한 보상을 받는다'라는 현실을 선택하면 결과적으로 연봉이 훨씬 올라갑니다. 일상적인 일에서는 주차를 할 때마다 빈 자리가 있고 가게에 갈 때마다 친절한 직원을 만나거나, 필요한 물건을 싼 값에 삽니다. 요리를 할 때마다 성공하고, 제가 가꾸는 텃밭은 빛이 날 정도예요(식물을 가꾸는 실력은 그럭저럭이거든요). 또, 취미로 스키를 타는데 빠르고 멋지게 탈 수 있어요(스키 실력도 보통이에요).

여성으로서의 삶에 대해 말씀드리자면, 외모가 예뻐지고 건강도 좋아지고 있습니다. 제 나이는 마흔넷인데, 제가 '젊고 아름다운 여성'이 되는 현실을 선택해둡니다. 그러고 나니 길에서 모르는 사람이 말을 걸 때마다 '저기요, 아가씨' 또는 '학생'이라는 호칭을 씁니다. 거울을 볼 때마다 기분이 매우 좋고, 저 자신이 열여덟 살인 것처럼 느껴져요.

제가 가지고 싶어하는 기술은 그 기술을 성공적으로 사용하는 현실을 선택하면 한두 번의 시도 끝에 바로 터득하게 됩니다(예를 들어 요리하는 과정에서 예쁘게 장식을 할 때라든지 말이에요).

피곤하거나 컨디션이 좋지 않을 때는 그저 의식을 깨운 채 시나리오를 따라가기만 합니다. 그러면 모든 일이 제게 유용한 방향으로, 그것이 일어나야 하는 방향대로 흘러갑니다. 아니면 '우는소리 그만하고 현실을 선택해'라고 저 자신에게 말합니다. 그러면서 손가락을 튕기면 눈 깜짝할 새에 잠에서 깨어나죠. 매번 어떤 일을 달성할 때마다 사념 표시기로 그 성공을 확인합니다. 땋은머리를 활성화하여 오랫동안 만족감을 음미하면서요. 어떤 일이 잘 풀리지 않는다면, 그것은 저의 일이 아니고, 제가 할 필요가 없다는 뜻이라고 생각합니다. 그것은 또다시 저의 유용함이 되죠. 이런 '사소한' 성공들은 그 밖에도 아주 많습니다. 그리고 그 성공들이 모여서 본질적으로 제가 기쁘고 감사한 마음으로 따르는 저만의 시나리오가 만들어져요."

"트랜서핑을 하며 살아온 지 벌써 10년이 되었습니다. 저는 IBM에 취직했고 차와 집 등 모든 것을 이루었습니다. 다만 매우 길고 험한 길을 거쳐가야 했습니다. 물론 순전히 운이 따라줬을 뿐이라고 볼 수밖에 없는 일들도 종종 일어났지만, 사건들의 인과관계를 알아내기가 어렵기도 했습니다. 예전에는 주차장에 빈 자리가 있는 장면을 상상해도 이렇다 할 성과가 나오는 일이 무척 드물었어요. 지난 한 달 동안 땋은머리를 활성화하니(물론 아직까지는 손바닥 사이에 있는 에너지 구球를 느끼는 것만큼 땋은머리를 확실하게 느끼지는 못하겠습니다) 운전을 할 때마다 거의 항상 곧바로 주차장에서 빈 자리를 찾을 수 있어요."

주의

Q. 제 질문은 간단합니다. 어떻게 하면 깊은 잠에서 깨어날 수 있나요? 저는 웬만한 사람들보다도 더 심하다고 해도 과장이 아닐 정도로 잠이 깊이 들곤 합니다. 제가 가장 많이 듣는 말이 '너는 항상 어딘가에 정신이 팔려 있구나'입니다. 하지만 실제로는 그렇게 자주 공상을 하거나 딴생각을 하는 건 아니에요. 저의 주의는 대부분 쓸데없는 일에 얽매여 있습니다. 정확히 어디라고 말씀드리기는 힘들지만요. 저는 아무것도 생각하지 않는 상태이면서 뭔가 지금의 세계와는 다른 세상에 있는 저 자신을 발견하곤 합니다. 그래서 자꾸 잠이 드는 것을 자제하지만 시간이 조금 지나고 나면 또다시 같은 곳에 주의가 얽매여요. 심지어 지금 하는 일도 꽤 잘하고 있습니다. 몇 개의 사무실에서 프리랜서 경리로 일을 하고 있는데, 시시하고 반복적이라고 결코 말할 수 없을 정도로 쉽지

않은 일이에요. 뿐만 아니라 한 대형 마트에서도 경리로 일하고 있는데, 다른 가게 직원이 저에게 연락을 해서 업무에 관한 질문을 할 정도입니다. 그런데 이런 생활 속에서도 깊은 잠에 빠지곤 합니다. 어떻게 하면 잠에서 깰 수 있는지 조언 부탁드려요.

A. 잠에서 깨어나는 것은 필요에 의해서만 해야 한다. 활성체를 사용하여 잠에서 깨어나는 습관을 들이라. 하지만 아무 목표 없이 깨어나려고 하거나 계속해서 의식적인 상태를 유지하려고 하는 것은 의미가 없다.

나의 경우를 예로 들자면, 의식이 깨어난 상태를 유지하는 것보다는 공상을 하거나 정보 채널에 연결된 상태에 있는 것이 작가 활동을 하는 데 있어 더 낫다. 그래서 필요에 따라서 의식을 깨우는 편이다.

의식을 깨워놓아야 할 필요성이 가장 클 때는 주로 현실을 선택해야 할 때다. 가장 중요한 점은 당신의 목표가 실현되거나, 당신이 성공적으로 일을 하는 현실을 선택하는 것이다. 그러면 시나리오를 따라 흘러가며 현실 속에서 편안하게 '잠들어 있는 상태'를 유지해도 좋다. 당신이 가야 할 곳으로 시나리오가 당신을 데려다줄 것이니 말이다.

당신도 이미 썼듯이, 당신은 '지금 하는 일을 꽤 잘하고 있다.' 이것이 그 증거다.

Q. 제가 천성적으로 무척 감성적이라는 것을 알게 되었습니다. 저는 오직 평온한 상태일 때만 잠에서 깨어날 수 있어요. 다시 말해서

그 어떤 감정의 변화도 없을 때만 깨어나는 것이 가능하죠. 여기에 대해서 질문이 있습니다. 의식의 중심을 유지하기 위해서 이런 내면의 평화를 더 강하게 만드는 기법이나 실전 방법이 있을까요?

A. 계속해서 의식이 깨어난 상태를 유지할 필요는 없다. 실제로 가장 필요한 것은 자극을 통해 잠에서 깨어나는 능력이다. 반복적인 훈련을 통해서 이런 습관을 들이라. 감정을 억누를 필요도 없다. 다만 감정이 흘러가는 과정을 관찰하면 도움이 되기는 할 것이다. 여기에 대해서는 《여사제 잇파트》에서 더 자세히 알 수 있을 것이다.

Q. 제가 책의 내용을 확실하게 파악할 수 있도록 설명을 조금 부탁드릴게요. 두 개의 스크린에 관한 질문입니다. 산책을 하거나 단순한 일을 할 때 주의를 의식의 중심에 어떻게 고정시키는지에 대해서는 이해하겠습니다. 물론 그것도 말처럼 쉬운 일은 아니지만요. 하지만 어떤 일을 하면서 '완전히 몰입해야 할 때', 영화를 보거나 책을 읽을 때는 어떻게 해야 하나요? 하나의 스크린에 얽매여도 그저 내버려둬도 괜찮을까요, 아니면 반복적인 훈련을 통해 이런 상황에서도 의식의 중심에 주의를 고정시키는 방법을 배울 수 있을까요?

A. 어떤 **행동**을 하고 있을 때 자신의 주의가 어디에 있는지 신경 써야 한다. 그러면 사건이 일어나거나 뭔가를 하기 직전에 주의를 중심으로 옮길 수 있다. 이리저리 조종당하는 꼭두각시 인형이 되지 않기 위해 당신이 그 상황 위를 군림하고 있을 때 '주의가 깨어나 있는 상태'에 있는 것이 의미가 있다.

하지만 그 밖의 상황에서 당신이 스크린 하나에만 '완전히 연결되어서는 안 된다'고 누가 그러던가? 어떤 광경을 수동적으로 목격할 때 자기 자신을 지켜봐야 하는 이유는 무엇인가? 어떤 과제를 해결하기 위해 집중하고 있을 때도 마찬가지다. 그러나 이런 상황에서도 잠에서 깨어나야 할 때는 있다. 최종적으로 한 스크린에만 '고정'된 나머지 이성이 맑은 상태를 잃어버리는 일이 생기지 않도록 말이다.

다만 여가 활동을 하거나, 다른 사람을 만나거나 운동을 하는 등의 활동을 할 때는 상황과 자신의 모습을 선택해야 한다. 그럴 때는 활성체를 통해 잠에서 깨어나야 한다.

Q. 머릿속에서 심상을 만드는 것은 하나의 스크린에만 고정되어 버리는 것을 의미하지 않나요? 여기에는 어떤 효과가 있나요? 심상을 떠올리는 시간은 1분 이하예요. 그 시간이 길어지면 길어질수록 내부 스크린과 외부 스크린 사이의 공간에서 '버티기'가 어려워지기 때문이죠.

A. 프레임을 비추는 것과 주의를 중심에 고정시키는 것에는 큰 차이가 있다. 잠에서 깨어나는 것(주의를 중심으로 이동시키는 것)은 처음에만 하는 것이고, 그다음에 땋은머리를 활성화시킨다. 그 후에 땋은머리, 다시 말해 영사기를 사용하여 앞쪽의 스크린에 프레임을 비추거나 머릿속으로 목표를 선언하는 것이다. 《여사제 타프티》를 보면 이 알고리즘에 대해 분명하게 알 수 있을 것이다.

프레임을 비추는 시간은 되도록 1분을 넘기지 말라고 권하고 싶다. 빠르게 비춰보되 서두르지 말고, 집중은 하되 긴장하지는 말라. 프레임을 비출 때 주의는 **중심에 있지 않고** 뚷은머리에 있는 동시에 당신이 프레임을 그리거나 비추고 있는 앞쪽의 스크린에 있다. 어렵지 않다. 그저 뚷은머리를 느낀 다음, 그 느낌을 유지한 채 프레임을 비추는 것이다.

애초에 독자들이 보내주는 질문 중 다수가 《여사제 타프티》를 두어 번 읽으면 스스로 답을 찾을 수 있는 것들이다. 이 책은 여러 번 읽어볼 가치가 있다. 곧바로 모든 것을 이해하고 외울 수는 없을 것이다.

Q. 어떻게 하면 다른 사람과 대화를 하면서 '나 자신이 보이고 현실이 보이는' 상태를 유지할 수 있나요? 다른 사람을 만나고 있을 때 저는 그 사람과의 대화에 완전히 집중합니다. 다시 말해서 외부 스크린에 완전히 얽매이는 것 같아요.

A. **'나는 이 사람과 소통하는 동시에 그와 나 자신을 관찰하고 있다'**라고 말할 수 있는 상태가 되어야 한다. 다른 식으로 표현하자면 단순히 앵무새처럼 말만 하는 것이 아니라 다른 사람과 소통하면서 현존의 상태, 주의의 상태에 있어야 하는 것이다.

하지만 이런 상태를 계속해서 유지해야 할 필요는 전혀 없다. 당신이 상황을 완전히 통제하고 있어야 하는 것이 아니라면 활성체를 통해 때때로 잠에서 깨어나는 것으로도 충분하다. 예를 들어 상대방이 나에게 어떤 질문을 했거나 이상한 말을 했을 때 잠에서 깨어나 의식의 상태에서 대답하면 된다.

오랫동안 의식이 깨어난 상태를 유지하기 위해서는 지속적인 연습과 훈련이 필요하다.

Q. 땋은머리가 정말 효과가 있다는 사실을 알게 되고, 그 후의 제 상태를 보고 나서 정말 놀랐습니다. 완벽한 조화와 완전한 행복의 상태라고 부를 수 있을 것 같아요. 두 개의 스크린에서 주의를 끌어냈을 때 비슷한 경험을 했었죠. 어느 곳에 가든 이런 상태가 사흘 동안 계속 저를 따라다니더니, 천천히 줄어들다가 나중에는 완전히 사라졌습니다. 따분한 일상에 영향을 받게 되면서 주의를 지켜보는 일이 드물어졌기 때문이에요.

A. **타프티의 조언을 따르고 알고리즘에 따라 땋은머리를 사용하라. 그러면 의식적으로 잠에서 깨어나는 일이 습관이 되고 더 이상 일상에 얽매이지도 않을 것이다. 모든 문제는 연습에 달려 있다.**

Q. '두 개의 스크린'이 정확히 무엇인지 도무지 모르겠습니다. 타프티는 두 개의 스크린을 동시에 보라고 하지만 그것이 어떻게 가능한지 이해를 못 하겠어요. 마치 저 자신의 일부는 영화를 보듯이 옆에서 지켜보면서 다른 일부는 영화 속 주인공이 된 것처럼 현존하는 상태에 있으면 되는 건가요?

A. 옆에서 자기 자신을 지켜볼 필요는 없다. 먼저 **당신의 주의가 지금 현재 어디에 있는지** 주의를 기울이기만 하면 된다. 그것을 알아차리는 즉시 주의는 두 개의 스크린의 정가운데에 위치하게 되고, 그다음부터는 그것이 어디에 있는지 관찰할 수 있게 된다. 바로

이 지점에서 **당신은 주의를 관찰하는 동시에 주변의 현실을 관찰할 수 있다.** 이렇게 하면 자신이 보이고 현실이 보이게 된다.

Q. 의식의 중심을 못 찾겠습니다. 저 자신을 옆에서 볼 수가 없어요.

A. 자기 자신을 옆에서 바라볼 필요는 없다. 자신의 내면의 눈으로 자신을 바라봐야 한다. 다시 말해서 자신으로부터 나오는 시선으로 자신을 보는 것이다. 그러면서 주변의 현실을 바라봐야 한다. 주의가 어디에 있고, 그것이 어디에 얽매여 있는지 관찰하는 동시에 현실에서는 어떤 일이 일어나고 있는지 관찰해야 한다. 그것을 관찰하기 시작하자마자 주의는 곧바로 중심에 고정된다. 이 모든 내용을 소설 형태로 풀어낸 것이 《여사제 잇파트》다. 이 책을 한번 읽어보면 이해하는 데 도움이 될 것이다.

Q. 저는 항상 의식이 깨어난 상태를 유지하기가 어렵습니다. 예를 들어 주의를 저 자신에게 고정시켜 두려고 하면, 성공할 때도 있지만 그 이후에는 모든 것이 엉망이 됩니다. 그리고 노력을 하면 할수록 더 헷갈리게 됩니다. 그리고 주의를 어디에 기울여야 할지, 어떻게 잠에서 깨어날 수 있는지 잘 모르겠습니다. 마치 원칙이 계속해서 바뀌는 것 같은 기분이에요. 발을 딛고 서 있을 지지대를 찾을 수 없습니다. 이런 문제 때문에 압박감과 절망감이 느껴져요. 의식이 깨어난 상태가 제 유일한 출구거든요. 그런데 어떻게 해야 할지 잘 모르겠다는 사실 때문에 기분이 계속 우울합니다. 노력을 더 해야 할까요, 아니면 적게 해야 할까요? 움켜쥔 손

아귀의 힘을 풀어야 할까요? 아니면 더 꽉 쥐어야 할까요?

A. 당신이 항상 의식이 깨어난 상태를 유지하려고 하는 이유를 잘 모르겠다. 《여사제 타프티》에 쓰여 있는 것처럼 적시에, 다시 말해, 상황을 통제해야 할 때처럼 주의를 기울여야 하는 상황에 잠에서 깨어나는 것이 그보다 훨씬 중요하다.
당신은 '노력을 하면 할수록 더 헷갈린다'고 썼다. 그럴 수밖에 없다. 《여사제 타프티》에서 노력을 해야 한다고 쓰여 있던가? 사실은 정반대이다. 주의 깊게 책을 읽어보길 바란다. 당신 자신이 아니라, 목표와 소명이 자신의 지지대가 되어야 한다.

Q. 저는 작가님의 저서에서 잘못된 점이 보여도 그저 그것이 작가님의 문체겠거니 하며 받아들입니다. 그런데 〈연극 흉내 내기〉(《여사제 타프티》 69쪽) 장에 나온 "형상을 통제할 수 있는 것은 오직 형상을 담은 프레임, 즉 그 형상이 있는 거울의 반대편에서만 가능하다. 바로 그렇기 때문에 거울 반대편으로 넘어가야 한다는 것이다"라는 문장을 보고 혼란에 빠졌습니다. 책을 다시 읽어봤지만 이 문장에서 또다시 혼란스러워지더군요. 숨겨진 뜻이 있는 것인가요?

A. 이 문장에서 이해할 수 없는 것이 무엇이란 말인가? 거울 앞에 서 보라. 당신 자신은 형상이고 거울 속에는 당신의 반영이 서 있을 것이다. 무엇이 무엇을 움직이는가? 당신이 반영을 움직이는가, 아니면 반영이 당신을 움직이는가? 현실의 거울 앞에서는 모든 것이 정반대다. 거울의 앞에는 반영이 있고, 영화 필름의 보관소인 거울 속에는 심상이 있다. 거울 너머에 있는 어떤 프레임의 반영

(프레임이 비친 것)이 프레임을 따라 움직이는 것이다.

의식의 상태에 들어가면 당신의 주의(당신 자신과 주의는 같은 것이다)는 현실(심상)을 선택할 수 있는 거울 속으로 들어가고, 이 심상은 실제에서 실현된다(반영). 심상이 움직이는 바로 그쪽으로 넘어가야만 반영을 움직일 수 있다. 바로 이것이 의식의 상태로 들어가야 하는 이유다.

Q. 작가님께서는 "…잠에서 깨어나, 현실의 거울은 당신의 움직임을 따라 할 뿐이라는 사실을 자각하거라"고 책(《여사제 타프티》 123쪽)에서 말씀하셨습니다. 그런데 만약 뭔가를 얻고 싶다면, 먼저 그와 비슷한 뭔가를 줘야 하지요. 그것이 정확히 무엇인지는 중요하지 않습니다. 바로 이 '그것이 정확히 무엇인지는 중요하지 않다'는 말을 고려하면, 돈을 얻기 위해서는 어떤 행동을 해야 할까요? 제 마음이 이 기법을 신뢰할 중요한 경험이 될 것 같습니다.

A. 대인관계에서 심상을 선택하는 기법과 목표를 달성하는 기법을 헷갈린 것 같다. 목표를 달성하는 기법은 **현실과 반영을 선택하는 것이다.** 다시 한번 주의 깊게 책을 읽어보길 바란다.

맞는 말이다. 뭔가를 얻기 위해서는 뭔가를 줘야 한다. 돈은 마른 하늘에서 뚝 떨어지지 않는다. 어떤 방법을 쓰든 당신이 돈을 만들어야 한다. 목표 달성 기법을 사용하기 시작하면 '어떤 방법'이 기회의 형태로 당신에게 다가올 것이다.

Q. 질문이 있습니다. 우리의 인생이 시나리오가 정해진 영화 필름이라면, 우리의 사념은 무엇인가요? 사념 역시 시나리오의 일부인가요, 아니면 더 고차원적인 것인가요? 아니면 의식이 깨어났을 때 주의와 마찬가지로 사념도 '깨어나나요?'

A. 그렇다. 당신이 무의식의 상태에 있는 동안은 사념은 행동과 마찬가지로 당신의 것이 아니며, 시나리오에 이미 쓰여 있다. 하지만 잠에서 깨어나 자신을 자각하게 되는 순간, 사념은 당신의 것이 된다. 그러면 당신은 시나리오에서 떨어져 나와 의식을 가진 채 당신의 생각과 행동의 흐름을 통제할 수 있게 된다.

Q. 저는 대중교통을 타고 출퇴근을 합니다. 아주 다양한 사람을 만나곤 하죠. 말끝마다 욕을 하는 입이 거친 사람들도 있고, 대다수는 스마트폰에서 눈을 떼지 못하고 있습니다. 몇 명 정도는 감정이 격앙된 채 가족 문제나 그 외의 여러 가지 문제들에 대해서 하소연을 하고, 아이들은 징징거리고, 학생들은 큰 소리로 떠듭니다. 이 사람들을 보고 있자면 심심할 겨를이 없죠. 너무 시끄러울 땐 이어폰을 끼고 음악을 듣습니다. 하지만 작가님의 신작을 읽고 나서 계속해서 주의를 중심으로 옮겨놓기 위해 노력해야 한다는 사실을 알았습니다. "공간의 가벼운 숨결"*마저도 잠에서 깨어나기 위한 신호가 될 수 있어요. 그 말은, 제가 이 사람들의 대화나 소음 등, 모든 것을 듣고 있어야 한다는 뜻인가요?

* 러시아 SNS의 〈바딤 젤란드〉 카페에서 사용된 적이 있는 표현이다. 작가의 전작에서는 다뤄진 적이 없다.

A. 왜 그렇게 과장하는가? 주변에서 일어나는 소음에 주의를 기울일 필요는 전혀 없다. 또, 당신이 '노력을 하도록' 책이 강요할 수도 없고 말이다. 노력의 주인이 되는 것은 당신 자신이어야 한다. 자신의 주의를 향하게 할 만한 것과 그럴 만한 가치가 없는 것을 결정하는 것은 당신의 손에 달려 있다. 판단해야 할 필요가 없다.

독자들의 성공담

바딤 자체핀

저는 오늘 아침부터 의식이 깨어난 상태를 유지하고 있습니다. 놀라워요. 모든 상황을 통제하고 있고 기분도 환상적입니다.

예브게니 네야소프

다른 사람들은 어떤지 모르겠지만, 저는 책을 읽은 지 한 달 반 만에 의식의 지점('나 자신이 보이고 현실이 보이는' 지점)을 찾았습니다. 물론 줄곧 이 지점이 어디인지 안다고 생각해왔지만요. 〈종이 인형〉(《여사제 타프티》 119쪽) 장을 다시 읽어본 것이 도움이 되었습니다. 이제는 무슨 일이 일어나든 모든 곳에서 유용함을 찾아내고, 세계의 거울은 그것을 실현시켜줍니다. 타프티, 기법을 알려주셔서 감사합니다. 우리는 당신을 사랑해요!

실현 1

Q. 프레임을 자주 비춰보면 그것이 빠르게 실현되는 데 도움이 될까요? 프레임을 하루에 10~15번씩 비춰본다면 더 빠르게 물질화될까요? 아니면 3~5번만으로 충분할까요?

A. 프레임을 많이 돌려봤다고 해서 적게, 제대로 돌렸을 때보다 더 큰 효과를 내는 것은 아니다. 목표 슬라이드를 몇 번 돌려봐야 하는지는 당신이 결정할 문제다. 그리고 그 횟수가 적절한지 판단할 수 있는 기준은 당신이 긴장하거나 지루함을 느끼지 말아야 한다는 것이다. 또, 기계적이고 아무 생각 없이 하는 것이 아니라 적극적인 자세로 임해야 한다.

Q. 퇴근길에는 신호등이 몇 개 있습니다. 퇴근 후 집으로 갈 때는 전부 다 초록불이 걸렸으면 좋겠어요. 이런 경우에는 어떤 장면을

상상해야 하나요? 각각의 신호등마다 이런 현실이 일어날 것이라고 상상해야 할까요, 아니면 제가 바라는 결과가 일어날 것이라고 딱 한 번만 상상해도 충분할까요?

A. **신호등마다 그렇게 하기에는 너무 힘들 것이다. 아침에 딱 한 번만 해도 충분하다. 그다음에는 초록불을 볼 때마다 사념 표시기로 체크해두고**(당신이 성공했다는 사실을 확인하는 것이다), **빨간불일 때에는 크게 주의를 기울이지 말라**(물론 빨간불일 때 신호를 무시하라는 의미는 아니다).

Q. 저는 예전에 도박을 하면서 여기저기서 돈을 많이 빌렸고, 이제 그 빚을 갚아 나가고 있습니다. 제게 돈을 빌려줬던 사람들은 다른 도시에 살고 있어요. 제가 부모님께 돈을 보내주면 부모님이 그들에게 돈을 가져다주죠.

예전에는 이 문제로 부담이 컸습니다. 한 직장에서 진득하게 일을 하지도 못하고, 월세와 식비를 내기에도 월급이 빠듯했거든요. 하지만 제 인생에서 트랜서핑을 알게 된 지금은 일이 더 잘 풀리게 되었습니다. 저는 정기적으로 돈도 갚고 있고 내면의 평화도 찾았습니다. 아직도 빚이 어느 정도 남아 있기 때문에 시간이 더 필요하기는 해요.

작가님께 질문이 있습니다. 저도 대충은 알고 있지만, 혹시나 해서 여쭤봅니다. 제 빚이 가정을 꾸리는 데 방해가 될까요? 제 월급 중 대부분을 부모님께 보내드리고 있습니다. 나머지는 식비와 월세를 위해 남겨놓고요. 하지만 요즘 젊은 여성들은 남성들이 가진 것과 어떻게 먹고 사는지를 중요하게 보잖아요?

A. 당신이 가정을 꾸릴 수 있는지 없는지의 문제는 당신의 안락지대(《트랜서핑 해킹 더 매트릭스》 65쪽)에 달려 있다. 당신 자신이 그런 생각에 크게 불안함을 느끼지 않는다면 가정을 꾸릴 수 있을 것이다. 하지만 확신이 없다면 우선은 빚을 갚는 데 집중하거나, 당신이 가정을 가진 장면을 상상하며 안락지대를 넓히는 방법이 있다.

Q. 타프티의 기법을 따라 해보고 있는데, 뭔가 효과가 있는 것 같습니다. 하지만 사소한 것들밖에 없어요! 모든 습관은 사소한 것에서 나온다는 사실을 잘 알고, 이해하고, 인식하고 있기 때문에 조바심내지는 않으려고 합니다. 그런데 제가 하지 못하는 것들도 있어요. 예를 들어 집을 끌어온다든지, 현존하는 나의 모습을 자각한다든지, 땋은머리를 활성화한다든지, 매매계약서에 서명하고 제가 바라던 집의 열쇠를 받는 장면을 상상하는 것들 말입니다. 이게 끝이에요. 그 밖에 다른 문제에 있어서는 혼란스럽기만 할 뿐입니다. 한 달에 고작 4만 루블밖에 못 버는데 어떻게 천만 루블짜리 집을 구할 수 있겠어요! 대출을 받는다 해도 원금을 상환하는데 한 백 년은 걸릴 것 같습니다. 쥐꼬리만 한 월급도 똑같습니다. 한 달에 백만 루블은 벌고 싶어요.

A. 당신이 현존하는 영화 필름과 가까이 위치하고 있는 현실은 쉽게 선택할 수 있다. 반면에 장기적이고, 달성하기 어려운 목표는 현존하는 현실과 멀리 떨어져 있기 때문에 그 필름까지 도달하기 위해서는 아직도 더 가야 한다. 그런 목표를 달성하려면 시간이 필

요하며, 땋은머리와 형상을 선택하는 기법을 용의주도하게 사용해야 한다.

땋은머리로는 목표 프레임을 비춰야 한다. 집 열쇠를 받고, 살림살이들을 채워 넣고 그 집에서 사는 모습을 상상하는 것이다. 당신이 이미 그 집을 가지고 있다는 현실을 하루에 몇 번 정도 용의주도하게 상상해보도록 하라.

그리고 반영을 선택할 때는 이미 그 집을 가지고 있다고 상상하며 행동해야 한다(흉내 내야 한다). 마트를 다니며 가구나 생활용품들을 둘러보고 머지않아 그 물건들을 모두 사서 집에 채워 넣는 모습을 상상하라. 아직은 둘러보기만 하고 결정은 나중에 할 거라는 듯 행동하라. 이 모든 행동을 할 때는 땋은머리를 활성화시키는 게 좋다. 이따금 땋은머리를 활성화시켜 프레임을 비춰보는 것이다.

월급 문제도 똑같다. 땋은머리를 활성화한 채, 당신의 연봉이 계속해서 올라 결국엔 한 달에 백만 루블을 벌게 될 것이라는 사념체를 만들어 그것을 선언하라. 동시에 이미 경제적으로 여유로운 사람이 된 것처럼 행동하고, **그 상태에서 살아가라.** 가상 현실을 만들어 **그 현실 속에서 살아가라.**

그런 식으로 계속해서 용의주도하게 행동하면 이 모든 가상의 것들이 실제가 되는 날이 올 것이다. 하지만 어떻게 그런 효과를 낼 수 있을까? 이를 위해 지켜야 하는 중요한 요소들이 있다.

현재의 현실을 주의 깊게 바라봐야 한다. 그것도 단순히 바라보는 것을 넘어서 '가늘게 실눈을 뜨고' 다가오는 현실을 살펴보고 선택해야 한다. **현재의 현실은 모습을 바꾸며 당신에게 신호를 보내올**

것이고, 문과 기회들을 열어줄 것이다. 다시 말해서 목표를 달성하기 위해서 당신이 무엇을 해야 하는지 힌트를 주거나, 심지어는 대놓고 보여주기까지 할 것이다.

당신도 이 모든 것들이 하늘에서 어느 날 갑자기 뚝 떨어질 거라고 기대할 수 없을 것이다. 어떤 행동이든 취해야 한다. 무엇이든 해야 한다. 기회는 얼마든지 당신에게 주어질 것이지만 그 다음은 당신 하기에 달렸다.

Q. 저는 주변에 도움을 주고 늘 필요한 사람이 되겠다는 목표이자 바람을 가지고 있습니다. 제가 행복을 느끼는 목표 프레임은 이런 것입니다. 그림 같은 풍경이 펼쳐진 해변의 멋진 집에서 식구들과 함께 사는 것입니다(어떤 지역인지는 아직 모르겠어요. 러시아일 수도, 아니면 해외일 수도 있어요!). 주주총회에서 이사직을 맡으면서 일은 하루에 서너 시간 정도만 합니다. 여가 시간은 항상 가족들과 보내요. 아내 역시 피트니스 클럽을 운영하면서 하루에 두어 시간 정도만 일합니다. 아이들은 유치원부터 초등학교, 중학교, 고등학교, 대학교까지 명문 학교를 다니면서 프로 스포츠를 즐기는 등 최고 수준의 교육을 받습니다.

우리 가족이 어디에 살지는 모르겠지만, 장소와 상관없이 한 달에 한 번 정도 친척들을 보러 갑니다. 집부터 시작해서 비즈니스석 비행기 표까지 원하면 뭐든 살 수 있을 정도로 돈은 충분하거든요. 무엇이든 할 수 있을 정도로 재산이 넉넉하단 얘기죠. 건강은 더할 나위 없이 좋아요. 축구, 테니스, 수영, 달리기, 요가 등 운동도 합니다. 사람들에게 큰 도움을 주고, 강좌를 열어 대중 앞에 서서 트레이닝 세션을 진행하기도 합니다. 매일 영혼의 축제가 열려요!

A. 진지한 목표를 달성하기 위해서는 진지하게 작업에 임해야 한다. 타프티의 기법뿐 아니라 그 이전 책들에 나온 기법도 복합적으로 사용해보도록 하라. 하지만 가장 중요한 것은 **당신에게 주어진 기회를 찾아내고, 그것이 다가왔을 때 놓치지 않기 위해** 눈과 귀를 항상 열어두는 것이다. 그렇게 된다면 '당신의 자리'가 어디인지, 어떻게 하면 그 모든 것들을 이룰 수 있는지 알게 될 것이다.
또, 《여사제 타프티》를 다시 한 번, 아니 여러 번 읽으라. 책을 읽으며 자기 자신에게 질문을 던져보라. 그러면 답을 직접 찾을 수 있을 것이다.

Q. 이제는 펜듈럼과 균형력이 더 이상 존재하지 않는 것 같습니다. 이것도 전부 시나리오의 일부인가요?

A. 펜듈럼과 균형력이 왜 없는가? 잠들어 있을 때와 깨어났을 때의 차이는, 깨어나지 않고 살아갈 때는 인생 전체가 시나리오를 따라 흘러간다는 점이다. 펜듈럼은 당신을 움켜쥐고 균형력은 시나리오를 따라 움직일 것이다. 하지만 잠에서 깨어나는 순간 당신은 시나리오에서 떨어져 나오며, 의식을 가지고 독립적으로 행동할 수 있게 된다.
펜듈럼에서 벗어나거나 균형력을 피하는 것은 오직 의식이 깨어난 상태에서만 할 수 있다. 당신이 의식적인 상태에서 하는 모든 행위는 시나리오에 쓰여 있지 않은 것들이다. 유일한 문제는 계속해서 깨어난 상태를 유지할 수는 없다는 것이다. 그렇게 할 필요도 없고 말이다. 당신이 해야 할 일은 **의식적인 행동을 하기 위해 활성체로, 적시에 잠에서 깨어나는 것이다.**

Q. 저는 해외로 이민을 가겠다는 의도를 가지고 있습니다. 3년 동안 심상화를 해왔고, 공책에 물질세계에서 얻을 수 있는 이득이 무엇인지 메모해두기도 했지만(제대로 한 건지는 잘 모르겠습니다), 이렇다 할 진전이 생기지 않고 있어요. 이것이 제 목표인 것은 분명합니다. 제가 이민을 가고 싶어하는 나라의 언어도 배웠고, 필요한 정보를 자세히 알아보기도 했고, 그 나라에서 온 지인들도 사귀어 놓았습니다. 저는 활기찬 자세로 일을 하고, 어떤 사건을 겪을 때마다 지나치게 큰 의미를 부여하지도 않고, 아이처럼 기뻐합니다. 그런데 일이 진전되지 않네요.

A. 지나치게 큰 중요성을 부여하지 않았다는 건 당신이 자신을 속이려는 생각일 수 있다. 실제로는 더 높은 의미를 두었을 가능성이 크다. 그것도 아니면 당신의 문이 아닌 것이다. 모든 슬라이드를 무효로 돌려두고 모든 것을 새롭게, 처음부터 다시 시작해보라. 만약 새로운 문(기회)이 열리지 않는다면 당신은 잘못된 목표를 세워둔 채 그것이 당신의 것이라며 자신을 속이고 있는 것이다. 아니면 그저 목표 필름까지 아직 다다르지 않았으며 조금만 더 인내해야 하는 상황일 수도 있다.

Q. 저의 소명을 못 찾겠어요. 저는 이곳저곳을 헤매며 갈팡질팡하고 있습니다. 얼핏 보기에는 이것도 제 소명인 것 같고, 저것도 맞는 것 같습니다. 이른 아침 노트북을 펼치고 앉아 흥미로운(영화의 원작이 될 정도로 재미있는) 소설들을 쓰며 이 일로 돈을 버는 모습을 항상 저의 이상향으로 생각해왔습니다. 하지만 학교에 다닐 때부터 저는 짧은 글짓기는 물론이고 글쓰기가 힘들었습니다. 그런데 이런 바람은 어디에서 온 것일까요? 《여사제 타프티》를 읽어보니, 어떤 일을 재능 있고 기발한 방법으로 해내는 다른 마네킹으로 들어갈 수 있다는 이야기가 나오더군요.

A. 과거에는 인터넷이 없었기 때문에, 우체통을 찾아 편지를 넣어가며 지인과 안부를 주고받던 시절이 있었다. 당시 나는 고작 두 장밖에 되지 않는 편지를 읽는 것도 어려웠다. 학교 작문 시간은 말할 것도 없고 말이다. 창피하지만 문학 수업에서 C 학점을 받은 적도 있다. 나는 인문학과는 거리가 먼 것은 물론이요, 시인이 아니라 물리학자이며, 따지자면 기술과학 전문가 쪽에 가까웠다.

그런데 독자들은 한 편의 영화를 보듯 《여사제 잇파트》를 술술 읽고 있지 않은가? 이 책 속의 등장인물들은 전부 진짜이며, 실제로 살아 있고 개성도 넘친다. 눈치챘는가? 어떻게 내가 이런 책을 쓸 수 있었을까?

그 이유는 《여사제 잇파트》가 **의도를 통해** 쓰인 책이기 때문이다. 나는 '나의 일을 천재적인 방법으로 훌륭하게 하고 있으며, 내 책의 등장인물들은 모두 살아 있고 매력이 넘친다. 이 책은 영화를 보는 것처럼 쉽게 읽힐 것이다'라는 의도(사념체의 형태)를 순전히 땋은머리를 사용하여 기술적으로 방사했을 뿐이다.

이것은 하늘이 내려준 재능이나 능력이 아니라 기술이다. 알겠는가? **당신도 모든 분야에서 놀라운 결과를 창출해낼 수 있다.**

어떻게 이런 일이 가능할까? 《여사제 타프티》에서 자세하게 알 수 있다. 간단히 말해서, 당신이 특정한 의도를 규칙적이고 일관적으로 방사하면 그 의도가 실현되는 영화 필름으로 이동하는 것이다. 그렇게 되면 **당신이 원래 가지고 있었던 능력과는** (거의) **무관하게** 천재적인 것들을 창조해내기 시작한다.

앞의 문장에서 '거의'라는 조건을 덧붙인 이유는, 어쨌거나 기본적으로 객관적이고 예외적인 상황을 염두에 둘 필요가 있기 때문이다. 예컨대 음악을 듣는 귀나 노래 실력이 전혀 없는데 뮤지컬 스타가 될 리는 만무하지 않은가? 내 경우에도 정말 소질이 없는 분야가 있다.

Q. 아무리 해도 제 인생을 올바른 방향으로 돌려놓지 못하겠습니다. 보이지 않는 벽에 계속해서 부딪히는 느낌이에요. 직장에서는 상사와 계속해서 부딪히고, 가정도 꾸리지 못하고, 연봉도 평균적인 선에 못 미쳐요.

A. 타프티의 조언을 따르라. 그러면 모든 일상적인 문제들이 점점 해결될 것이다. 타프티의 기법은 이를 위해 가장 필요한 조건이며, 또 이 조건들을 지키는 것만으로도 충분하다.

질문이 너무 추상적이라 그만큼 개괄적인 선에서 그칠 만한 답변밖에 드리지 못하겠다. 당신의 문제를 파악하게 해주는 유일한 힌트는 '보이지 않는 벽에 부딪히고 있다'는 말이다. 하지만 답변을 드리기에는 이 문장에서 알 수 있는 정보가 충분치 않은 것 같다. 답변은 당신 자신이 직접 찾아야 한다. 다만 어디에나 적용되는 원칙 하나를 알려드리겠다. 바로, **'내면에 있는 것은 외면에서 나타난다'는 말이다. 다시 말해서, 생각은 현실이 되어 나타난다.** 어떤 사념이 당신의 인생에서 보이지 않는 장애물로 작용하는지 찾아보라. 자신의 능력을 제한하는 부정적인 조건이나 한계를 스스로 설정해놓았을 가능성이 크다.

Q. 저는 아주 어렸을 때부터 현모양처가 꿈이었습니다. 마치 잭 런던이 쓴《큰 집의 작은 여인》(The Little Lady of the Big House)*처럼 특별한 남자의 아내가 되고 싶었지요. 영감을 주는 동시에 동료이자 친구이자 조언가인 아내요. 이것이 소명인 걸까요? 우선은 자기 자신, 즉 자신의 소명을 찾은 다음에야 영혼의 벗이 나타날지도 모른다는 생각이 듭니다.

A. 물론이다. 충분히 가치 있는 소명일 수도 있다. 당신의 이상형과 닮은 가상의 인물을 만들어서 당신이 행복한 삶을 사는 프레임을 땋은머리로 비추고 그 영화를 재생시키라. 다만 가상의 남편을 너무 완벽한 모습으로 그리지는 말아야 한다. 실현되기가 어려울 수도 있기 때문이다. 또, 당신의 프레임을 더 확실하게 비추기 위해 '영사기'를 능숙하게 사용하는 방법을 터득하는 것도 좋다. **이것은**

---

* 미국의 노동자 출신 작가 잭 런던Jack London의 소설로, 1915년 출간되었다. 주인공인 딕 포레스트와 그의 아내 폴라, 오랜 친구인 에반 그레이엄의 삼각관계를 다루는 작품이다.

중요한 작업이니, 진지하게 임해야 한다.

Q. 저는 12년째 사업을 하고 있습니다. 사업이 잘 될 때도 있고, 잘 안 될 때도 있지만 필요한 것을 모두 살 수 있고, 스스로 만족할 정도로 벌이가 좋았던 적은 한 번도 없어요. 제 목표는 좋은 지역에 있는 집에서 살며 여행도 충분히 하고, 가까운 지인들과 자주 어울리기도 하면서 인생을 즐기는 것입니다. 사업은 이 목표를 위한 도구이자 문으로 보고 있어요.

그런데 작가님께서는 한 책에서 '10년째 어떤 문을 두드리고 있는데도 목표에 도달하지 못한다면 그것은 자신의 문, 자신의 목표가 아닐 가능성이 크다'고 말씀하신 적이 있습니다. 하지만 저는 제 사업이 저의 일이고, 목표 또한 저의 것이라는 느낌이 듭니다. 그렇다면 일시적으로 생기는 수입이나 그다지 크지 않은 수익만 내면서 이렇게 오랫동안 제자리걸음을 하고 있는 상황은 어떻게 설명할 수 있을까요? 이 문이 제 문이 아닌 건가요? 근본적인 것부터 바꿔야 하나요? 아니면 지금 사업을 계속하면서 새로운 프로젝트를 계속해서 시도해봐야 할까요? 어떻게 이 상황을 이해하고 올바른 길을 찾을 수 있을까요?

A. 사업이 수년간 번창하지 않는다면 침체기라는 뜻이다. 질문만 보았을 때 당신은 휴식이나 인생을 즐기는 것에 더 관심이 많은 것 같다. 하지만 더 많은 것을 얻기 위해서는 더 많은 것을 내줘야 한다. 좋은 결과를 얻기 위해서는 **자신의 소명을 실현해야 한다**는 내용은 전작들에서도 여러 번 강조한 적이 있다.

소명은 당신이 이 세상과 사람들에게 뭔가를 줄 수 있어야 하는 것이어야 한다. 당신의 사업은 당신이 초점을 **자기 자신의 사업에만 맞추지 말고 고객의 유용함에도 맞췄을 때** 수익을 가져올 것이다. 당신에게 돈을 주는 것은 당신의 고객이니 말이다.
사업 분야에서의 야망을 더 크게 가지라. 과감한 목표를 세우기를 두려워 말라. 공동의 대열에서 벗어나 다른 모든 사람이 따라하는 방법이 아닌, 당신이 최초의 길을 걷는 방법을 찾으라. 이것이 트랜서핑의 기초다. 이에 대해서 타프티는 다음과 같이 말한다.

> 정작 자신의 유용함이 아니라 타인의 유용함에 대해 생각할 때, 반대로 자기 자신을 위한 유용함을 얻을 수 있기 때문이다. (…) 다른 사람의 유용함을 고려하는 것이 너희의 신념의 일부가 되어야 한다. 오직 그렇게 해야만 너희가 자아를 실현하는 것도 쉬워질 것이다. 또, 너희의 자아실현이 다른 사람에게도 유용해질 때, 바로 그때에만 자아실현은 성공적으로 이루어질 것이다. 반대로 너희가 하는 일이 타인에게 아무 도움이 되지 않는다면 그 일은 너희에게도 마찬가지로 아무 유용함도 가져다주지 않을 것이다.

Q. 저는 제가 살고 있는 곳이 마음에 들지 않습니다. 집 안은 저와 아내가 아주 멋지게 꾸며놨습니다. 하지만 집 밖에는 문제가 많아요. 돈만 더 있었다면 벌써 다른 집으로 이사했을 겁니다. 하지만 돈은 부차적인 것이지, 목표 자체가 아니잖아요? 그렇다면 이런

경우에는 어떤 목표를 가져야 할까요? 지금의 불만족스러운 상황에서 벗어나는 것을 목표로 세우는 것도 안 될까요? 저도, 아내도 우리가 원하는 것이 무엇인지 확실히 모르는 상태입니다. 도심에서 사는 것도 좋고, 외곽에 있는 큰 집에 사는 것도 좋고, 모스크바로 이사하는 것도 좋아요. 소치Sochi 같은 휴양 도시도 괜찮을 겁니다. 어느 곳에나 장단점이 있다고 생각하니 선택을 못 하겠어요.

제가 가장 관심 있는 것은 모든 것이 만족스럽고 편안한 곳에서 사는 것인데, 정확히 어떻게 살고 싶은지는 저조차도 잘 모르겠습니다. 위에서도 말씀드렸지만, 돈만 더 있었더라면 우리가 처한 상황이나 조건을 봐서 선택했을 거예요. 하지만 돈은 목표가 아니지요. 그렇지만 제가 어디에서 살고 싶은지 모르는 상황에서는 땋은머리로 어떤 프레임을 비춰야 하는지 궁금합니다. 아니면 그저 '나는 내가 사는 집이 좋다. 나는 경제적 여유가 있는 사람이고 여행을 많이 한다'는 주문을 외우기만 하면 되나요?

A. '이사는 가고 싶지만 어디로 가고 싶은지 모르겠다'는 말은 진지함이 떨어지는 접근 방법이다. 다시 말해 **전문적이지 않다.** 당신도 답을 모르는 질문에 누가 답을 내려주겠는가? 머릿속에 확실함이 부족하다면 현실은 당신이 원하는 투영을 보여줄 수 없다.

투영은 당신 자신이 만들어야 한다. 《여사제 타프티》 이전의 트랜서핑 책들을 읽어보면 도움이 될 것이다. 그리고 땋은머리는 당신의 의도를 더 강하게 만들어줄 것이다. 부동산을 공부하고, 다양한 지역에서의 생활 환경을 알아보고, 후보지를 골라 직접 가보고 적어도 며칠 동안은 그곳에서 지내기도 해보라. 그것이 진실성 있는 방법이다.

Q. 새로운 지식을 더 쉽게 얻기 위해 타프티의 기법을 사용해도 될까요? 저는 진로를 바꾸려고 대학교를 다시 다니고 있는데, 젊었을 때보다 공부하기가 훨씬 더 어려워진 것 같습니다. 학위를 받기 위해서 프레임을 활성화시킬 수 있다는 사실도 알고 있어요. 하지만 지식을 얻고 확실히 자신의 것으로 만드는 과정을 더 좋게(쉽게) 만들기 위해서는 타프티의 기법을 어떻게 사용해야 할까요?

A. '나는 강력한 지성과 좋은 기억력을 가지고 있고, 의식은 더 선명해진다. 모든 것을 분명하게 보고 있고, 분명하게 이해하고 있으며, 분명하게 생각하고 말할 수 있다. 나는 천재며, 모든 것을 빠르게 거머쥐고 쉽게 소화해낸다. 모든 문제를 아무렇지 않게 해결한다. 모든 것이 내 손 안에 있다'라는 사념체를 만들어, 땋은머리를 사용하여 의도를 방사하라.

누구나 자신이 선택한 본인의 모습 그대로를 돌려받는다. 현실도 마찬가지다. 모든 것은 당신이 새로운 능력과 자질을 얻기 위해 규칙적이고 일관되게 작업한다면, 실제로 당신이 선택한 능력과 자질을 그대로 가지게 되는 영화 필름으로 이동한다는 데 있다.

Q. 트랜서핑이 실제로 효과가 있다는 사실에는 의심할 여지가 없습니다. 다만 제 경우에는 유난히 힘들다는 것이 문제예요. 결과를 내기까지 너무 오래 걸립니다. 저는 5년이 넘게 목표 슬라이드를 상상하고 있습니다. 하지만 너무 부담이 가지 않도록 하려고 거의

이틀에 한 번씩 그 슬라이드의 내용을 글로 씁니다. 사소한 것에 신경 쓰지 않기로 하고 최선을 다해 제가 이루고자 하는 것을 주문했어요. 보통은 저녁에 한 시간 반 정도 글을 쓰는 작업을 하면 충분히 영감을 받을 수 있었죠. 아침에는 《아주 오래된 선물》*에서 소개한 동작을 따라 하기도 했습니다. 그렇게 하고 나면 다음 날에는 마치 피로가 쌓인 것처럼 슬라이드를 상상하고 싶은 마음이 훨씬 줄어드는 것을 경험했습니다. 그런데 이 작업을 이틀에 한 번꼴로 하면 동기 부여도 되고 피로감이 사라지는 것 같아요. 하지만 그러다 보면 '내가 슬라이드 작업을 너무 적게 하고 있는 것이 아닐까?' 하는 의문이 듭니다.

A. 슬라이드를 돌리기에 한 시간 반은 너무 긴 것 같다. 어떤 슬라이드이길래 그렇게 오랜 시간을 쏟는 것인가? 어쩌면 한 슬라이드 속에서 너무 많은 것을 주문하고 있어서 결과적으로 당신의 주문이 실현되지 않는 것일 수도 있다. 가장 중요한 목표를 골라 그것에 집중해야 한다.

혹은 슬라이드를 돌리는 작업 자체가 목표가 되었을 수도 있다. 목표가 실현되는 데 너무 오래 걸리는 이유는(5년이라니!) 당신이 마치 잠이 든 채 잠꼬대를 하는 것처럼 슬라이드를 반복하고 있어서일 수도 있다. 의도에 의해 고정되지 않은 슬라이드라면 아무리 그것을 돌려본다 해도 공회전만 하는 꼴이 된다. 핵심이 되는 프레임

---

* 미국의 작가 피터 켈더Peter Kelder가 쓴 책으로, 에너지를 높이는 다섯 가지 간단한 티베트 체조법을 소개하고 있다. 바딤 젤란드는 《트랜서핑 현실의 지배자》에서 이 책이 에너지를 높이는 데 효과적이라고 추천했다.

(또는 사념체)을 몇 개 골라서 의식을 깨운 채 땋은머리로 그것들을 비추는 편이 더 좋을 것이다. 일상적으로 '기도'를 하는 것이 아니라, 의도를 방사해야 한다는 사실을 명심하라.

또, 이것만큼이나 중요한 점은 당신 앞에 열린 기회(문)를 놓치지 않기 위해 눈을 크게 뜨고 귀를 열어둔 상태에서 현실을 관찰하는 것이다. 그리고 단순히 슬라이드를 돌리기만 할 것이 아니라 실제로 행동을 해야 한다.

Q. 저에게는 차를 갖겠다는 목표가 있습니다. 하지만 슬라이드를 돌리거나 땋은머리로 프레임을 비춰볼 때 어딘지 모르게 불편한 기분이 듭니다. 그것이 제 목표가 아니거나, 혹은 차와 관련해서 미래에 부정적인 상황이 일어나기 때문일까요? 하지만 저는 이 목표를 포기하고 싶지 않습니다. 저는 차가 필요해요. 아이들이 많고, 이동해야 할 일이 많은데 대중교통만 이용하기에는 너무 힘들기 때문이죠. 이런 상황에서는 어떻게 해야 할까요? 차와 관련해서 모든 일이 순탄하게 흘러갈 수 있는 인생트랙으로 넘어갈 수 있을까요?

A. 당신이 운전을 하면서 만족감을 느끼고 모든 일이 순조롭게 흘러가는 모습의 프레임을 비춰야 한다. 당신이 불편함을 느끼는 이유는 어쩌면 차가 아직 안락지대에 들어서지 못했기 때문일 수도 있다. 안락지대는 슬라이드를 계속 돌려보고 자동차 대리점 등을 돌아다니면서 넓힐 수 있다. 물론 땋은머리를 사용하여 운전을 잘하도록 만들 수도 있다.

Q. 타프티의 기법을 계속 시도하고 있지만 아무것도 이루어지지 않아요. 얼마나 더 기다려야 할까요? 몇 년까지 길어질 수도 있나요?

A. 몇 달씩 걸릴 수도 있지만, 몇 년까지는 물론 아니다.

Q. 만약 저에게 아주 필요한 일이고, 실제로 가능하다면 과거를 고칠 수도(다시 쓸 수도) 있나요? 환상이나 동화라는 것은 존재하지 않으니까요.

A. 과거에 이미 일어난 일을 직접 바꾸는 것은 불가능하다. 현실 자체만이 모습을 바꿀 수 있긴 하지만, 그렇다 하더라도 사소한 것들만 바뀔 것이다. 자신의 과거는 내버려두고 미래를 바라보라. 빛나는 미래를 만들어 결과적으로 과거에 한 실수를 사소한 것으로 만들어 버리거나, 아예 실수가 아닌 일로 만들어버릴 수도 있다.

Q. 제 일은 금융과 직접적으로 관련이 있습니다. 저는 FX 마진 거래*를 하고 있는데, 투자자도 있고 온전한 인프라 체계도 갖추고 있어요. 업무성과도 자본에 따라 엄격하게 갈리죠. 저는 높은 수익을 내고 있고, 특별히 힘들다고 할 만한 문제도 없고 연봉도 높아지고 있지만, 이 분야에서 가장 필요하다고 말할 수 있는 '꾸준하고 안정적인 수익'은 아직까지 내지 못했어요. 저처럼 금융과 직접적으로 관련된 직업을 가진 경우에는 어떤 슬라이드를 돌려야 할까요?

---

* 개인이 환율 차이를 이용해 수익을 내려고 직접 국제 외환 시장에서 직접 외국 통화를 거래하는 방식.

A. 공통적인 원칙은 《여사제 타프티》에서 알 수 있다. 투자에 관해서라면 그것은 이미 전문지식이 필요한 분야고, 나는 이 분야의 전문가가 아니라 답변을 드리기가 어려울 것 같다. 그러니 무엇을 어떻게 해야 하는지는 당신 자신이 결정해야 할 것이다. 또, 그럴 수 있는 능력도 충분히 있을 것이다. 당신이 나보다 어리석은 것도 아니고 내가 당신보다 더 똑똑한 것도 아니기 때문이다. 유일한 차이라면, 당신과 내가 서 있는 위치라고 할 수 있다. 무엇을 어떻게 해야 옳은지 결정할 수 있는 권리를 누리고 있는지 아닌지다. 사실은 당신도 그러한 권리를 누릴 수 있다. 트랜서핑의 기본 원칙은 **자기 자신이 권리를 누리도록 허용한다면 실제로 그 권리가 주어진다**는 것이다.

Q. 목표 슬라이드를 돌려볼 때, 특히 지금의 현실과 가까이에 있지 않고 비교적 멀리 떨어진 현실(자신이 필요로 하는 기술을 이미 숙달해서 직업으로 삼고 있는 영화 필름)로 이동하려고 할 때, 제 의지와 상관없이 '기생충 슬라이드(어떤 사람이 제게 악의를 품고 갑작스럽게 장난삼아 저에게 신체적인 피해를 가할지도 모른다는 '두려움')'가 끼어드는 상황이 너무 자주(거의 매번) 일어납니다. 이런 기생충 슬라이드를 떨쳐내기가 무척 힘들어요. 심상화를 하기 시작하자마자 이 기생충이 불쑥 '끼어듭니다(천천히 '기어올' 때도 있지만 거의 대부분은 '불쑥 끼어들어요').' 어떻게 하면 이 문제를 해결할 수 있을까요?

A. 그럴 땐 목표 슬라이드를 돌리지 말고 목표 프레임을 비추는 알고리즘을 사용하라. 이 알고리즘은 아주 잠시만 집중하면 된다. 문

자 그대로 몇 초, 길어봐야 1분만 투자하면 된다. 너무 짧은 시간이라 기생충이 당신에게 '기어갈' 틈이 없을 것이다. 그리고 더 이상 당신을 괴롭히지 않을 것이다.

Q. 저는 A라는 일에 매우 실력이 뛰어납니다. 그런데 B라는 일을 새로 배우고 싶어요(이 목표는 제 목표가 맞습니다. 영혼과 마음이 모두 그것을 하고 싶어해요). 타프티의 기법을 사용하여 이미 B를 할 수 있는 프레임을 비추다 보면, 그에 맞는 영화 필름으로 이동하여 B를 잘할 수 있겠지만 그동안 해왔던 A라는 일을 하는 능력은 사라지거나 약해지는 결과로 이어지지는 않을까요?

A. 새로운 영화 필름에서 A를 더 못하게 되는 현실은 어떻게 떠올리게 된 것인가? 물론 예전의 능력을 사용하지 않는다면 그런 일이 생길 수는 있을 것이다. 사용되지 않는 것은 퇴화하기 마련이니까. 하지만 다른 영화로 이동하는 것은 그 문제와는 아무 상관이 없다.

독자들의 성공담

알레나 호른

제 경우를 예로 들자면, 필요한 만큼 프레임을 비춰봅니다. 중요한 목표가 생기면 그것을 여러 번 비춰봐요. 하루 동안 열 개나 되는 프레임을 비춰볼 때도 있습니다.

빅토리아 르자코바

알레나, 현실을 선택했나요?

알레나 호른

빅토리아, 저는 매일 현실을 선택하고 있답니다. 저에게는 이제 이것이 일상이자 습관이 되었어요.

빅토리아 르자코바

알레나, 제 말은, 땋은머리를 사용하여 비췄던 사건이 현실에서 실제로 일어났는지 궁금한 겁니다. 그러니까 결과적으로 효과가 있었는지요.

알레나 호른

빅토리아, 제 말이 그거예요. 모든 면에서 효과를 보고 있어요. 대중교통, 사건, 날씨 등 모든 부분에서요. 예를 들어 오늘은 아침부터 날씨가 춥고 우중충했죠. 하지만 지금은 날씨가 맑고 기온도 영상 14도까지 올라갔습니다. 예전에는 직장생활과 관련해서 주문하면 반나절이 지나도록 아무 결과도 없었지만, 지금은 네 개나 이루어지기도 해요. 망설이지 말고 어떤 현실이든 선택해보세요. 모든 것이 당신을 위해 순조롭게 흘러가도록 내버려두세요!

빅토리아 르자코바

알레나, 고마워요. 조금씩 성과가 나오고 있지만 아직 완전히 준비

되지 않았다는 기분이 들어서요.

알레나 호른

빅토리아, 그러면 준비가 되자마자 모든 것이 순조롭게 흘러가겠네요.

이렘 부라크

최근에 있었던 일을 말씀드리겠습니다. 제 남편은 연봉이 더 높은 직장으로 이직을 하게 되었고, 저는 다른 사람들의 인생에서 그들이 바라는 사건을 끌어오기 위해 이 기법을 사용하는 것을 도와주기 시작했습니다(모든 사람이 자신이 언제나 땋은머리를 사용할 수 있는 것은 아니더군요). 이 분야에서 프로가 되고 싶다는 생각이 들었습니다. 저는 태블릿 피시도 고쳤어요. 예전에는 작동이 잘 안 됐는데, 프레임을 비춰보고 나니 저절로 고쳐지더군요.

사소한 것에 대해 말씀드리자면 하나하나 글로 다 적기에는 너무 많을 정도예요. 하지만 괜찮습니다. 우리는 하루 종일 현실을 선택하고 있고, 작은 일에서도 성공하는 일이 늘어나고 있으니, 잠시 그런 일들을 돌아볼 여유를 가질 필요도 있으니까요. 저는 더 건강해지기도 했어요. 그 어떤 약도 먹지 않고, 특별한 치료도 받지 않았는데 저절로 좋아졌어요. 그 전에는 상상도 할 수 없었던 일이죠. 쉽게 말씀드리자면, **그저 연습만이 살길입니다.** 또 하나, 새로운 마네킹 속으로 들어가 새로운 현실을 살아가는 연극을 진지하게 해내는 것이 중요합니다. 연극은 땋은머리 다음으로 가장 중요한 것 같아요.

올가 미로노바

이렘, 하루에 몇 번 정도 땋은머리를 활성화하나요? 본인이 겪으셨던 기적 같은 일들에 대해 더 말씀해주세요.

이렘 부라크

올가, 하루 종일 활성화해둬야 해요. 그저 타프티가 알려준 알고리즘을 따라하기만 하면 됩니다. 책에서 타프티는 '뭔가가 잘못되었다고 느껴지거나, 문제가 생기거나, 기대감이나 의도가 생기면 그 즉시 프레임을 비추라'고 말하죠. 이런 식으로 행동하는 습관을 들여야 합니다. 그렇게 하면 다른 사람의 영화를 보는 것이 아니라 하루 종일 당신 자신의 영화를 재생할 수 있게 됩니다.

나탈리야 벨로쿠로바

이유는 모르겠지만, 부작용이 나타나고 있습니다. 산책을 하러 공원에 가고 있을 때였어요. 저는 프레임을 비추고, 제가 공원에서 산책을 하며 다람쥐에게 먹이를 주는 모습을 상상합니다. 그러다 실제로 공원에 도착하면 공사 중이라 다리가 폐쇄되어 있죠. 결국 먼 길을 돌아 40분을 더 걷게 되고, 다람쥐를 한 마리도 보지 못했습니다. 아니면 쇼핑을 하러 갈 때를 예로 들어볼게요. 백화점에 도착해서 제가 가려는 층에 도착하면, 제가 들르려고 했던 매장은 문이 닫혀 있죠. 이런 일들이 자주 일어나요. 왜 이런 일이 생길까요?

리카 지마

나탈리야, 그런 일이 일어나는 이유는 그것이 당신의 바람이 아니기 때문이에요. 책 초반부에 자기 자신을 인식하는 상태에서(움직일 때마다, 걸음을 내디딜 때마다 자신의 몸과 팔과 다리 등 모든 신체 부분들을 인식해야 해요) 산책을 해야 한다고 쓰여 있습니다. 인식한다는 것은 **자기 자신을 지켜본다는 것**을 뜻해요. 아주 멋진 기법이죠. 몇 번 연습을 해보면 당신이 거짓 속에서 살고 있으며 지성의 노예라는 사실을 알게 될 겁니다. 눈물이 날 정도로 통찰력이 강해지면 모든 겉치레가 떨어져 나가는 모습을 볼 수 있을 거예요. 당신의 진실한 나가 드러나고, 당신이 무엇을 원하는지 정확히 알게 될 것입니다. 그러면 당신이 원하는 프레임을 비추고 타프티의 기법을 사용해보세요. 그 프레임은 현실이 될 것입니다. 하지만 처음에는 사소한 일부터 시작해서 지켜봐야 해요. 그저 꾸준히 지켜보기만 하면 됩니다. 관찰을 많이 하면 할수록 겹겹이 쌓인 지성의 눈가리개는 더 빠르게 벗겨질 거예요. 지성은 당신이 아니고, 당신의 생각 또한 당신이 아닙니다. 물리적 신체 역시 당신이 아니에요. 정말로 당신인 것은 당신의 주의입니다.

카밀라 이바노바

어떤 경우에는 땋은머리가 효과를 내고, 어떤 경우에는 효과가 없는 이유를 알아내려고 오랫동안 노력해왔습니다. 저는 식구들과 넓은 집으로 이사를 가는 프레임을 비춰보는 실험을 해보기로 했어요. 참고로 말씀드리면, 예전에 저희 식구들은 집과 관련된 문제가 전혀 없었어요. 우리는 살고 있는 집이 무척 마음에 들었고 방도 충분했어요. 그저 시험 삼아 프레임을 돌려보기로 했죠. 저희는 하루에 열 번 정도 프레임을 비춰보았습니다. 그랬더니 이런 결과가 생기더군요. 이튿날 남편이 퇴근하고 집에 와서는, 회사에서 근무 기간이 10년이 넘는 직원들에게 거주지를 제공하는 정책이 생겼는데, 저희 남편이 그 대상이 되어 시세의 10퍼센트밖에 안 되는 금액으로 아파트를 매입할 수 있게 되었다고 말하더군요.

처음에는 믿을 수 없어서 그 누구에게도 이 소식을 성급하게 알리지 않았습니다. 하지만 오늘 신분증에 새 주소가 찍힌 것을 보고 나니, 이제는 말씀드릴 수 있겠네요. 저는 진실이 어디에 있는지 오랫동안 고민해왔고 새집을 바라는 마음은 전혀 없었지만, 그 아파트는 정말 좋다고 생각했습니다. 이걸 어떻게 설명해야 할지 모르겠네요. 마치 카페에서 맛있는 시저 샐러드를 먹으면서 '다음번에는 그릭 샐러드를 한번 시켜봐도 괜찮겠다'고 생각하는 것과 같습니다. 하지만 시저 샐러드를 먹는 그 순간에는 그 샐러드가 정말 맛있어요. 제가 제대로 설명했는지 잘 모르겠네요. 어쨌거나 저에게는 중요성이 전혀 없었어요. 그저 느끼기만 할 뿐이었죠. 반면에 다른 프레임들을 비출 때는 중요성이 너무 커서 그것이 이루어지지 못했던 것이라는 사실을 알게 되었습니다.

타티아나 자비얄로바

저는 집에서 나온 순간부터 돌아올 때까지 프레임을 계속해서 돌려 봅니다. 예전에는 이 작업을 '경찰도, 사고도, 그 어떤 돌발상황도 일어나지 않는 4차원에서 다니는 것'이라고 불렀습니다.

알레나 스베틀로바

저는 특히 '모든 신호등에서 초록불이 걸리는 현실'을 선택할 때가 가장 멋진 것 같습니다. 정말 멋진 일이에요!

실현 2

Q. 저는 피트니스 센터에서 운동을 하거나 할 때 주의를 의식의 중심에 유지하려고 노력합니다. 그런데 같이 운동을 하는 친구가 옆에서 말을 걸면 집중력이 흐려져요. 땋은머리도 마찬가지입니다. 주변이 쥐 죽은 듯 조용해야만 잘 느껴져요. 어떻게 하면 주변의 영향을 받지 않고 땋은머리에만 온전히 집중할 수 있을까요?

A. 운동을 하거나 대회에 나갈 때는 조용한 곳에 앉아 모든 것이 완벽하게 흘러갈 거라는 현실을 선택해야 한다. 그렇게 하면 시나리오에 따라 모든 일이 정말로 그렇게 흘러가는 영화 필름으로 이동하게 될 것이다. 다른 말로, 자신이 천재적이라고 계속 선언한다면 그다음부터는 당신을 움직이는 시나리오에 과감히 몸을 맡길 수 있게 될 것이고, 의식이 깨어난 상태를 유지할 필요가 없게 된다. 조용한 환경에서 땋은머리 기법을 연습하라. 숙련되면 어떤

환경에서도 자유자재로 사용할 수 있을 것이다.

Q. 《리얼리티 트랜서핑》 1권을 읽지 않고 곧바로 《여사제 타프티》를 읽어도 될까요? 그리고 또 다른 질문이 있습니다. 저는 제 생각을 표현하는 게 어렵습니다. 어떤 말을 하거나 표현을 하고 싶은데 적당한 말을 못 찾겠어요. 어떻게 말해야 할지 고민하는 데 몇 분이 걸릴 때도 있고, 제가 말하려고 하는 사람이나 기관의 이름이 기억나지 않을 때도 있어요. 기억력 때문에 곤란해지는 일이 자주 일어납니다.

A. 집중해서 읽을 수만 있다면 《여사제 타프티》부터 시작해도 좋다. 당신이 말하는 문제가 사념체를 표현하는 데 있어서의 어려움이라면, 먼저 사념체를 생성하는 시간을 갖도록 하라. 종이에 써보면 더 좋다. 그다음에 땋은머리를 활성화시켜 사념체를 선언하도록 하라.

Q. 사소한 일을 실현시키는 데에는 성공했어요. 효과가 있더군요. 그런데 중요한 목표를 이루는 것과 관련하여 질문이 있는데요. 이 문제 때문에 오도 가도 못하는 상황입니다. 저만의 집을 장만해서 여기에서 살고 싶은 욕망이 있다고 예를 들어볼게요. 평범한 집이 아니라 제 부모님과 이미 성인이 된 아들, 딸들이 함께 사는 대가족이 지낼 만한 집을 가지고 싶어요. 이런 경우에는 어떤 프레임을 비춰봐야 할까요? 아니면 여러 가지 프레임을 비춰봐야 하나요? 저희 식구 모두가 기쁘고 행복하게 지내는 모습, 예컨대 마당

에 있는 벤치에 앉아 개들과 함께 시간을 보내는 모습을 상상해도 좋을까요? 이것이 제 식구들에게 영향을 미치지는 않을지 걱정됩니다. 사실 집을 갖고 싶은 이유는 딱 하나, 가족들과 함께 지내고 싶어서예요.

다른 질문이 있어요. 이런 집을 갖고 싶다는 꿈은 우리 가족 모두의 꿈이고 다 함께 이루고자 합니다. 이런 경우에는 식구들이 모두 대략적으로라도 비슷한 프레임을 함께 비춰봐야 하나요? 그렇게 하면 현실로 이루어질 가능성이 더 커질까요?

A. 장기적이고 복잡한 목표는 시간이 더 오래 걸리고, 다른 목표들보다 더 용의주도하게 땋은머리 기법을 사용해야 한다. 그리고 당신에게 주어지는 기회들을 놓치지 않도록 눈을 크게 뜨고 귀를 활짝 열어 둔 상태를 유지해야 한다. 물론 그런 목표를 실현시키기 위해 식구들이 함께 노력한다면 효과가 두 배, 세 배는 더 커질 것이다. 그러려면 식구들 모두가 한 집에서 다같이 화목하게 살 수 있다는 확신이 있어야 한다. 하지만 몇 세대나 되는 대가족이 특별한 문제나 갈등 없이 살아가기는 힘들기 때문에 그런 경우는 거의 없다.

Q. 질문이 있습니다. 사건이 긍정적인 방향으로 기적적으로 움직이기 시작했다는 사실을 알아차리고 나니 계획이 완전히 틀어지고 모든 일이 지지부진하기만 합니다. 이럴 땐 어떻게 해야 하나요? 그리고 이런 현상에는 어떤 의미가 담겨 있을까요?

A. 당신이 보기에 계획이 틀어지고 있다면 실제로 당신의 계획이 틀어지고 있는 것이다. 하지만 당신이 목표를 향해 나아갈 때 어떤

계획을 따라야 하는지 당신이 어떻게 알 수 있겠는가? 당신이 해야 할 일은 시나리오를 분석하는 것이 아니라 현실을 선택하는 것이다. 모든 면에서 유용함을 찾으라.

Q. 책이 출간된 이후로 엄청나게 많은 사람이 타프티의 기법에 대해 알게 되고 그 기법을 일상에서 활용하게 되었습니다. 이것이 우리 모두의 삶에 영향을 미칠까요? 저의 개인적인 시나리오를 바꾸기가 더 어려워지지 않을까요? 아니면 땋은머리를 충분히 개발시킨 사람들만 그렇게 할 수 있을까요?

A. 많은 사람이 땋은머리의 기법에 대해 알게 되었지만 실제로 적용할 수 있는 사람들은 많지 않다. 근본적으로 사람들은 어린아이와 같고, 그들의 에너지를 차단하는 시스템의 속박에 얽매여 있기 때문이다. 이에 대해서는 《트랜서핑 해킹 더 매트릭스》에서 더 자세히 알 수 있을 것이다. 하지만 너무 걱정하지 말라. 타프티의 기법을 사용함에 있어서는 그 누구와도 '경쟁'할 필요가 없으니 말이다. 그것을 사용할 수만 있다면 다른 구성원들과는 비교도 되지 않을 정도로 엄청난 강점을 가지게 될 것이다.

Q. 과정의 심상화에 대해서 정확하게 설명해주실 수 있을까요? 타프티의 기법에서는 심상화 방법이 나와 있지 않고, 모든 초점이 땋은머리를 사용하여 최종 목표와 슬라이드를 비춰보는 것에 맞춰져 있습니다. 반면에 트랜서핑에서 작가님께서는 "심상화는 모든 기법을 성공으로 이끌어주는 말(horse)과도 같다"고 말씀하셨습니다.

그런데 《여사제 타프티》에서는 이런 내용이 전혀 없더군요. 타프티의 기법을 사용하며 땋은머리 작업을 할 때 심상화는 하지 않아도 되는 건가요?

A. 우선은 타프티의 기법을 사용하라. 이 방법이 더 효과가 크기 때문이다. 땋은머리의 알고리즘을 따라 프레임을 비추는 것(또는 집중력이 충분하다면 슬라이드를 비추는 것)이 땋은머리 없이 단순히 슬라이드만 돌려보는 것보다 강력하다. 그리고 일의 진척이 있을 때마다 땋은머리를 활성화시켜 사념 표시기로 이것을 표시하라. 이렇게 하면 단순히 사건에서 진전이 있었음을 확인하는 것보다 강력한 효과를 볼 수 있다. 마음에게 있어 가장 큰 설득력을 가지는 것은 실제 현실에서 뭔가가 이루어졌다는 확신이다. 땋은머리는 우선적으로 여기에서 의도를 한층 더 강력하게 만들어주는 도구가 될 뿐 아니라 외부의도에 접속할 수 있는 일종의 '인터페이스'* 역할을 할 것이다.

Q. 저는 목욕을 하면서, 내쉬는 숨에 땋은머리를 활성화시키며 의도의 땋은머리 기법을 연습하기 시작했습니다. 저는 거의 매일 목욕을 하기 때문에 그때마다 땋은머리에 대해 떠올리기가 쉽더군요. 저는 모든 일을 천재적으로 하고 싶다는 마음이 큽니다. 그래서 모든 일을 천재적으로 할 것이라는 의도를 방사하여 제가 일을 잘 조직하고, 시스템을 정비하며 모든 문제를 기발한 방법으로 해결해

* 두 시스템이나 장치 등을 서로 이어주는 접속 장치와 같은 매개체.

나가는 모습을 상상합니다. 경영이든, 고객 상담이든 이 분야에서 실질적인 경험은 없지만요. 저는 고객들과의 계약 기간이 끝난 후에도 좋은 관계를 유지하는 모습을 상상합니다. 날개뼈 사이에 그 어떤 느낌도 없기 때문에 실제로 땋은머리는 느끼기보다는 상상하는 쪽에 가까워요. 목욕을 하면서 땋은머리 작업을 하고 나면 가만히 앉아 있을 수가 없어요. 바로 일어나 움직이고 싶다는 마음이 들죠.

저는 잠에서 깨어나 의식의 점에 들어서는 법을 연습하고 있습니다. 그러다 보니 제가 의식의 점에 들어가면 곧바로 마음이 편안해지고 긴장감이 줄어든다는 것을 알게 되었어요. 예전에는 제가 긴장을 하고 있다는 사실조차 인식하지 못했는데 말이죠!

이런 습관이 완전히 들기 전까지 다른 기법은 연습하지 않을 생각입니다. 아니면 땋은머리를 느끼는 데 성공하자마자 모든 기법을 연습하는 것이 맞는 걸까요?

저에게 있어 가장 강력하면서도 유일한 활성체는 다른 사람과 만나기 직전의 상황입니다. 이럴 때는 미래의 프레임을 설정하려고 하거든요. 이 만남에서 제가 얻어야 하는 결과를 구체적으로 정합니다.

처음에는 현실이 여기에 반응하는 것처럼 보였지만, 확실히 제 주문에 들어맞는지 잘 모르겠습니다.

최근 2주 동안은 저 자신에게 계속해서 환멸을 느꼈습니다. 제가 호감이 있었던 사람들이 제 연락에 답장을 하지 않거나, 데이트 약속을 취소하거나, 변명을 하거나, 분명히 지키겠다고 한 약속들을 아무 말 없이 취소하거나 그냥 지나쳐버리고, 그런 상황이 반복되어도 사과 한마디 들을 수 없었습니다. 나중에 하기는 했지만요.

저는 돌아다니면서 끊임없이 제 것을 요구해야 합니다. 어느 매장에 가도, 심지어 직원들이 친절하게 인사하는 백화점에 가도 저는 꼭 불친절한 직원의 응대를 받곤 합니다…. 제 인생에서도 '잠깐 기다려줘', '일이 좀 생겼어. 이해해줘', '몸이 좀 안 좋았어', '또 일이 생겼어', '이번에는 출장이 잡혔어'라는 말들을 듣곤 합니다. 이런 일들이 한꺼번에 일어나요. 모든 곳에서요.

그중에서도 정점을 찍었던 사건은 최근에 저의 제안으로 상사 없이 혼자 나갔던 중요한 미팅 자리에서 일어났습니다. 왜인지는 잘 모르겠지만, 저희가 아주 큰 회사라고 거만을 떨며 명함도 남겨두었습니다. 처음에는 얼마든지 연락만 달라고 어필할 예정이었는데 말이지요. 게다가 상대 업체가 에둘러 표현했던 거절 의사를 완전히 잘못 이해했던 겁니다….

처음에는 제가 미팅을 아주 잘 끝냈고, 저 혼자서 모든 것을 훌륭하게 해냈다고 생각했습니다! 그런데 저와 미팅을 했던 직원이 미팅 결과 상담 차 제 상사에게 연락해서 저에 대한 컴플레인을 잔뜩 늘어놓았다더군요! 알고 보니, 제 판단과는 정반대로 제가 모든 것을 망쳐놓은 셈이었습니다. 그래서 저는 그 사람에게 다시 전화를 걸어 사과를 해야 했습니다…. 제가 이 일을 통해 어떤 걸 달성했는지 아직 잘 모르겠어요. 저는 완전히 깨진 상태로 그 미팅에서 발을 뺐죠. 어떻게든 충격에서 회복하기 위해 이틀간 연차를 내고 집에서 쉬어야 했습니다.

그 미팅 이후로 저는 목욕을 하면서 제가 모든 일을 천재적인 방식으로 해낼 거라는 현실을 계속 선택하고 있습니다. 그것이 딱 제가 원하는 것이니까요. 하지만 실제 현실에서는 제가 할 수 있는 것이 아무것도 없고, 괜히 제가 이 일을 시작했고, 저는 아무것도 할 수 없고 가치도 없으며 제대로 말을 할 줄도 모르는 것 같다는 확신만 계속 듭니다. 그리고 말을 하면서 저도 모르게 새어 나오는 웃음을 포함해 모든 것이 한심하기 짝이 없어요.

이 편지를 쓰면서 책 속의 한 구절이 떠올랐습니다. "당신과 현실 중 누가 먼저 포기할 것인가?"

저는 어떻게 하면 좋을까요? 회사에서 유능하고 천재적으로 모든 일을 처리해 나가는 모습을 보여주는 현실을 계속 선택해야 할까요? 아니면 반대로, 최근에 겪은 일은 제가 새로운 분야를 찾아서 그 분야에서 노력을 해야 한다는 신호일까요?

A. 우선 당신은 편지에서 자신이 천재적으로 업무를 처리하는 현실을 선택하고 있다고 했고, 실제로도 모든 것을 올바르게 하고 있다. 하지만 동시에 '경영이든, 고객 상담이든 이 분야에서 실질적인 경험은 없다'고 했다. 결과적으로 모든 것이 거의 정반대로 이루어지는 것이다.

이런 일이 생긴 이유는 아마도, 당신이 경력사다리의 낮은 단계에 머물러 있으면서 자기 자신에게 곧바로 높은 기준을 설정해두었기 때문인 것 같다. 현재 상황을 판단하여 자기 자신의 모습과 현실을 선택해야 한다. 예를 들어 당신이 비서직을 맡고 있는데 최고경영자의 수준이나 능력을 통해서나 가능한 실적을 세우는 것을 목표로 삼는다면, 물론 현실은 당신의 요청에 반응을 하겠지만 정확히 맞아떨어지지는 않을 가능성이 크다. **당신이 자신이 맡은 일을 훌륭하게**

해내고 앞으로 당신의 자리가 점점 더 높아질 것이라고 선언하면서 점진적으로 경력사다리를 따라 차근차근 올라가는 것이 더 좋다.

또 한 가지 중요한 사실을 말씀드리겠다. 어쩌면 당신이 겪은 일은 부작용일 수도 있다. 예컨대 당신이 천재성을 발휘하는 현실을 선택하면 정작 당신은 천재적인 사람이 되는 반면에 주변에는 온통 거짓을 일삼는 사람들, 문자 그대로 '사기꾼들'이 깔려 있는 상황이 생길 수도 있다. 하지만 시간이 지나면서 이런 사람들은 점점 줄어들 것이다. 현실을 지켜보면서 인생에서 어떻게 현실을 선택해야 하는지 배워 나가라.

Q. 땋은머리로 비출 수 있는 것은 다가오는 프레임, 즉 가까운 미래의 프레임인가요? 그렇다면 먼 미래의 현실이 일어나도록 하려면 어떻게 해야 할까요? 예를 들어서 결혼을 하겠다는 의도를 가지고 있다면 미래의 남편과 미래의 집에 함께 있는 프레임을 비춰보거나, 혹은 남편이 될 사람과 만나 연인으로 발전하는 프레임을 비춰보면 되나요? 살을 빼고 싶다는 의도를 가지고 있을 때는 이상적인 몸매를 가지고 있는 프레임이나 점점 날씬해지는 프레임을 비춰보면 되나요?

A. 땋은머리로 가까운 미래의 프레임만 비출 수 있는 것은 아니다. 꽤 멀리 떨어진 미래의 프레임도 똑같은 방식으로 비춰보면 된다. 다만 그 현실까지 '날아가기' 위해서는 긴 시간이 필요하다. 먼 미래와 가까운 미래 모두 비춰볼 수 있다.

하지만 가장 좋은 방법은 목표 프레임을 비추는 것이다. 당신이 경제적으로 여유로운 사람과 살고 싶다면 그런 능력이 있는 사람을 만나야 한다. 당신이 풍족한 가정에서 사는 프레임을 비춰보며 동시에 그런 이상형과 비슷한 남성이 있는지 주변을 둘러보라.

그뿐 아니라 야망이 큰 사람들은 자기 자신에게 걸맞은 연인을 찾으려고 한다는 사실을 잊지 말아야 한다. 다시 말해서 당신도 외모를 가꾸고 자기계발에 힘써야 한다는 뜻이다. 자신의 모습이 완벽한 현실을 선택하는 동시에 '현실을 움직이고, 자기 자신을 움직이고, 자기 자신을 통제하는' **3단계 행동 기법**(《여사제 타프티》 168쪽)을 수행해야 한다. 당신의 모습이 '점점 더 날씬해지는' 프레임은 실제로 프레임이라기보다는 당신이 더 나아지는 모습을 확인하는 사념 표시기에 더 가깝다.

Q. 부정적이고 나쁜 생각이 저도 모르게 자꾸만 머릿속에 떠오른다면 어떻게 해야 할까요? 그런 생각은 땋은머리를 활성화하려고 할 때 특히 더 자주 떠오릅니다. 제가 원하는 것들과는 거리가 먼 끔찍한 것들 말이에요. 저는 항상 제 아이들을 걱정하는데, 그것 때문에 항상 두려움을 느끼곤 합니다. 이런 생각을 해봤자 아무런 도움도 되지 않는다는 사실은 저도 잘 알고 있어요. 어떻게 해야 이런 생각을 없앨 수 있을까요? 어떻게 하면 평정심을 되찾을 수 있을까요?

A. 자신의 생각을 지켜보라. 그리고 당신의 생각은 당신 자신이 아니라는 사실을 기억하라. 당신은 당신의 주의이다. 땋은머리 기법을 시작하기 전에 영혼이 평온한 상태로 들어가 '생각의 장'을 긍정

모드로 설정하라. 그다음, 땋은머리를 활성화하여 주의를 집중한 채 빠르게 이 긍정 모드를 선언하면 된다.

Q. 어떻게 하면 현실을 더 잘 선택할 수 있을까요? 제가 궁금한 것은 이런 것들입니다. 제가 선택할 수 있는 현실은 내일 일어나는 현실인가요? 그날그날 어떤 행동을 하기 직전에 해야 하는 건가요? 아니면 1년 후를 내다보고 해야 하는 건가요? 아니면 구체적인 목표를 실행하기 직전(큰 목표와 작은 목표 모두)에 해야 하는 건가요? 아니면 인생의 근본적인 변화를 앞두고 그 변화의 결과를 비춰봐야 하나요?

A. 가까운 미래와 먼 미래의 현실을 모두 선택해야 한다. 근본적인 목표 하나를 선택하여 그것을 이루는 현실을 용의주도하게 선택하라. 그 목표에 다가가는 과정에서는 매일매일의 목표를 세우면 된다.

Q. 목표를 향해 다가가는 과정(자신의 세계를 완전히 신뢰하고 있을 때)에서 마주하게 되는, 그냥 피하기만 하면 되는 장애물들과 '이것이 나의 목표, 나의 문이 아니라고' 말하는 신호들을 어떻게 구분할 수 있을까요?

A. 당신의 문은 모든 것이 쉽고 간단하며 납득할 수 있는 곳에 있다. 반면에 타인의 문을 열 때는 온갖 어려움과 난관을 경험하게 된다. 모든 것은 상대적이기는 하지만 말이다. 물론 당신의 문을 찾았을 때도 문제는 일어날 수 있으며, 노력 없이는 아무것도 할 수 없을 것이다. 타인의 문과 당신의 문은 서로 비교해보면 알 수 있

다. 더 쉬운 쪽으로 가면 된다.

Q. 땋은머리 기법을 다른 트랜서핑 기법과 함께 사용하려면 어떻게 해야 하나요? 예를 들어 물컵 기법과 함께 사용하는 것처럼 말이에요.

A. 트랜서핑은 '상태'에 가깝다. 다시 말해서 가상의 현실이라 할지라도 그것이 실제 현실이 되어 나타날 때까지 당신이 살아가야 하는 어떠한 상태인 것이다. 반면에 땋은머리는 활성체이다. 즉, 현실을 선택하는 데 필요한 짧고 강력한 자극인 셈이다. 두 기법을 함께 사용하면 그 효과가 배가될 것이다. 간단히 말해 '물컵 기법+땋은머리=강력한 효과'의 공식이 완성되는 것이다. 물론 이 두 기법을 동시에 사용할 능력이 있다면 말이다. 충분히 숙련되지 않았다면 그렇게 하지 말기를 권하고 싶다. 기법이 다르면 효과를 내는 메커니즘도 다르기 때문이다.

Q. '현실의 거울 속에서 너무 오래 노는' 일이 생길 수도 있나요? 저는 제가 원하는 현실을 선택하고, 거울 속에 푹 빠져버리는데 그것이 참 좋아요. 하지만 실제 현실로 돌아오고 나면 거울 속의 현실은 진짜가 아니었다는 사실이 기억나면서 마음이 아파집니다.

A. '거울 속에서 너무 오래 논다'는 것은 공상에 잠기는 것을 뜻한다. 그러나 현실을 선택하는 것은 의식을 깨워서 하는 일이다. 바꿔 말해서 틀을 갖춘 엄격한 과정이라고 말할 수 있다. 공상을 하려거든 모래사장에서 놀면 된다. 애초에 영화 장면 속에서 깨어난 의식을 가지고 산책을 한다는 것은 매우 진지한 일이니 말이다.

Q. 누군가가 복권을 산 뒤 당첨되기를 바라면서 프레임을 비춘다면 그것도 시나리오를 선택한 것이 되나요? 이미 구매한 복권으로 돈을 벌기를 바라는 것이니까요. 그렇다면 복권에 당첨되는 현실을 선택해서는 안 되는 건가요?

A. 이미 기정사실화된 방식으로 복권에 당첨되는 것은 프레임이다. 그렇게 선택해도 된다. 하지만 그 프레임은 지금 당신이 있는 현실에서 아주 멀리 떨어져 있을 수 있기 때문에, 복권에 당첨될 거라고 보는 것은 사실이 아니다. 게임(주식, 도박, 복권)에서 이기는 현실은 아무리 프레임을 열심히 비춰봐도 순순히 실제 현실이 되려고 하지 않을 것이다.

Q. '아무 관련 없이 존재한다'는 말이 무슨 뜻인지 더 자세히 설명해 주실 수 있나요?

A. 문법을 제쳐두고, 현실이 변화하는 원인이 **되지 않는다**는 의미를 살리기 위해서는 '아무 관련 없이 현존한다'고 말하는 것이 더 정확할 것이다. 당신은 그저 프레임을 비출 뿐이다. 그리고 그 프레임은 메타력을 매개로 저절로 물질화된다. 외부의도의 메커니즘은 당신이 그 현실이 생기는 원인이 **아니며,** 그 원인이 당신의 안에 있는 것도 **아닐 때** 작동하기 시작한다. 이에 대해 항상 기억하고 있어야 한다. 땋은머리를 사용할 때 당신의 낡은 습관 때문에 내부의도만 사용하는 실수를 범하지 않기 위해서 말이다. 땋은머리를 사용할 때 중요한 것은 노력이 아니라 집중력과 물러나 있는 것이다. **당신 자신이 아니라** 마치 다른 누군가가 된 것처럼 프레임

을 비춰야 한다. 당신은 그 일에서 **아무 관련이 없다.** "내가 왜 여기에 있지? 나는 아무 관련이 없는 사람인데"라고 말할 수 있을 정도가 되어야 한다.

Q. 오늘 가벼운 마음으로 사건 하나를 선택한 다음, 등 뒤의 느낌에 주의를 모아 그 사건이 이루어지는 상상을 하고 머릿속에서 그 생각을 지워버렸습니다. '완전히' 잊어버렸죠. 어떻게 되었을까요? 저녁이 되자 그 일이 실제로 일어났습니다. 실제로 그 일이 일어날 가능성은 0에 가까웠는데 말이지요. 왜 이런 일이 일어났을까요? 중요성이 없었기 때문일까요? 이런 일은 꽤 자주 일어납니다. 우연히 머릿속에 떠올라서 프레임을 돌렸을 때는 유독 더 자주 일어나요. 하지만 마음먹고 선택한 사건은 일어날 기미조차 보이지 않곤 합니다. 현실로 이루어지는 데 욕망이 방해가 되는 것 같아요. 욕망이 일어날 때는 어떻게 해야 할까요? 욕망을 완전히 떨쳐낼 수는 없는걸요.

A. **우발적으로** 현실을 선택했을 때 그것이 실현되는 것은 메타력이 개입했음을 보여준다. 《여사제 잇파트》의 〈속마음〉 장을 읽어 보길 바란다. 당신이 **마음먹고** 선택한 현실이 일어나지 않는 것은 어떤 일에 대해 노력을 기울였음을 보여준다. 하지만 속마음은 사건이 일어날 것을 **냉담하게 허용하는 마음**이다. 메타력은 노력을 기울이지 않고 있을 때 연결이 된다. 현실에 압력을 주지 말고 **메타력이 개입하도록 허용해야 한다.** 당신이 어디에서 노력을 기울이고 있는지 정확히 판단해보라.

Q. 어떻게 노력을 기울이지 않을 수가 있나요? 저는 그렇게 하는 것이 잘 안 되네요.

A. 할 수 있다. 집중력을 모으고 현실로부터 거리를 유지할 수 있는 상태를 찾으라. 찾을 수 있을 것이다.

완전한 결단력을 가지고 현실로부터 거리를 둔 상태여야 한다. 그것이 무엇인지 한 번만 느껴보면 온전히 터득할 수 있을 것이다. 그렇게 하기 위해서는 재능(선천적인 것)도 있어야 하겠지만 땋은머리 알고리즘을 따라 꾸준히 연습하는 방법도 있다. 결단력은 자신의 힘과 외부의 힘의 존재로부터 나오는 느낌이다. 반면에 거리를 둔다는 것은 중요성, 의심, 두려움, 갈망으로부터 자기 자신을 의식적으로 분리시켜놓고 현실을 압박하려는 마음을 버리는 것이다. 결단력을 가지고 현실에 압력을 가하는 것이 아니라 **그것이 저절로 실현되는 모습을 지켜보아야 한다.** 결단력은 현실이 아니라 당신 자신을 위해 필요한 것이다.

독자들의 성공담

"저는 2011년에 트랜서핑을 처음 알게 되었고, 매사에 투덜거리기만 하던 사람에서 모든 일에 깊이 열광하는 사람으로 변했습니다. 전부 트랜서핑 덕분이에요. 물론 '준비된 학생 앞에는 스승이 저절로 나타난다'는 말이 있기는 하지만요.

2010년 한가을이었어요. 이렇게 불만이 가득한 채 우울하게 살아서는 안 되겠다는 생각이 들었습니다. 그 당시 제 나이는 겨우 스물 두 살이었어요. 저는 '그러면 이제 어떻게 해야 하지?'하고 저 자신에게 물었어요.

이듬해 여름에 저는 친구를 통해 트랜서핑에 대한 이야기를 듣게 되었습니다. 작가님의 책에 대해 알고 나니, 그동안 제 안에 줄곧 내재되어 있었지만 전혀 깨닫지 못했던 것들을 발견하게 되었습니다. 트랜서핑은 저에게 무척 쉽게 다가왔습니다. 생식에 곧바로 성공하고 제 현실을 직접 만들어 나가기 시작할 정도로요.

현실은 매우 빠르게 반응했고 놀라운 일들이 일어나기 시작했습니다. 저는 외부의도의 힘을 아주 쉽고 간단하게 사용할 수 있었어요. 4년 전에는 무대를 확 바꾸기로 결심하고 인생의 목표를 세워봤습니다. 목표를 향해 꿈의 방향을 맞춰놓고 먼저 해야 할 일들을 정해둔 다음 실행에 옮겼죠.

이런 식으로 저의 작은 회사가 탄생했습니다. 창업을 할 때에도 저는 외부의도를 사용했어요. 흥미로운 사실들을 많이 배울 수 있었던 좋은 경험을 할 수 있었습니다. 하지만 저에게 좋은 '충격'을 안겨줬던 중요한 일은, 제가 가장 좋아하는 일 **하나를** 통해(저는 이 일을 '물컵 기법'을 통해 찾았습니다) 제 인생의 모든 분야를 연결할 수 있었다는 사실입니다. '자신의 목표를 찾으라. 그러면 나머지는 전부 따라올 것'이라는 작가님의 말은 백번 옳은 말씀입니다! 그 밖에도 저는 계속해서 연습을 하고 있는데, 그랬더니 마법 같은 일들이 일어나고 있어요. 작가님께 감사드립니다!

땋은머리와 관련해서 궁금한 점이 있어요. 저조차도 이것을 어떻게 설명해야 할지 잘 모르겠네요. 제가 제대로 이해한 것이 맞나면, 저는 꽤 오래전부터 땋은머리를 사용할 수 있었습니다…. 왜냐하면 제가 우주(제 영혼)와 대화를 나눌 때마다 비슷한 느낌을 느꼈던 적이 정말 많았거든요. 엄청난 에너지가 척추 전체를 따라 흐르면서 기분 좋은 온기가 온몸에 퍼지는 것을 느꼈습니다…. 완전한 조화였죠."

"퇴근을 하고 나면 회사 상사에게 전화가 와서는 내일까지 해결해야 하는 급한 업무라며 집에서 해도 된다고 합니다. 그런 연락을 받으니 기분이 별로 좋지 않더군요. 그런 업무 체계는 거의 한 번도 본 적이 없었고, 뾰족한 핑곗거리도 생각나지 않아 다음 날 새벽까지 밤을 꼬박 새워야 한다는 생각이 들었기 때문입니다. 집에 가는 길 내내 저는 이 문제가 쉽고 빠르게 해결될 것이라는 사념체를 만들어 땋은머리로 이것을 여러 번 선언했습니다. 집에 도착해서 노트북을 켠 다음 업무를 좀더 자세히 살펴보니, 땋은머리가 없다면 도저히 해결할 수 없는 문제라는 사실을 알게 되었습니다. 땋은머리를 다시 활성화시키니 상사에게서 전화가 왔습니다. 다른 사람들(전문 인력들)을 고용해서 이 일을 해결하고 있으며, 제가 더 이상 신경을 쓰지 않아도 된다고 하더군요. 아주 기뻤습니다."

"저는 출퇴근할 때 택시를 타고 다닙니다. 중심가를 통해서 가면 택시에서 내려서 회사까지 조금 걸어 들어가야 합니다. 하지만 회사까지 곧바로 연결되는 도로가 하나 더 있어요. 보통 택시 기사들은 같은 방향으로 가는 사람들을 택시가 꽉 찰 정도로 많이 태웁니다.

그 승객 중 대다수가 중심가를 통해 가야 하는 사람들이에요.

처음에 저는 택시의 앞좌석에 앉아서 기법들을 사용해보기 시작했고 이것은 놀라운 효과를 냈습니다. 제가 타게 된 택시에 손님이 아무도 없다거나 택시 운전사가 앞좌석에 앉으라고 먼저 제안을 하는 겁니다. 비가 와서 걸어가기 싫을 때는 회사 바로 앞까지 가서 내려주는 현실을 선택하기도 해요. 제가 어디에서 일하는지 알아보고 회사 앞까지 데려다주는 택시 운전사들을 만나게 되거든요.

그러던 어느 날 재미있는 일이 일어났습니다. 사건을 미리 선택하는 것을 깜빡했다가 회사에 가던 도중에 생각이 난 거죠. '뭐, 조금 더 걷지 뭐. 조금만 있으면 차를 돌려야 하는 지점인데, 동승한 승객들은 많고, 보통 사람들은 중심가에서 내려야 하니까'라고 저는 생각했습니다. 하지만 저는 시험 삼아 회사 바로 앞에서 내리는 저의 모습을 프레임으로 비춰봤습니다. 그러자마자 함께 탄 승객 중 하나가 차를 멈춰달라고 하더니, 세 명이 전부 차에서 내리는 겁니다. 택시 운전사가 저에게 어디까지 가야 하냐고 물어보더니, 저를 회사 앞까지 데려다줬습니다."

마네킹

Q. 땋은머리를 사용해서 의식을 훨씬 더 높은 단계로 끌어올릴 수 있나요? 예를 들자면 빠르게 집중해서 판단을 내리고, 의식을 가진 채 의사결정을 내리고 현실을 바라볼 수 있는 사람이 되고 싶습니다. 말하자면 의식이 깨어난 사람이 되는 겁니다. 이렇게 되기 위해 저는 땋은머리를 활성화한 다음, 의식이 더 명료해지고 지성은 더 빛이 나는 동시에 의식이 더 깨끗해지는 모습, 온갖 쓰레기들이 전부 타버리고 더 똑똑해지는 모습을 상상하는 연습을 합니다.

A. 전부 제대로 하고 있다. 《여사제 타프티》에서는 당신이 가지지 못한 모습을 실제로 가지게 될 수도 있다고 쓰여 있다. 앞서 말한 방법을 연습하며 당신은 능력을 계발하고 다른 마네킹으로 들어가게 된다. 충분히 실현 가능한 일이다.

Q. 저의 이웃과 약자들을 보호할 능력이 있는 용감한 사람이 되려면 어떻게 해야 하나요? 그렇지만 무예를 배우는 것은 원치 않습니다. 억지로 피트니스 센터에 다니는 것도 힘들고요. 물론 운동을 하고 나면 개운함이나 성취감을 느끼기도 합니다. 체력도 어느 정도 있고요. 코치님은 제가 거의 전문가 수준이라고 하더라고요. 제가 에너지와 의식을 더 높은 수준으로 끌어올리면 충분히 이런 자질(용기, 담력, 강인함)들을 얻을 수 있을까요? 뿐만 아니라 저는 규칙적으로 운동을 하고 있고(스트레칭, 철봉, 웨이트), 식단에서 생식의 비중도 점차 늘려가고 있습니다. 체형도 좋은 편입니다.

A. 자신의 신체를 단련하는 것 말고도 모든 일에서 만족감과 유용함을 끌어내야 한다는 사실을 염두에 두어야 한다. 그렇게 하면 당신의 현실에서는 무력을 사용해야 하는 상황 자체가 일어나지 않을 것이다.

Q. 저는 유전적 피부질환을 앓고 있습니다. 살면서 저와 비슷한 사람을 본 적이 단 한 번도 없어요. 저는 이 피부병 때문에 콤플렉스까지 가지고 있을 정도고, 지금은 치료를 받으러 다니고 있습니다. 피부과 치료는 매우 오래 걸리는데 그러면서도 흉터도 남습니다. 의사는 백 퍼센트 치료할 수는 없을 거라고 하더군요. 그래서 자존감이 많이 낮아졌고, 도저히 저 자신을 있는 그대로 받아들이지 못하겠습니다. 물론 제 모습 그대로 받아들여야 한다는 사실을 머리로는 이해하지만요. 제 개인적인 삶은 삐걱거리기 시작했습니다. 더 정확히 말하면, 제가 제 인생을 삐걱거리게 만든 쪽에 가깝

겠네요. 제 피부를 보면 저와 진지한 관계로 발전할 마음이 사라질 거라는 두려움 때문에 다른 사람들이 가까이 오지 못하도록 막았거든요. 물론 외모와 몸매만 보면 저는 충분히 아름답고, 많은 남성들이 제게 피부병이 있다는 사실을 미처 모른 채 저와 친해지려고 하고 관심을 줬지만요.《리얼리티 트랜서핑》 시리즈와《여사제 타프티》를 읽고 나서 저는 제약을 만든 사람은 다름 아닌 저 자신이라는 사실을 깨달았습니다. 그렇지만 이 피부병은 상상이 아닌걸요. 아름다움과는 거리가 멀고, 사람들이 계속 신기하다는 듯이 흘끔거리는 피부병을 실제로 앓고 있는 건 실제라고요.

A. 당신은 자신의 '불완전함'에 너무 큰 의미를 부여하고 있다. 애초에 완벽하고 완전하다고 볼 수 있는 사람들은 아주 드물다. 더 정확히는 극소수에 불과하다고 말할 수 있을 것이다. 실제로 당신의 그런 태도 때문에 개인적인 삶에도 제약이 걸리고 있다. 당신이 편지에 쓴 것처럼, 당신의 외모가 아름답다면 남성들은 당신의 단점 중 많은 것들에 대해 눈을 감아줄 것이다.

피부병은, 목욕을 할 때 타프티의 기법을 활용하며 '나의 피부는 점점 더 깨끗해지고 있다. 나는 아주 매력적인 사람이고, 사람들은 나에게 이끌린다'와 같은 사념체를 선언하면 도움이 될 수 있다. 이 기법을 무시하지 말라. 아주 많은 것들을 변화시킬 수 있다. 새로운 마네킹으로 떠나라.

Q. 제 나이는 서른세 살입니다. 제게는 초등학생 때부터 해결하려고 애써왔던 문제가 하나 있습니다. 제가 다섯 살 즈음에 개를 보고 겁

에 질린 적이 있습니다. 그 뒤로 의사소통을 하는 데 어려움을 겪기 시작했어요. 이 증상은 학교에서 동급생에게 따돌림을 당하며 훨씬 더 심해졌고, 결국 제 자존감은 땅으로 곤두박질쳤죠. 그러다 대학교에 들어가니 증상이 점점 더 빠르게 악화되는 겁니다. 특히 이성을 처음 만날 때 더 그랬어요. 수많은 방법을 시도해봤지만 별로 효과는 없었어요. 언어치료사와 경험이 많은 할머니들의 조언부터 시작해서 전문 심리상담사들과 상담까지 해봤는데도요.

A. 새로운 마네킹을 만들기 위해서는 정신적 틀(의식)을 새로 만들어야 한다. 먼저 두뇌를 알파 상태*로 만드는 방법을 배우라. 자유로운 시간 아무 때나, 특히 잠자기 전에 등을 바닥에 대고 누워 차분하게 호흡해보라. 문자 그대로 되는대로 자유롭게 숨을 쉬는 것이다. 그런 다음, 들이마시는 숨에 에너지가 당신의 두 발을 통해 들어오고 있는 것을 느껴보라. 이 에너지는 온몸으로 퍼졌다가 머리에 있는 출구를 향해 빠져나간다(또는 그 반대의 방향으로 에너지가 흐를 수도 있다). 이것을 차분하고 자연스럽게 하는 연습을 해보라. 이 호흡법을 완전히 터득하고 나면 숨을 쉬면서 "나의 화술은 더 좋아지고 있다. 나는 편안하게 말할 수 있다"라는 간단한 사념체를 선언하라. 잠에서 깨어 있는 동안 이 사념체를 여러 번 반복하라. 그 다음에는 평범하게 말하는 연습을 해보고, 어떤 부분에서 진전이 있었는지 확인하라. 노력을 많이 해야겠지만, 이러한 생각이 결국에는 당신의 의식이 되어 모든 문제가 해결될 것이다.

---

* 뇌에서 명상과 내면의 고요함, 평화로움과 관련된 알파파가 주로 나오는 상태를 말한다. 알파파는 편안하게 휴식과 안정을 취하고 있을 때 나타나는 뇌파로 알려져 있다.

Q. 저는 제 소명이 무엇인지 이미 오래전부터 느끼고 있습니다. 그런데 저는 심적으로(또는 심리적으로) 심각한 문제를 가지고 있어요. 저는 사람들과 교류하는 것이 힘들고, 사람들 앞에 서 있을 때 두렵고 말하기가 힘이 듭니다(게다가 말이 느리고 더듬기도 합니다. 제 생각을 표현하는 것도 어렵고요). 이런 상태가 전부 어디에서부터 시작되었는지 설명해봤자 아무런 의미도 없을 것 같아요.

하지만 인간은 사회적인 동물 아니겠습니까? 그래서 삶과 행동이 모두 대인관계와 관련되어 있죠. 저의 소명을 실천에 옮기고, 저의 길에 나서기 위해서는 이 문제를 해결해야 하는데, 그 방법이 보이질 않습니다.

A. 당신은 지금의 모습이 아닌, 당신이 보고자 하는 자신이 충분히 될 수 있다. 《여사제 타프티》에서 그 방법을 자세하게 알 수 있다. 자신의 현실을 선택하면서 3단계 행동 기법을 복합적으로 사용하라. 끈질기고 꾸준하게 이렇게 하다 보면, 곧바로 되지는 않겠지만 모든 문제가 점차 해결되기 시작할 것이다. 모든 것은 당신의 손에 달려 있다.

Q. 땋은머리를 사용해서 시력을 회복할 수도 있나요? 제 시력은 오른쪽, 왼쪽 모두 -2.5입니다. 즈다노프 운동법**으로도 시력이 나아지질 않네요.

** 러시아의 사회운동가 블라디미르 즈다노프는 금연과 금주 방법 등을 대중들에게 소개한다. '나빠진 시력도 운동으로 회복할 수 있다'고 주장한 미국의 유명한 안과의사 베이츠 박사의 이론에 기반하여 시력 회복 운동을 개발하였으나, 즈다노프의 방법은 과학적 근거가 없는 것으로 알려져 있다.

A. 목욕을 하면서 사념체를 발산하는 타프티의 기법과 땋은머리를 함께 사용해보길 바란다. 이렇게 하면 더 시력이 좋은 마네킹으로 바꿀 수 있다. 이 기법은 실제로 효과가 있다. 중요한 점은 목표를 향해 꾸준히 기법을 사용하는 것이다. 용의주도하게 이 작업을 해야 한다.

Q. 꿈속의 마네킹들 사이에서 살아 있는 영혼을 볼 수도 있나요?

A. 물론이다. 어쨌거나 모두가 잠들어 있기 때문에, 꿈의 영화 필름에서 잠들어 있는 사람 중 하나를 만나게 될 수도 있다.

Q. 심상화와 확인 작업으로 시력을 회복하거나, 키가 더 커질 수도 있나요?

A. 타프티에 따르면 목욕을 하면서 사념체를 선언하는 기법을 사용하면 자신의 마네킹을 완전히 바꾸거나 향상시킬 수 있다(이 방법에 관해서는 《여사제 타프티》 197쪽 〈땋은머리와 에너지 흐름〉 장에서 알 수 있다). 꾸준하고 성실하게 이 기법을 사용하기만 하면 불가능할 것은 없다.

Q. 질문이 있습니다. 만약 제가 젊고 아름다운 새 마네킹으로 옮겨가기 위한 기법을 사용하고 있는데도 '원래' 마네킹의 외모 관리를 위해 계속해서 돈을 써야 하나요? 피부관리나 화장품 등을 사기 위해서요.

A. 그렇다. 새로운 마네킹을 선택해야 할 뿐 아니라 자신의 마네킹의 모습이 육체적으로 더 건강해지는 데 도움을 주기도 해야 한다.

운동을 하는 것처럼 말이다. 물론 당신이 말한 피부관리도 그중의 하나다. 마네킹의 육체적 변화는 현실보다 더 느리게, 일정한 시간이 지나고 나서 일어날 것이다. 그러니 마네킹을 바꾸기 위해서는 노력을 기울여야 한다.

Q. 타프티의 기법을 적극적으로 사용하기 시작한 지 벌써 일주일 정도가 지났습니다. 그러다 잠깐 휴식을 취하면서 타프티의 기법에 대해 거의 잊어버릴 뻔했네요. 그러다 오늘 아침에 거울을 봤는데 제가 아닌 다른 사람을 보는 것 같은 기분이 들더군요. 얼굴은 분명 제 얼굴이 맞는데 외모가 약간 바뀐 것 같았습니다. 알아보기는 힘들지만, 얼굴의 특징이 바뀌었다는 사실을 알아볼 수는 있을 정도였어요. 실제로 내면에서 느끼는 컨디션도 약간 나아진 것 같았습니다. 조금 충격을 받았어요. 이런 일은 왜 일어난 걸까요?

A. 타프티의 기법을 하면서 원래의 현실과 멀리 동떨어진 영화 필름으로 건너뛴 것 같다. 그 영화필름에서는 마네킹도 다른 모습이기 때문이다. 마네킹을 바꿀 수 있다는 사실을 알게 되었으니, 이제는 그 사실을 사념 표시기로 확실하게 표시해두라. 무의식의 틀이 새로이 만들어질 것이며, 원한다면 언제든지 자신의 마네킹을 더 나은 모습으로 바꿀 수 있을 것이다.

독자들의 성공담

안나 안나

마네킹을 바꾸는 데 성공했던 경험을 말씀드리고자 합니다. 특정한 슬라이드를 돌리고, 땋은머리를 사용하여 확실하게 작업을 했습니다. 특별히 이렇다 할 천재성이 있었던 것도 아니고, 그저 저만이 가진 독특한 개성을 믿었습니다. 그러다 오늘 저희 엄마가(!) 그러더군요. '얘…, 난 도저히 모르겠구나…. 네가 성형을 한 것도 아닌데…, **어딘가 달라졌어.**' 저를 낳아주신 엄마도 제 마네킹이 달라졌다는 사실을 알아본 겁니다!

라리사 젤렌초바

타프티, 감사합니다! 정말 효과가 있네요! 마네킹을 바꾸기 위해 땋은머리 기법을 사용한 지 반년 만에 인생이 완전히 달라지고 있습니다. 그중에서도 가장 중요한 것은 제가 달라졌다는 거예요! 체형도 달라지고, 사념의 형상과 주변 환경도 달라졌습니다. 저의 내면에서 빛이 나기 시작하고, 사람들은 불나방처럼 제 주변으로 모여들고 있습니다. 마치 관심과 사랑, 행복의 호수 안에서 여유롭게 헤엄치는 기분이에요…. 정말 황홀해요! 이제 불가능이란 없다는 사실을 알게 되었습니다. 바라는 마음을 가지고, 게으름을 멀리하기만 한다면 말이죠.

안젤리나 구세바

오랫동안 아이가 생기지 않았는데, 배 속에 아이가 있는 슬라이드를 돌려보기 시작했습니다. 그랬더니, 짜잔! 어제 임신 테스트기에서 두 줄을 확인했죠! 사념은 백 퍼센트 실체가 되었어요.

엘레나 메디야니나

저는 마네킹을 바꾸기 위해 매일 프레임을 비춰보고 있습니다. 결과는 매우 인상적이에요. 이 밖에도 전신 케어를 받았고, 지금은 페이셜 케어도 받고 있죠. 과거에는 이런 케어를 받을 시간이나 돈이 없었어요! 그리고 아주 흥미로운 사실은, 왼쪽 손바닥의 손금이 바뀌었고, 인생 트랙과 생각하는 방식이 바뀌었다는 점입니다.

일리야 카시모프

최근에 저는 땋은머리를 활성화할 때 중요성을 0으로 만들고, 침착하고 자유로운 상태에 들어서면 의도가 더 정확하고 빠르게 실현된다는 사실을 알게 되었습니다. '지금 이걸 이렇게 하고, 저건 저렇게 하면 괜찮을 것 같은데'라고 생각하며 땋은머리를 들어올리고 슬라이드를 돌려봤습니다. 그리고 등 뒤의 느낌을 버리고 하던 일을 계속했죠. 그게 전부였습니다. 만일 이 과정에서 제가 긴장을 했거나 걱정하거나 잔뜩 인상을 썼다면(다시 말해, 제가 가진 중요성이 너무 높아졌더라면) 결과가 일어날 가능성은 0에 수렴했을 겁니다.

Mr Iks

마네킹의 모습을 향상시키는 데 있어 약간의 진척이 있었던 경험을 말씀드리고자 합니다. 모든 일을 천재적으로 할 수 있고, 대학 공부가 쉽게 느껴지며 만족감을 줄 거라는 사념체를 돌린 지 겨우 2주가 지났을 뿐인데, 실제로 더 좋은 성적을 받게 되었고 고등학생 때부터 어렵게만 여기던 과목의 내용들을 조금씩 이해할 수 있게 되었습니다. 그리고 이렇게 성장하는 과정이 제게 성취감을 주는 것도 사실이에요. 3단계 행동 기법을 완전히 한 것도 아니었어요! 제대로 한다면 효과는 더 어마어마하겠죠!

이리나 가야트리

저는 계산대 앞에서의 프레임을 돌려보는 연습을 하고 있는데, 날이 갈수록 성공률이 점점 더 높아지고 있습니다. 저는 이 세상의 어느 가게에 가도 대기줄이 없어 바로 계산을 할 수 있는 마네킹으로 계속해서 들어갑니다. 그 밖에도 저는 계산원들과 대화를 나눌 때 잠에서 깨어나는 습관을 들였습니다. 마치 친한 친척이라도 만난 것처럼 행동합니다. 지난주에는 한 남성이 제가 빵을 사는 모습을 유심히 지켜보더라고요. 그러다 나중에는 저에게 다가와 인사를 하더니, 아주 밝은 에너지가 저에게서 뿜어져 나오는 것 같다고 말하더군요. 하하하.

Julie Julie

제 꿈속에 등장하는 마네킹들은 매우 민첩하고, 제가 던진 질문에 똑같이 질문으로 대답을 해요. 그래도 어쨌거나 그중 한 마네킹에게 '너는 누구니?' 하고 물어봤죠. 그랬더니 그도 저에게 '그러는 너는 누구니?'라고 물어보더군요. 저는 책에 쓰인 대로 대답했습니다. '나는 나야.' 그리고 하늘 위로 도망쳐 올라왔습니다. 저는 그 마네킹이 별로 마음에 들지 않았어요. 그러자 그는 땅에서 저를 올려다보며 자기 자신을 '우리'라고 복수형으로 칭하면서 엉뚱한 말을 하더군요. 무슨 말인지는 기억이 안 나지만요. 어쨌거나 그런 식의 대화를 나눴어요.

대인관계

Q. 이제는 서로 만나지도 않고 연락도 거의 끊겨버렸지만 그래도 정말 소중한 사람을 어떻게 하면 제 삶으로 끌어올 수 있을까요? 그냥 그 사람과 연락을 하는 모습만이라도 물질화해도 되나요? 심상화하거나, 그에게 사랑을 보내주는 것은 어떨까요?

A. 추상적인(다른) 인물을 당신의 삶으로 끌어당기는 것이 좋다. 누군가가(당신이 좋아하는 요소들을 갖춘) 당신에게 다가와 둘이서 함께 행복해지는 현실을 선택하는 것이다.

특정 인물에 대해서라면, 그 사람을 당신의 삶으로 끌어당기는 것은 그의 시나리오를 변화시키는 것을 의미한다. 그의 시나리오와 영화 필름은 당신의 권한으로 어떻게 할 수 없다. 뿐만 아니라 당신만 그를 필요로 한다는 사실은 당신의 눈에만 그렇게 보이는 것일지도 모른다. 하지만 그것은 순전히 당신의 생각일 뿐이다. 현실의 상황은 전혀 다를 수도 있다.

만일 그가 정말로 당신에게 필요한 사람이라면 직접, 문자 그대로 '대담하게' 그에게 다가가 말을 걸어보라. 실패한다면 그 사람이 당신의 사람이 아니며, 그에게 목맬 필요가 전혀 없다는 뜻이다.

Q. 저의 인연을 찾으려면 땋은머리를 어떻게 사용하는 것이 좋을까요? 저는 좋아하는 사람이 있습니다. 불특정한 사람을 상상하면 좋아하는 감정이나 그 사람과 함께하고 싶다는 마음도 들지 않아요. 특정 인물을 상상해보자니 이미 좋아하는 사람도 있고요. 하지만 그 사람을 소유하고 싶다는 생각은 들지 않아요. 제가 좋아하는 사람이 들어간 슬라이드를 돌렸을 때만 기분이 좋고 불특정한 인물의 슬라이드를 돌리고 싶지는 않네요. 제가 좋아하는 사람은 오랫동안 확인 작업과 슬라이드 작업을 해오다가 최근에서야 알게 되었습니다. 하지만 제게 다가오려는 신호는 보이지 않아요. 그래서 땋은머리 기법을 사용해보고 싶습니다.

A. 특정한 상대와는 '형상 선택하기' 기법을 사용하여 직접 대화를 하는 것이 좋다. 결단력이 있어야 한다. 중요성은 당신이 생각하는 것처럼 그리 크지 않다. 상대방 또한 당신이 생각하는 것만큼 그리 대단한 사람도 아니고 말이다. 어쩌면 그는 외롭고(겉으로는 티가 나지 않겠지만), 당신 같은 사람이 **그에게 관심과 애정을 보이기를** 기다리고 있을 수도 있다.

그 어떤 대화도 직접 하고 싶지 않다면 땋은머리를 사용하라. 성공한다면 좋은 것이고, 성공하지 않아도 잃을 것은 없다.

Q. 어떻게 하면 불특정한 사람이 들어간 프레임을 땋은머리로 비출 수 있고, 어떻게 하면 벽에 걸린 그림을 보듯이 옆에서 볼 수 있으며, 슬라이드처럼 내부에 존재하고 움직이고 느낄 수 있나요? 저의 짝이 저를 찾는 모습이 아니라 우리가 이미 함께 살고 있는 최종적인 결과를 상상해도 될까요?

A. 심상화는 당신의 상상을 토대로 당신이 할 수 있고 편안하다고 느껴지는 방식으로 해야 한다. 어떻게 해야 하며 어떤 방법이 옳은지 결정하는 것은 당신의 손에 달려 있는 문제다. 당신이 원하는 것을 심상화하라. 다른 누군가가 말해주는 것이 아닌, 당신 자신이 원하는 바로 그것을 말이다. 그렇게 해야만 온전하고 효과적으로 심상화를 할 수 있다. 지켜야 할 유일한 한 가지는 당신이 장면의 밖에서 사건을 지켜보고 있는 관객이 아니라 **등장인물로서 장면 속에 존재해야 한다**는 것이다.

Q. 타인에게 영향력을 미치기 위해 땋은머리를 사용하면 안 된다는 사실은 알고 있습니다. 그러면 다른 사람의 건강이나 행복을 위해 땋은머리를 사용해서도 안 되나요?

A. 타프티는 현실을 선택할 수는 있지만 사람을 선택할 수는 없다고 했다. 성공할 수 없다는 말이 아니다. 당신이 통제할 수 있는 것은 오직 당신의 세계의 층이라는 뜻이다. 만약 당신에게 어린 자녀가 있다면(대략 청소년기 이전), 그 아이는 당신의 세계의 층에 있다. 그런 경우에는 아이에게 영향을 미칠 수 있다. 하지만 그 외의 다른 사람에게는 힘들다. 하지만 시도해볼 수는 있을 것이다. 그렇게

해서 성공하는 경우도 있다.

Q. 작가님께서는 오직 자기 자신에 대한 슬라이드를 심상화해야 한다고 말씀하셨습니다. 하지만 저의 목표는 가족, 아내, 아이들과 관련이 있습니다. 그 사람들이 들어간 슬라이드를 심상화해도 되나요?

A. 물론 그래도 된다. 중요한 점은 그 슬라이드의 주인공이 당신이어야 한다는 것이다.

Q. 저의 짝을 찾겠다는 목표를 가지고 추상적인 인물이 들어간 현실을 선택할 때 그 사람의 외모나 성격도 결정해야 하나요? 아니면 그저 그 사람과 함께하는 인생을 심상화하는 것만으로도 충분할까요?

A. 자신의 짝을 찾는 일이라면, 상대방의 외모와 성격의 세세한 특징보다는 그 사람에 대한 당신의 기분도 확실하게 결정하는 것이 중요하다. **상대방과 함께할 때 행복한지, 그 사람과 함께할 때 당신의 모습이 마음에 드는지** 말이다. 무엇보다 가장 중요한 것은 당신이 자기 자신을 어떻게 느끼는지, 편안하게 느끼는지, 그런 자신의 모습이 마음에 드는지, 혹은 반대로 자신이 딴 사람 같이 느껴지며 그것이 불편한지, 그런 자신이 싫은지 등이다.

특별히 주의를 기울여야 하는 점에 대해 알려드리겠다. 당신이 행복해지는 프레임, 어떤 추상적인 인물이나 자신의 이상형과 대화를 나누는 프레임을 선택해야 한다. 그 사람의 생김새나 성격은 확실하게 결정해두지 않아도 좋다. 중요한 것은 그 프레임 속에서 받는 당신의 느낌이니 말이다. 그러다 호감이 가는 사람이 생기면 그

때도 마찬가지로 **당신이 받는 느낌**에 특별히 주의를 기울이라.

Q. 타프티는 사람을 선택하거나 그들의 행동에 영향을 미치려고 하지 말 것을 항상 강조했습니다. 저는 예전에 이런 방법을 사용한 적이 있어요. 제가 어떤 일에 대해 부정적으로 반응하고 있다는 생각이 들면 그런 태도를 긍정적으로 바꾸는 겁니다. 예를 들어 저희 남편이 어떤 말을 해서 제가 기분이 상했다고 해볼게요. 불쾌한 기분이 점점 강해지고 있다는 마음이 들면 그저 제 생각을 반대로 돌려놓기만 하면 됩니다. '원래 내 남편은 활기차고 모든 것을 쉽게 받아들이는 성격이니까. 아주 간단하게 이해하고 넘겨버리는군.' 이런 식으로요. 이렇게 하면 늘 효과가 있었어요. 마치 마법처럼요. 이것도 제가 다른 사람을 '선택'하는 것이라고 봐야 할까요?

A. 당신은 사람이 아니라, 그 사람에 대한 당신의 태도를 선택한 것이다. 그리고 그런 당신의 태도에 대해 당신의 남편이 태도를 바꿨다. 우리는 모두 다른 사람들이 우리를 대하는 태도에 따라 행동하기 마련이다.

Q. 저는 제 지인들을 머릿속으로 한 명 한 명 떠올려보면서 그들이 건강해지는 현실을 선택합니다. '나는 건강하고 행복하다. 나의 남편도 건강하고 행복하다.' 이런 식으로요. 제가 보기에는 이것도 효과가 좋은 것 같습니다. 이렇게 해도 되나요?

A. 된다. 서로 연락도 자주 주고받고 있으며 매우 가까운 사람이라면

그렇게 할 수 있다. 두 사람이 하나의 영화 필름 속에 있기 때문이다. 이런 경우, 자신의 영화 필름을 선택하면 당신 자신뿐 아니라 가까운 사람도 함께 새로운 필름으로 이동하게 된다.

Q. 불특정한 사람과 연인이 되어 함께하는 슬라이드를 상상하고 있지만, 예전에 만나던 사람의 심상이 자꾸만 머릿속에 떠오릅니다. 아무 조건 없이 그에게 애정을 주려고 노력하지만, 완전히 잊어버리는 것은 아직은 힘이 들어요. 이런 태도가 저의 짝을 제 세계로 끌어오는 데 방해가 될까요?

A. 그럴 것이다. 지나간 인연은 잊어버려야 한다. 왜 그에게 계속해서 애정을 주는가? 주의를 다른 사람들에게 옮겨놓아야 한다.

Q. 제 아들은 스물세 살입니다. 이유를 모르겠지만, 돈을 잘 못 벌어요. 취직을 해서 적응하려고 하는 것 같기는 한데, 아들이 일하는 회사에서 자꾸만 문제가 생겨서 회사를 그만둬야 하는 상황이 일어납니다. 게다가 어떤 우연한 일로 인해 퇴사를 해야 하는 일이 자꾸만 생기는데 그것이 아들의 잘못이 아닐 때도 있어요. 예를 들어 누군가가 페인트 통을 넘어지기 쉬운 자리에 놔둬서, 결국 고객의 차에 튀었는데 결과적으로 제 아들이 수리비를 물어줘야 했던 적이 있었습니다. 이런 식이에요. 제 아들이 성공적인 인생트랙을 타도록 도와주려면 제가 어떤 현실을 선택해야 할까요? 그를 대신해서 현실을 선택할 수는 없다는 사실은 잘 알고 있습니다. 하지만 이런 상황에서 제가 어떤 행동을 취할 수 있는지 궁금

합니다.

A. 장성한 아들을 대신해서 할 수 있는 것은 아무것도 없다. 자신의 노동에 대한 보상을 제대로 받지 못한다거나, 그럴 능력이 없다는 것은 내면의 공간에 굴곡이 심하다는 뜻이다. 내부 중심이 없고, 내면이 무질서하며, 인생에서 뚜렷한 위치도 모르고 자신만의 신념도 없는 것이다. 그에게 필요한 것은 자기 자신을 돌보는 일이다. 가장 기본적인 것부터 시작해야 한다. 두 발을 딛고 서 있을 만한 견고한 땅부터 만들기 위해 유용함(《여사제 타프티》 79쪽)과 라다의 원칙(《여사제 타프티》 191쪽)을 사용하는 것이다. 그다음부터는 **3단계 행동 기법을 복합적으로 사용해야 한다.**

Q. 이해가 가지 않는 것이 있습니다. 타프티에 따르면, 사람들에게서 뭔가를 얻기 위해서는 그들에게 먼저 뭔가를 줘야 합니다. 하지만 다른 사람들을 위해 좋은 일을 하다 보면 그들은 저를 이용하기 시작합니다. 저를 속이려고도 하지요. 예를 들어 부하 직원들은 욕을 퍼붓지 않으면 아무것도 하지 않으려고 합니다. 그들에게 친절하게 대하고 칭찬을 해주면 완전히 긴장을 풀더라고요. 이런 일이 계속해서 일어납니다. 이렇게 생각하는 것은 저뿐만이 아닙니다. 다른 사람들도 비슷한 경험을 했다고 해요. 왜 이런 일이 일어날까요?

A. 일반적인 선에서 거울의 원칙은 효과가 있다. 하지만 타인을 이용하려는 사람이나, 에너지 뱀파이어나, 아니면 몹시 저급한 사람들도 심심찮게 만날 수 있다. 부하 직원을 대할 때는 균형 잡힌 선에

서 당근과 채찍을 적절히 사용해야 한다. '다른 사람들에게 선한 행동을 할 때' 너무 계산적으로 하지는 않는가? 만약 그렇다면 효과가 없을 수도 있다. 다른 사람들에 대한 주의는 순수하게 표현해야 하며, 당신이 하는 행동에 대해 일일이 '계산기를 두드려서는' 안 된다.

Q. 저는 지금 힘든 상황에 놓여 있습니다. 아내가 저를 떠났거든요. 그녀는 제 인생의 전부고, 그녀를 되찾겠다는 의도도 설정해둔 상태입니다. 작가님께서는 우리가 바꿀 수 있는 것은 우리 세계의 층뿐이라고 하셨지요? 하지만 저는 가까운 지인을 되돌리는 데 성공했던 경험이 이미 한 번 있습니다. 그러기 위해서 1년이라는 시간이 걸렸지만요. 이번에는 분명한 예감도 가지고 있고, 무슨 근거인지는 모르겠지만 아내가 자기 의지대로 저에게 돌아올 것이며, 분명히 우리의 사이가 더 끈끈해질 것이라는 사실을 '알고' 있습니다.

A. 자신의 의지로 떠나간 사람을 돌려놓는 것은 매우 어려운 일이다. 사실 이것은 비극이 아니라 기회일 수도 있는데, 당신은 전자에서 벗어나지 못하고 있는 것 같다. 물론 실제로 아내가 돌아올 가능성도 있기는 하다. 삶에서는 일어나지 못할 일이라는 건 없으니 말이다. 어쨌거나 나는 예언가가 아니다. 당신의 상황이 비극이 될지, 기회가 될지는 당신이 선택할 문제다. 혹시 당신이 더 행복한 운명에 놓이게 될지 누가 알겠는가?

Q. 저는 제 인연을 찾는 슬라이드를 1년 넘게 돌리고 있습니다. 상대방이 갖춰야 할 자질은 이미 정확하게 알고 있습니다(금발에 모델 같이 생겼고, 노래를 잘하고 저를 사랑합니다…). 저는 이미 그 사람이 제 옆에 있다고 확실하게 느끼고 있고, 그녀와 함께하는 여러 장면이 이미 머릿속에 그려져 있어요. 그녀와 함께하는 모습을 상상하는 데 너무 많은 시간을 쏟을 때도 있지만 기분은 정말 좋아요. 뿐만 아니라 저는 그녀와 함께한 이야기들을 노트에 적어보곤 했습니다. 실제 세계와 인터넷에서 그녀를 찾아보려는 시도를 수없이 했고요. 한번은 그녀와 외모가 무척이나 닮은 사람을 찾은 적도 있지만, 그 문은 쉽게 열리지 않았습니다. 그녀에게 함께 식사를 하자고 데이트 신청을 했는데 거절하더군요. 계속 연락을 시도해야 할까요?

A. 모델 같은 외모와 특성을 가진 사람과 함께하는 완벽한 슬라이드를 만들 필요는 없다. 그런 여성들과 함께하다 보면 골치 아픈 일이 많이 생기기 때문이다. 무난하게 만날 수 있는 사람들을 슬라이드로 돌리는 것이 더 낫다.

Q. 좋은 생각이 하나 있습니다. 저희 어머니는 매사에 부정적인데, 제가 긍정적인 태도를 가지기 위한 훈련 방법으로 엄마의 이런 성향을 이용하는 것은 어떨까요? 어떤 일에 대해서 엄마가 부정적인 반응을 보일 때마다, 저는 똑같은 일에 자동적으로 긍정적인 반응을 보이는 것입니다. 부정적인 의견을 무시하겠다는 것은 아니에요. 오히려 오래전부터 기다리던 손님을 드디어 만난 것처럼 두

팔을 활짝 벌려 그런 반응을 포용하는 거예요. 어쩌면 매사에 부정적인 사람에게서 도움을 받을 수 있을지도 모르잖아요? 작가님께서는 어떻게 생각하시나요?

A. **효과가 있을 수도 있고, 반대로 갈등만 더 커질 수도 있을 것이다. 시도해봐야 알 수 있을 것 같다.**

Q. 제 목표는 직접 화단을 가꾸며 기쁨을 누리고 제 꿈을 실현시킬 수 있는 정원이 딸린 집을 가지는 것이었습니다. 돈도 들어오고 정원이 딸린 집도 가지게 되었지만, 그와 동시에 제 앞길을 가로막고 저를 꼼짝 못 하게 만드는 사람도 주변에 생겼어요. 그 사람 때문에 아무것도 계획할 수 없고, 아무것도 할 수 없네요. 그와 함께하다 보면 계속 부정적이 되고 스트레스를 받게 되는데, 그 일들이 대개는 아무런 의미도 없는 데다 완전히 터무니없어요….
처음에는 신경 쓰지 않으려고 했지만 이제 그는 문자 그대로 저를 위협하는 수준에 이르렀습니다. 제가 뭔가를 하기 시작하면 그는 부정적인 기운을 퍼뜨립니다…. 그 사람을 떠나 모든 것을 버리는 것 말고는 다른 방법이 보이질 않습니다. 제가 이 상황을 해결할 수 있을까요? 정말로 모든 것을 다시 시작해야 할까요? 솔직하게 말씀드리면, 모든 것을 전부 새로 시작할 만한 기운도 별로 남아 있지 않은 것 같습니다.

A. **이 질문에는 구체적인 답변을 드릴 수가 없을 것 같다. 어떻게 해도 삶에 영향을 미칠 것이기 때문이다. 다만 백지에서 삶을 다시 시작하는 것을 절대로 두려워하지 말라.**

Q. 제가 결혼을 하면 저와 남편의 영화 필름은 매우 가까워지겠지요. 남편이 될 사람은 소득이 적습니다. 저희 식구들이 경제적으로 여유롭고 편안하게 살기 위해서는 슬라이드와 땋은머리 작업으로 충분할까요? 제가 남편의 수입과 저의 삶의 질이 올라가는 데 영향을 미칠 수 있을까요(흔히 여성들을 위한 특강에서 알려주는 방법처럼요)? 지금 상황에서는 저의 수입도 그다지 많다고는 할 수 없습니다. 제가 남편보다 더 많은 것을 원한다면(예를 들어 그는 휴가를 1년에 한 번 가면 충분하다고 생각하지만 저는 적어도 두 번 이상은 가야 한다고 봅니다), 제가 바라는 수준의 삶을 가질 수 있을까요? 제가 남편보다 돈을 더 잘 번다면 갈등이 생길 것이 뻔합니다(제 남편은 제가 경제활동을 하는 것을 아예 반대했어요). 아니면 돈을 더 잘 버는 사람을 찾는 것이 더 좋을까요? 요즘은 여성들에게 '식구들을 먹여 살리는 데 있어 남편을 믿고 따르는 것이 옳다'고 설득하는 것이 유행입니다. 이런 선전을 받아들여야 할까요? 아니면 지금까지 배워온 것처럼 오직 저 자신만을 믿고 독립적인 여성이 되어야 할까요?

A. 일반적으로 성인들의 영화 필름들은 개별적으로 분리되어 있다. 영화 필름이 하나인 경우는 어린아이와 부모일 때뿐이다. 남편이 주인공이 아니라 마치 무대 배경처럼 부차적인 존재가 되는 개별 현실을 만들라. 그러면 당신의 현실이 실현될 것이다. 그것이 어떻게 진짜가 되는지는 알 수 없을 것이다. 물론 가장 이상적인 방법은 남편과 아내가 하나의 현실을 함께 방사하는 것이다. 하지만 그것이 불가능하다고 하더라도 걱정하지 말라. 모든 것은 저절로 해결될 것이다.

'누가 더 많이 버는가'의 갈등에 관해서라면, 오직 약하고 유치한 남자들이나 그런 갈등을 시작한다. 강한 남성을 선택하라.

당신은 '식구들을 먹여 살리는 데 있어 남편을 믿어야 한다고 설득하는 것이 유행'이라고 했다. 그런데 그런 정보는 어디에서 얻은 것인가? 오히려 많은 남성들이 여성들보다 더 어린아이 같다. 그런 그들에게 어떻게 의지할 수 있겠는가? 직접 자기 자신의 현실을 만들라. 그리고 그것이 어떻게 실현될지에 대해서는 생각하지 말라.

Q. 제 가족은 화합이 되지 않고, 여러 문제에서 갈등을 빚으며 항상 돈에 대해 걱정하고 전전긍긍하면서 살아갑니다. 식구들에게 작가님의 오디오북을 들려줬더니, 잠깐은 깨어났지만 대부분의 경우에는 계속해서 잠에 빠졌습니다. 그들을 깨울 기운도 없지만, 그렇다고 가만히 내버려두자니 그것도 문제였어요. 그러던 중, 우리의 현실의 층이 서로 얽혀 있다면 제 식구들이 저를 그들의 '구렁텅이'로 끌어들일 것이고 이것 때문에 결국 저의 목표도 이루어지지 않을지도 모른다는 생각이 들었습니다. 어떻게 하면 이런 상황에서 벗어날 수 있을까요?

A. 꾸준히 목표를 되새기며 자신의 현실을 만들라. 그러면 그 누구도 당신을 구렁텅이로 끌어들일 수 없을 것이다.

Q. 저는 비교적 최근에 트랜서핑을 처음 알게 되었습니다. 매우 적절한 시기에 알게 되었다고 생각해요. 그러다 때로는 심하게 부담이

되기도 하는 문제가 생겼어요. 예전에는 뭔가 일이 잘 풀리지 않을 때면 언젠가는 해결될 거라고 믿었습니다. 그런데 사건이 일어난 원인과 그것이 전개되는 인과관계에 관심을 갖고 나니 모든 것이 저의 기분과 설정에 좌우된다는 사실을 트랜서핑 시리즈를 통해 알게 되었습니다. 바로 이런 요인들이 그것에 일치하는 결과를 끌어오니까요. 다시 말해서, 제 태도가 부정적이라면 이것이 또 다른 부정적인 결과를 낳게 되는 거지요.

〈여사제 타프티〉 영상에서 타티아나Tatyana*가 말한 것과 같이, 죄책감을 느끼는 여성은 실제로도 죄를 지은 사람 취급을 받게 된다고 합니다. 표면적인 수준에서는 남편이나 사람들에게서 외면을 받겠지요. 제가 바로 이런 문제를 겪고 있어요. 또, 과거에 실패했던 경험이 자꾸만 떠올라요. 그럴 때 저는 불쾌함보다는 슬픔을 더 많이 느껴요. 저는 너무 자주 슬프고, 최근에는 거의 항상 그래요. 한번 그런 상태가 되고 나면 '그래도 인생이 어떻게든 풀릴 거야'라는 믿음을 금세 잃곤 합니다. 물론 여기에는 나이도 관련이 있겠지요. 저는 마흔두 살입니다. 제가 이렇게 자주 우울해한다면(물론 전혀 우울해할 필요가 없기는 하지만, 제가 어떻게 할 수 있는 문제가 아니에요) 기회는 적어질 거라는 사실을 저도 잘 알고 있습니다.

작가님과 트랜서핑, 그리고 심지어 땋은머리도 그 존재만으로도 제게 구원의 빛이 되었습니다. 제가 제대로 하고 있는지, 땋은머리를 충분히 느끼고 있는지 완전히 확실하지는 않지만, 이것을 활성

---

* 트랜서핑 V2 표지에서 여사제로 분장한 배우이자 트랜서핑 센터 운영자. 편집부 주.

화시키려고 노력해요(컨디션이 나쁠 때는 땋은머리를 느껴보려고 노력합니다). 하지만 솔직히 말해서 믿지는 않아요. 다시 말해서, 땋은머리가 실제로 존재하고 효과도 있다는 사실은 믿지만, 저에게는 해당되지 않는다고 생각합니다. 딱 저에게만요. 저에게도 정말로 효과가 있다면 적어도 몇십 년은 더 지나야 할 거예요. 이쯤이면 작가님도 짐작하시겠지만, 의도를 방사하는 건 더 심합니다. 의도를 가지는 것 자체를 못 하겠어요(배우고 싶은 마음은 정말 크지만요).

A. 당신의 상황을 십분 이해한다. 당신은 이 편지에서 모든 것을 제대로 설명하고 있는 것 같다. 유감스럽게도, 슬픔이 가득하며 영혼은 악취가 진동하는데 그 와중에 행복을 바라는 것("어느 날 갑자기 기적이 일어날 거야"라고 믿는 것처럼)은 아무 도움도 되지 않는다. 이런 상태에서 벗어나야 한다. '의도한다'는 말이 무슨 뜻인지 모른다는 점으로 미루어 보아 당신의 경우에는 에너지가 정체되어 있는 것 같다. 그 말은 적극적으로 휴식을 취하고 운동을 해야 한다는 뜻이다. 예컨대 피트니스 센터를 등록하여 자신의 몸을 단련시켜보라. 《여사제 타프티》에서 보았듯이, 자기계발의 길에 들어서서 내면에 있는 창조자의 불꽃을 밝히고 자기계발을 해나가면 세 가지를 달성할 수 있다. 정체 상태에서 벗어나고, 자신의 소명을 찾을 수 있으며, 그 소명을 실현시키는 것이다. 물론 여기에서 말하는 자기계발은 육체적인 성장에만 국한되는 것이 아니다. 하지만 당신에게 필요한 것은 바로 이 육체적 성장인 것 같다. 몸이 건강해지면 인생을 사는 맛도 생기고 에너지도 생길 것이다. 그 방법밖에 없다.

Q. 간단하게 말씀드리겠습니다. 저는 12월부터 땋은머리 기법을 연습하기 시작했고, 얼마 전부터 첫 결과들이 나오고 있어요. 아버지가 돌아가신 뒤에 힘을 내기 위해 노력했지만, 얼마 지나지 않아 엄마가 제 모든 연락을 피하기 시작했습니다. 그러자 이번에는 남편이 저와 다섯 살 난 아이를 떠나더군요. 저는 소위 '영혼이 노래하게 만드는' 목표를 가지고 있습니다. 그 목표는 손에 닿을 정도로 가까이에 있기 때문에 그렇게 뜬구름 잡는 이야기는 아니에요. 지금 저는 무직 상태라 취직을 하려고 계속 노력하고 있습니다. 다만 잘 풀리지 않아 월세를 낼 돈도, 아이를 유치원에 보낼 돈도 없습니다. 남편은 아주 공격적인 사람이에요. 저는 생식을 하고 있고요. 시작한 지는 얼마 안 되었습니다. 저는 모든 에너지를 펜듈럼에 빼앗길까 봐 걱정됩니다. 마치 제정신이 아닌 것 같고, 진공 상태에 있는 듯한 기분이에요. 앞으로는 어떻게 해야 할까요? 균형력을 유지하기 위해 노력하고 있지만 잘 안 될 때도 있네요.

A. 아버지의 죽음은 당신과는 무관하게 일어난 일이다. 그런데 여기에서 당신이 무슨 상관이 있다는 말인가? 또, 남편이 떠났다는 말은 그에게 있어 당신이 인연이 아니며, 당신에게도 그가 인연이 아니라는 뜻이다. 당신의 것이 아닌 사람에게서 벗어나게 된 것이다. 여기에 나쁠 것이 뭐가 있는가? 취직이 힘든가? 트랜서핑이 아니더라도 원하기만 한다면 언제든지 일자리를 찾을 수는 있다. 어쩌면 생식을 하면서 지나치게 많은 것을 바라고 있을 수도 있다. 올바르지 않은 방식으로 생식을 하면 육체적이나 정신적으로

많이 지칠 수 있으며, 이것 때문에 삶의 균형이 깨질 수 있다. 나도 생식이 장점만 있는 식습관이라고 여기지 않으며, 다른 사람들에게 생식을 매우 조심스럽게 단계적으로 시작할 것을 늘 권하고 있다. 《순수식》(Pure Food)*이라는 책을 한번 읽어보길 바란다. 그리고 《여사제 타프티》도 다시 한번 읽어보라. 간단한 조언들을 따르다 보면 모든 것이 나아질 것이다.

Q. 제 딸은 미국에서 남편과 어린아이와 함께 살고 있습니다. 그런데 사위가 딸을 계속 무시하는 태도를 보여서 무척 힘들어해요. 제가 엄마로서 에너지를 사용하여 딸을 도와줄 수 있을까요? 아니면 오직 제 딸이 자신의 힘으로 상황을 바꿀 수밖에 없을까요? 물리적으로도 도와줄 수 없는 처지고, 사위와 개인적으로 대화를 나눌 수도 없습니다. 언어 장벽 때문에요.

A. 그것은 오직 당신의 딸만이 해결할 수 있는 문제다. 존중받기 위해서는 자신이 먼저 자기 자신을 존중해야 한다. 죄책감의 원칙, 프레일링 기법 등 방법은 여러 가지가 있다. 하지만 그것을 알기 위해서는 당신의 딸이 트랜서핑의 모든 내용을 다시 한번 읽어봐야 할 것이다.

Q. 저는 결혼한 지 8년째고, 어린아이가 두 명이 있습니다. 남편이 외벌이를 하고 있고, 저는 전업주부예요. 남편과 저는 심하게 다투

---

* 국내 미출간 도서. 본서의 부록에 그 주요 내용을 발췌하여 실어두었다. 편집부 주.

기도 하는데, 잘못은 남편 쪽에 있죠. 하지만 그는 맨날 제 탓으로 돌리려고 하고, 저를 깎아내리곤 합니다. 남편은 자신이 더 높은 위치에 있으며, 그의 인생에서 제가 아무 쓸모도 없다는 사실을 강조하려고 해요. 그런 그의 말에 반응하지 않으려고 하지만 때로는 울화가 치밀어 결국에는 양쪽 모두 화를 못 이기고 싸우기도 합니다. 저 자신이 텅 빈 것처럼 느껴지고 아무것도 하기 싫어요. 시간이 조금 지나고 나면 상황이 이렇게 된 것에 대해 아주 후회합니다. 잠시 잠잠할 때도 있지만 그러다 또다시 싸워요. 말다툼을 하기 시작하면 펜듈럼을 멈춰버리려고 노력하지만 잘 안 될 때도 있습니다.

문제가 하나 더 있어요. 제 남편은 대마초 중독이 매우 심합니다. 그래서 제때 대마초를 피우지 않으면 완전 답도 없을 정도예요. 손에 잡히는 대로 물건을 던지고 술을 마시기 시작해요. 제가 이런 것들에 대해 지나치게 많이 생각하고 있고, 본질적으로는 저 자신과 자기계발에 주의를 기울이기 시작해야 한다는 사실을 마음으로는 잘 알고 있습니다. 하지만 저와 아이들은 남편에게 의존하고 있고 도움이 필요할 때도 많아요(저 혼자 어린아이 둘을 돌보는 것은 힘드니까요). 최근 3~4년 동안 남편에 대한 저의 생각들 중 거의 80퍼센트 정도는 아주 부정적이었습니다. 하지만 아시다시피 사념은 현실이 되어 나타나죠. 그래서 남편이 이런 사람이 되는 데는 저의 영향도 어느 정도는 있었다고 봅니다. 만약 제가 사랑과 화합이 넘치는 가정을 상상하며 슬라이드를 돌린다면 도움이 될까요?

A. 사랑과 화합을 심상화하는 것만으로는 도움이 되지 않을 것이다.

타프티의 3단계 행동 기법을 복합적으로 사용해야 한다. 우선은 **남편의 애완동물이 되기를 멈추고,** 자기계발을 하라. 모든 면에서 말이다. 그러면 남편도 당신을 보면서 변하고 문제점을 고쳐나가기 시작할 것이다.

Q. 저는 딸이 2년 전에 인터넷을 통해 어떤 집단(사이비 종교)에 가입한 일 때문에 걱정입니다. 이것뿐만 아니라 그 집단의 다른 회원들과 친하게 지내며 함께 명상을 하고 정화 의식을 치르기도 해요. 딸은 성인이고, 처음 그 집단에 들어간 것은 스물다섯 살 때였어요. 지금은 스물일곱 살이 되었지요. 정화 의식 말고도 그 집단의 사람들은 딸의 에너지를 완전히 엉망으로 만들어 놓았습니다. 그 집단에 들어간 뒤부터 딸의 건강 상태가 나빠지기 시작했고, 잠도 온전히 못 잘 정도입니다. 아주 어려운 지경이 되었죠.

딸은 결국 입원 치료를 받게 되었습니다. 그 후에는 방법을 찾기 위해 이런저런 시도를 해봤죠. 한 치료사가 큰 도움이 되었는데, 같은 지역에 살기 때문에 여러 번 그녀를 찾아간 덕분에 건강이 훨씬 나아졌습니다. 그녀는 제 딸이 어둠의 통로에 연결되어 있었고, 그녀가 할 수 있는 선에서 최선을 다했다고 하더군요.

문제는 딸이 때때로 귀에서 통증을 느낀다는 거였습니다. 통증이 아주 심할 때도 있었어요. 그리고 딸과 연결되어 있었던 사람이 생각하는 소리나 딸꾹질을 하는 소리까지 들린다고 하더군요. 딸은 아주 힘들어했어요. 때로는 괴로워하며 울부짖기도 하면서 이제는 한계에 다다랐다고 하더군요.

저희는 계속해서 도움을 찾아 헤맸습니다. 여기저기 문을 두드리고, 온갖 초자연적인 요법에 돈을 쏟아부었죠. 그중 대부분은 인터넷을 통해 찾은 사람들이었어요. 그 외에도 딸은 가까운 옆 도시까지 치료를 받으러 다니기도 했어요. 모두들 뭔가가 보인다고 하고, 정화를 시켜준다고 말하며 딸의 과거에 문제가 있다든지, 정신병을 치료해준다든지, DNA를 정화시킨다든지 한다고 했습니다. 하지만 달라지는 것은 아무것도 없었어요.
그러다 보니 저의 현실의 뭔가가 틀렸다는 생각을 하게 되었습니다. 하루하루가 마치 쳇바퀴를 도는 것처럼 똑같은데, 줄거리만 무서운 옛날이야기인 셈이었어요. 어떻게 하면 현실을 바꿀 수 있을지 찾아 헤매던 중 타프티를 만나게 되었습니다. 저는 잠에서 깨어나 프레임을 선택하기 시작했어요. 땋은머리는 사소한 일에서 효과를 나타내기 시작했고, 분명하게 느끼는 것은 아니지만 그것이 실제로 존재한다는 사실은 확실하게 알 수 있어요.
그러던 중 궁금한 점이 생겼습니다. 저는 타프티가 알려준 프레임의 기법대로 딸이 건강해지는 모습, 저희 모녀가 이 문제에서 완전히 벗어나거나, 아니면 저희에게 정말로 도움이 될 만한 사람을 찾는 프레임을 설정하고 있습니다. 그런데 여기에서 시간도 지정을 해야 하나요? 아니면 제가 너무 조급하게 생각하는 것일까요? 어떻게 하면 이 악순환에서 벗어날 수 있을까요? 새로운 인생트랙으로 이동할 수 있는 실질적인 방법을 찾을 수 있을까요? 하루 일과를 바꾼다든지, 식단을 바꾼다든지, 뭔가를 평소와 다른 방식으로 한다면 도움이 될까요?

A. 당신의 딸이 직접 타프티의 기법을 사용해야 한다. 당신 자신이 사용하는 것은 딸에게 도움이 되지 않을 것이다. 게다가 사이비 종교에 얽혔다면 아주 나쁜 상황에 처한 것이다. 당신의 딸이 직접 자기계발의 길에 올라서서 이 문제를 해결해야 한다. 이 점을 설득하려고 해보라. 무엇보다도 가장 중요한 것은 건강한 생활 습관을 지키는 것이다.

Q. 소설 속에 등장하는 특정한 인물을 만나는 프레임을 설정할 수 있을까요? 지금 제가 사는 세계와 제가 상상하는 남자가 사는 세계가 다르다면 우리의 인생트랙이 서로 겹칠 가능성이 있을까요? 정말로 만나보고 싶어요.

A. 아무리 소설 속의 인물이라도(소설 속의 인물이라면 더더욱) 특정한 인물을 만날 것을 설정해서는 안 되며, 그렇게 한다 해도 성공할 수도 없을 것이다. 추상적인 인물을 선택하라. 소설 속의 인물과 닮은 사람이라도 괜찮다.

Q. 뭔가를 얻기 위해서는 먼저 그것을 줘야 하지요. 우리가 어떤 것을 주면 결국 그것을 돌려받게 됩니다. 여러 사람에 관한 일이라면 이것이 오직 한 방향으로만 이루어집니다. 바로, 그들에게 유리한 방향이에요. 사람들은 제가 주는 것을 받아들이고 기뻐하며 미소 짓습니다. 그들이 원하는 것을 손에 넣으면서 무조건적으로 받기만 하는 경우도 종종 일어나지요. 잠에서 깨어났을 때, 저는 많은 친척과 '친구들'과의 관계가 그렇다는 사실을 깨달았습니다.

거기다가 그들이 이야기하는 저의 특징은 작가님께서 말씀하신 '빛나는 존재'와 정확히 일치했어요. 최근에 그들의 도움이 절실히 필요했던 일이 생겼죠. 그때 많은 사람이 저를 외면하려고 하더군요. 제가 아무리 간곡하게 부탁해도 다들 매몰차게 거절하기만 할 뿐이었어요. 제가 어디에서 잘못했던 것일까요?

A. 당신 말이 맞다. 얼마든지 당신을 이용하면서 정작 자신은 아무것도 주지 않으려고 하는 사람들이 있다. 그런 사람들과는 최대한 거리를 유지해야 한다. 하지만 '당신을 이용하려는' 사람들에게 주의를 고정해두기 시작하면 그런 사람들은 당신의 인생에서 더 많이 나타날 것이다. 왜냐면 당신의 인생에 당신의 주의가 고정되어 있는 것이 점점 더 쌓이기 때문이다.

Q. 시나리오에 대해서 질문이 있습니다. 아시다시피 우리는 시나리오를 선택할 수 없습니다. 저에게는 꿈이 있는데, 이 꿈을 실현시키기 위해서는 돈이 아주 많이 필요해요. 그 꿈을 이루기 위해 땋은머리를 사용하여 규칙적으로 프레임을 비춰보고 마네킹 속에서 생활해본 결과, 새로운 수입원이 생겼고, 그 덕에 제 꿈이 1년 반에서 최대 2년만 있으면 이루어질 수 있게 되었습니다. 승진을 하게 된 거죠. 하지만 저의 시간 중 90퍼센트를 일만 하는 데 쓴다는 게 문제였습니다…. 제가 사랑하는 가족(남편과 어린 아들)의 얼굴을 볼 시간도 없을 정도예요. 아이도 저를 무척 그리워하고, 저도 꿈을 이루기 위한 이 시나리오가 그다지 마음에 들지 않습니다. 시간을 그렇게 많이 잡아먹지만 않는다면 업무 자체는 매우 흥미로

워요. 두 달 동안 이 상황 속에서 유용함을 찾기 위해 간절하게 노력하던 중에, 아들이 저를 보고 엄마가 아니라 할머니라고 부르기 시작하더군요. 대책을 찾기 위해 부장과 대화를 시도해봤지만 답변은 단호했습니다. '버티든지, 아니면 때려치우라'고 하더군요. 저는 때려치우는 쪽을 선택했습니다. 제 아이의 어린 시절과 저의 소중한 꿈이 자신을 선택해달라며 저를 향해 울부짖을 때, 영혼의 목소리에 가만히 귀 기울여 보았더니 전자가 더 중요하다고 판단하게 되더군요. 이제는 선택의 기로에 놓였어요. 어떻게 하면 우리가 다른 시나리오를 선택할 수 있을까요? 우리에게 더 가까이 있는 시나리오는 가능태 공간에 있나요? 최소한 어떤 문제에 처하지 않기 위해서 시나리오의 일부분만 수정할 수 있나요? 땋은머리 기법을 사용할 때 문제를 미리 발견할 수 있는 방법이 있지 않을까요?(저나 제 가족에게 피해가 가지 않도록 하는 동시에 제 꿈이 쉽게 실현될 수 있도록요) 비슷한 영화 필름으로 다시 이동하지 않도록 하려면 이제는 어떤 프레임을 비춰봐야 할까요?

A. 당신이 지금 말한 것처럼, 당신의 목표가 쉽고 자연스럽게 이루어지는 동시에 식구들도 만족스럽고 행복하다는 사념체를 선언하면서 프레임을 돌려보면 된다. 라다와 유용함의 원칙도 반드시 기억하라.

Q. 《여사제 타프티》에 관한 SNS 포스팅에서 다른 사람과의 만남도 미리 선택할 수 있다고 읽은 적이 있습니다. 그런데 특정 사람과의 만남을 선택하는 것은 왜 그 사람에게 영향을 미치는 행동이

아닌 걸까요? 제가 그런 현실을 선택해놓으면 상대방은 특정 장소에 있어야 한다는 말이 되고, 이 말은 이미 제가 그에게 영향을 미쳤다는 뜻이 되는 것 아닌가요?

A. 어떤 사람의 행동이나 당신을 향한 그의 태도를 선택해서는 안 된다(그 말은 효과가 없을 것이라는 뜻이기도 하다). 하지만 만남은 기본적인 프레임이다. 그런 프레임은 선택할 수 있다.

독자들의 성공담

"저는 오래전부터 스페인어를 배우고 싶었습니다. 하지만 지금은 스페인어 학원도 없고 과외도 받을 수 없는 작은 도시에 살고 있고, 그렇다고 모스크바 같은 대도시로 이사하고 싶다는 마음도 딱히 없습니다. 저는 땋은머리를 활성화시켜서 스페인어를 완벽하게 구사하겠다고 선언하거나, 제가 다른 사람과 스페인어로 대화를 나누는 모습을 상상했습니다. 저의 직업은 중국어 과외 선생님이에요. 며칠 동안 땋은머리 작업을 하다 보니 무척 편리한 외국어 학습 앱을 우연히 찾게 되었고, 그걸로 혼자서 스페인어를 공부해보기 시작했죠. 그러다가 저에게서 중국어 과외를 받고자 하는 여학생을 만나게 되었습니다. 어떻게 되었을까요? 알고 보니, 그녀가 스페인어를 알더라고요. 그래서 그녀가 휴가를 다녀오면서 저의 수준에 맞는 스페인어 교재를 사와 그걸로 저에게 수업을 해주고, 저는 그녀에게 중국어를 가르쳐주는 식으로 언어 교환을 하기로 했어요! 정말 멋지죠! 환상적인 일이에요. 저는 타지키스탄의 작은 도시에 살고 있는데, 이곳은 정말 외딴 곳이라 스페인어 선생님을 찾기란 거의 불가능에 가깝고, 인기 있는 언어도 아니거든요. 하지만 딸은머리를 사용하니 제가 나서서 선생님을 찾을 필요도 없어요. 선생님이 알아서 저를 찾아오니까요! 작가님께 진심으로 감사드립니다!"

"사소한 일부터 말씀드리겠습니다. 저는 책에서 딸은머리에 관한 부분을 읽은 후 곧바로 딸은머리 기법을 연습하고 사용해보기로 했습니다. 작은 성공담부터 공유하고자 해요. 제가 퇴근 후에 들르곤 하는 카페가 하나 있는데, 그곳에는 항상 대기하는 사람들이 긴 줄을 이루고 있어요. 마치 모든 사람이 업무가 끝나자마자 커피를 마시러 그곳으로 달려가기라도 하는 것처럼요. 딸은머리를 사용하여 긴 대기줄에 대해 잊어버리기로 했습니다. 그랬더니 그 카페에 몇 시에 가든 대기하는 사람이 한 명도 없더군요. 그렇지 않은 경우는 극히 드물거든요.

그보다 더 중요한 일에서도 딸은머리 기법을 성공적으로 사용한 적이 있습니다. 회사 사장과 연봉 협상 면접을 앞두고 있을 때였어요. 면접 예정일이 나오고, 시간이 대략 이틀 정도밖에 남아 있지 않던 시기였어요. 저는 시간을 더 지체할 수 없어 딸은머리를 사용하여 목표 프레임을 선택했어요. 잠에서 깨어나 딸은머리를 활성화하고 프레임, 즉 사장이 '연봉에서 얼마를 더 올려주겠다'고 대답하는 최종 목표를 상상했죠. 이미 짐작하셨다시피, 실제로도 그렇게 됐고, 모두 제가 원하는 대로 되었어요! 합의한 연봉도 딱 제가 상상했던 그대로였죠. 정말 멋진 기법이에요. 타프티를 알지 못했더라면 이런 상황을 꿈에 그리기만 하면서 그저 손가락 빨며 기다리기만 했을 거예요.

세 번째 성공담이에요. 저는 땋은머리 기법으로 전세계에서 톱 100 안에 드는 IT 기업의 입사 면접 3단계를 모두 통과했습니다. 예전의 저였다면 천 명이나 되는 경쟁자들 틈에서 제 이력서가 돋보일 것이라고는 상상조차 하지 못했을 거예요. 인사 담당자들의 눈에 띄었다 하더라도 면접까지는 갈 수 없었을 거예요. 환상적인 일이죠."

"제가 이룬 결과들이에요.

1. 어느 가게에 가든 계산대 앞에 대기줄이 없다.
2. 외모가 더 개선되고 호감형이 되었으며 내면의 빛이 온몸에서 뿜어져 나온다. 모두의 관심과 사랑을 받는 어린아이가 된 듯한 기분을 느끼게 된다(땋은머리를 사용하여 현실을 선택한 결과).
3. 놀라울 정도로 예전보다 운동을 더 잘하게 됐다. 예전에는 하지 못했던 것을 해낼 수 있다.
4. 독서나 더 건강한 음식 먹기 등 하고자 하는 것들이 더 많아진다(아말감의 원칙과 땋은머리 기법을 사용하여 현실을 선택한 결과).
5. 수면의 질이 훨씬 더 좋아졌다(잠들기 전에 내가 잠을 푹 자는 모습을 상상하며, 실제로 그렇게 되는 현실을 선택한다).
6. 에너지의 수준이 높아진다(과거 실체의 힘*을 회복하여 현실을 통제한 결과).

---

* 《여사제 타프티》에서 타프티는 우리가 과거의 삶, 즉 전생을 거치며 축적된 개인의 힘을 가질 권리가 있다고 설명한다. 자세한 내용은 〈과거 실체의 힘〉(205쪽)을 참고하시길 바란다.

7. 목표를 향한 문(길)이 열린다(내면에 있는 창조자의 불꽃을 깨우고, 바로 이 목표를 향해 가야 한다는 사실을 문득 깨닫게 된다).
8. 갈등이 저절로 해결된다('전부 다 잘 될 것'이라는 강한 확신+거울의 원칙을 사용하여 현실을 선택하고 상대방을 이해하기 위해 노력한 결과).
9. 사람들은 나에게 호감을 가지고 대하며, 경쟁자들은 나를 견제한다(항상 관심의 한가운데에 있다)."

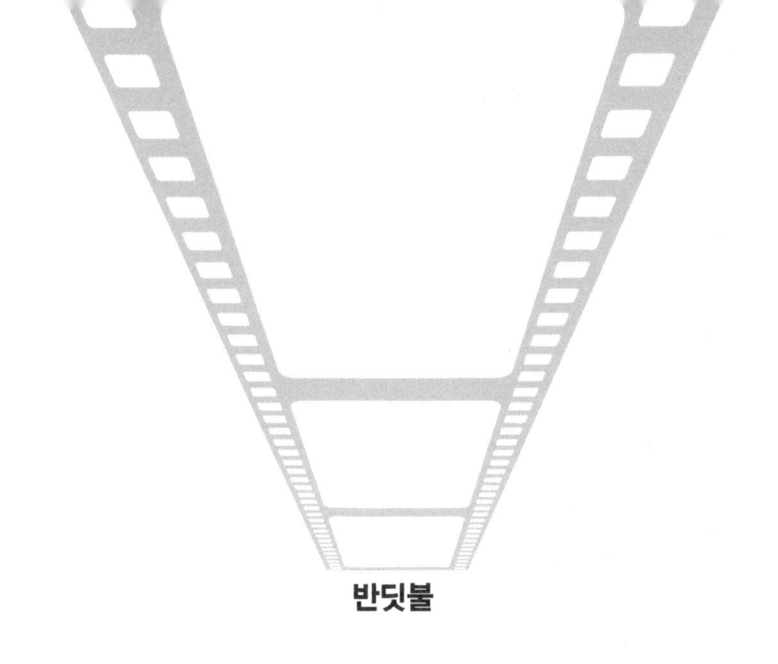

반딧불

Q. 저는 지금 기쁨이 넘치는 삶을 살고 있고, 행복을 느낄 만한 사건과 이유도 많은 데다 과거에 가지고 싶었던 물건이나 기회, 함께하고 싶다고 생각했던 사람들과 지내고 있습니다. 그런데도 과거나 어린 시절에 대해 회상하고, 향수를 느끼고, 저의 미래나 죽음에 대해 계속 생각하게 돼요. 제게 문제가 있는 걸까요? 제가 행복한 삶을 살고 있다는 사실은 저 자신도 잘 알고 있고, 마음껏 누리고 있기도 하죠. 하지만 왜인지 모르게 그것도 잠시뿐이에요. 너무 기뻐하면 뭔가 불행한 일이 일어날 것 같아 마음속 한구석에 불안한 마음이 듭니다. 그래서 갑자기 슬픔에 빠지거나, 애써 냉정해지려고 하죠. 마치 저 자신과 기쁨, 삶에서의 기쁨을 통제할 수 있다는 것처럼요. 이런 태도 때문에 기뻐해야 하는 순간을 완전히 즐기지 못하고 종종 과거만 회상하거나 이미 지나간 일들에

대해 슬퍼하게 됩니다. 과거는 되돌릴 수 없고, 미래에 있을 삶의 일몰에 대해 겁이 날 때도 많으니까요. 앞으로 잃어버릴 것들이 두렵기도 합니다. 현재를 낭비하지 않고 진실로 기쁨을 만끽하려면 어떻게 해야 할까요?

A. 삶의 모든 순간으로부터 만족감과 애정을 끌어내는 쪽으로 자신의 의도의 방향을 돌려놓아야 한다. 긍정적이고 낙천적인 사념체를 만들라. 그리고 그것을 '영사기'에 끼워 자신의 인생에 관한 새로운 영화를 찍으라. 자기만의 축제를 열라. 이것을 시작하기 위해서는 사소한 것 하나하나로부터 만족감을 얻는 습관을 들여야 한다. 문자 그대로, 당신을 둘러싸고 있는 모든 것, 매분, 매초 마다 당신이 마주하게 되는 모든 현실로부터 만족감을 찾을 수 있다. 예컨대 이런 것들이다.

부드러움 소파, 인형, 베개, 스펀지케이크

편리함 구두, 집게, 전등 스위치, 손목시계

든든함 펜치, 버스, 옷걸이, 울타리

쾌감 키보드 자판, 마우스 휠, 장갑

상쾌함 산책, 샤워, 칵테일, 웅덩이 위로 운전할 때 사방으로 흩뿌려지는 물의 느낌

맛 소풍, 단골 카페, 초콜릿 한 상자

흥미로움 지하철에서 눈에 띈 광고, 광고판, 지나가는 사람의 얼굴

행운 넘어짐, 우연의 일치, 가벼운 타박상, 지각, 이별

우스움 발가락, 웨이터, 공포 영화, 무장강도의 가면

밝은 에너지 온갖 사건들, 스튜어디스, 시위 참가자들, 치과에서 돌아오는 길.

Q. 다른 사람들은 현존의 상태에서 주변 사람들의 주의가 보인다고 하던데, 저는 왜 그것이 보이지 않을까요? 현존의 상태에 들어간다고 해도 아무것도 달라지지 않는 것 같아요.

A. 단순히 현존의 상태에 있으려고 하지 말고, 그와 동시에 땋은머리를 활성화시키거나 라다의 상태를 느껴보도록 하라.

독자들의 성공담

나데즈다 마루스

지인의 집에 놀러가서 '잠에서 깬' 상태를 유지하려고 하던 중이었습니다. 그러던 중에 그 집 고양이가 저를 '놀라게 하더군요.' 무척 쌀쌀맞고 공격적이었던 그 고양이가 갸르릉 소리를 내고 침까지 흘리면서 저에게 갑자기 애교를 부리기 시작한 겁니다. 이후 지인이 태국에서 사왔다는 술과 화장품, 탈(mask) 등을 받았습니다. 기분이 좋았어요. 저는 잠에 빠지지 않도록 계속 노력하고 있습니다.

카테리나 페로바

오늘은 휴일이라, 식구들과 함께 친척 집에 다녀왔어요. 저는 친척

들과 즐겁고 화목한 시간을 보내고 오겠다는 현실을 선택해두었습니다(식구들 모두 고집이 센 편이라 부딪히기 쉽거든요). 그리고 실제로도 좋은 시간을 보내고 왔고요. 저는 평소에도 이렇게 많은 현실을 꾸준히 선택해두곤 합니다. 식당이나 카페에서 줄을 설 필요가 없어졌고 사람들과 친해지는 것도 쉽고 간단해졌으며 회사에서는 고객들도 빠르게 끌어옵니다. 심지어 날씨도 제가 원하는 대로 바꿀 수 있어요. 물론 잠이 들 때도 있습니다. 하지만 잠에서 깨어난 상태일 때가 더 많아요. 길에서 마주치는 사람들은 저에게 먼저 말을 걸고, 칭찬을 하고, 통성명을 하려고 합니다. 한 공공기관에서는 제가 요청하지도 않았는데 먼저 도움을 주겠다고 하더군요.* 제 삶은 더 흥미로워지고, 풍부하고 활동적으로 변했습니다.

빅토리아 마슬로바

사랑스러운 타프티. 타프티는 모든 면에서 옳아요! 모든 것이 정말 효과가 있어요. 하루는 퇴근 후 녹초가 되어 집에 가고 있었고, 몰골은 그야말로 엉망이었습니다. 그때 땋은머리에 주의를 집중했더니 변화가 시작되었어요. 사람들은 흘끔거리며 저를 유심히 바라보기 시작했고, 남성들은 지하철의 열차 전체가 떠나가라 제 칭찬을 했죠. 바로 옆에 다른 예쁜 여성들이 많았는데도요. 제가 활성화시켰던 땋은머리가 효과를 냈던 것 같아요.

---

* 한국과 달리 러시아에서는 공무원이 먼저 친절하게 도와주겠다고 제안하지 않는다. 러시아의 공공기관 직원들은 매우 불친절하며 업무 처리 속도가 느리다. 따라서 사람들은 공공기관에 갈 일이 있을 때 돌발 상황이 생길 것을 미리 예상하고 가는 것이 일반적이다.

다닐 샤이노비치

타프티 타프티 타프티, 타프티타프티, 타프티타프티타프티, 타프티타프티타프티타프티타프티타프티, 타프티타프티타프티, 타프티타프티, 타프티타프티타프티, 타프티타프티, 타프티타프티 타프티, 타프티타프티타프티타프티타프티, 타프티타프티, 타프티타프티!

여사제님을 사랑합니다.

나탈리아 시묘노바

버스를 타고 가다가 땋은머리를 활성화시켰는데, 마침 버스 정류장에 있던 한 여성이 제 쪽을 향해 갑자기 고개를 돌리는 거였습니다. 그러다가 버스의 창문으로 가까이 다가오더니 제 얼굴을 뚫어지게 바라봤습니다. 그리고 버스에 들어오더니, 카드를 찍으면서도 저에게서 눈을 떼지 않았어요. 결국에는 제 바로 뒷좌석에 앉았죠. 그녀가 제 뒤통수를 뚫어져라 쳐다보고 있다는 게 느껴졌어요. 도대체 어떻게 된 일이었을까요?

알레나 즈베즈디나

나탈리아, 책에서 나온 것처럼 당신이 그 여성에게 있어 반딧불이 된 거예요. 그녀 자신도 모르는 사이에 당신에게 이끌린 거죠. 당신이 가진 뭔가에 의해 '홀린' 거예요. '잠들어 있는 사람들'은 무의식적으로 깨어 있는 사람에게 그런 매력을 느끼지요. 그리고 실제로 '잠들어 있는 사람들'은 호감과 호기심을 가지고 당신을 바라보죠. 책에서 타프티가 말한 것처럼요.

타티아나 필라토바

제 성공담을 들려드리고 싶어요. 제가 느꼈던 첫 변화는 관찰자의 지점이 어디인지 알아차리자마자 일어나기 시작했어요. 버스나 지하철을 탈 때 저와 마주치는 모든 사람이 저를 보며 미소를 짓고, 저의 관심을 끌기 위해서 노력하는 모습이 보였어요(저는 인상이 좋은 편이기는 하지만 나이가 오십이 훌쩍 넘었는걸요). 그러다 버스에 타니 버스 기사가 저를 위해 운전석 바로 뒷자리를 비워놓았다고 하지 않겠어요?

이번에는 땋은머리 기법을 사용했던 경험에 대해 말씀드릴게요. 저는 첫 시도만에 땋은머리를 느낄 수 있었어요(어쩌면 오래전부터 에너지를 사용해왔기 때문인지도 몰라요). 왜인지 모르게 괴로운 느낌이 들었지만 빠르게 사라졌어요(독자 중에 다른 누군가가 이런 느낌에 관해 설명한 적이 있는 것 같아요). 당시에 저는 해결해야 할 일이 두 가지가 있었는데, 둘 다 은행 관련 업무였고 오래 대기를 해야 하는 일이었어요. 하지만 실제로는 30분 만에 모두 해결할 수 있었죠. 그뿐만 아니라 제 상담을 맡았던 창구 직원의 태도가 굉장히 친절하고 배려심이 넘쳤어요. 러시아에서 이런 일이 흔하지 않은데 말이에요.

알레나 호른

12D 영화가 나온다고 하더라도 현실의 꿈속에서 산책하는 것만큼 짜릿할 수는 없을 거예요! 오늘 저는 의식의 중심에 주의를 옮겨두고 스케이트를 타러 갔습니다. 저에게는 낯선 장소에 가는 거였죠. 그 결과가 어땠을 것 같나요? 제 가치관에서 어마어마한 폭발이 일어났어요! 알고 보니 이 상태에서는 두려움이라는 감정이 느껴지지

않더라고요. 저는 곧바로 빙판 위에 서서 스케이트를 타기 시작했어요. 처음에는 스케이트를 타는 아이들을 지켜보며 그들을 따라 하기만 하다가, 그다음에는 제 주의를 음악과 제 느낌으로 옮겨두었습니다. 그랬더니 빙판 위에서 저절로 턴을 돌 수 있었어요! 스케이트를 타면서 단 한 순간도 제가 스케이트를 탈 줄 모른다는 생각이 전혀 머릿속에 떠오르지 않았습니다! 새로운 발견이었어요.

알레나 호른

한 가지 더 말씀드릴게요…. 이 상태에서는 기적 같은 일들이 무더기로 일어납니다. 사람들은 마치 연예인이라도 보는 것처럼 저를 대합니다. 모두가 저에게 '안녕하세요', '감사합니다'와 같은 인사말들을 건네지요. 마트에 물건을 환불하러 가면 점원들 모두가 미소 띤 얼굴로 간단하게 환불을 해줘요. 이 상태에서는 중독성이 엄청 강한 그 어떤 마약보다도 더 짜릿한 기분을 느낄 수 있어요.

인나 크론월드

타프티, 오늘 합격 연락을 받았어요! 아, 정말 감사합니다. 모든 것이 효과가 있어요!

크세니야 시묘노바

여사제님, 진심으로 감사드리고 경배합니다! 저의 경험담을 말씀드리려고 해요. 저는 아직까지는 대부분 '나 자신이 보이고 현실이 보이는' 상태에서 산책을 하며 미소를 유지하는 연습을 하고 있습니다. 그러면 정말 재미있는 일이 일어나요. 길에서 마주치는 모르는 사람들이 호기심 어린 눈으로 저를 바라보기 시작하거든요. 바로 어제만 해도 어떤 여성이 그렇게 저를 바라보더니, '어머, 죄송합니다. 다른 사람과 착각했어요'라고 말하더군요. 저는 괜찮다고 대답하고, 미소를 띤 채 가던 길을 계속 갔습니다. 이런 상태에서 세계의 색깔은 IMAX 3D 영화보다 더 예술 같아요. 생명이 담긴 영화니까요. 저는 땋은머리 기법도 연습하기 시작했습니다. 제가 이루고자 하는 프레임을 두어 번 비춰봤더니 제가 선택해둔 상황이 현실로 이루어졌어요(버스에서 빈자리가 생긴다든지 직장에서 일이 잘 해결되더군요. 제 직속 상사가 와서는 제가 급하게 찾던 자료를 건네줬습니다). 최근에는 《여사제 타프티》를 여러 번 읽으며 또 다른 알고리즘도 반복해서 연습하고 있습니다. 우리에게 와주셔서 감사합니다, 타프티!

아이들

Q. 아이들에게 트랜서핑에 대한 정보를 어떻게 하면 효과적이고 올바르게 알려줄 수 있을까요? 저는 여섯 살이 된 제 딸에게 트랜서핑과 타프티 기법을 설명해주려고 합니다. 제 딸은 질문을 수도 없이 하는데, 그중에서 책의 내용과 겹치는 질문들이 많거든요. 꿈이라든지, 이 세계의 존재나 구조라든지, 우주의 원리 등을 계속해서 물어보더군요.

A. 당신이 이해한 내용을 당신의 표현 그대로 말해주면 된다. 당신이 이해했다면 아이들도 이해할 것이다. 하지만 질문 자체가 아이들에게는 너무 어렵다거나, 설명을 어렵게 한다면 아이들이 이해하지 못할 수도 있다. 그래도 조바심내지 말라. 그런 지식은 대략 열여섯 살, 열일곱 살 정도를 넘기고 나면 받아들일 수 있을 테니 말이다.

Q. 제 아이들(여섯 살과 열두 살)에게 땋은머리를 사용하는 방법을 어떻게 알려줄 수 있을까요? 있는 그대로 설명하려고 하지만 아이들이 이해를 잘 못 합니다. 심지어 〈타프티〉 영상도 보여줬는데, 큰딸은 어렴풋이 깨달은 것 같이 보였지만 둘째는 아무것도 모르는 것 같아요.

A. 아이들이 이해하지 못한다면 아직 받아들일 준비가 안 된 것이다. 몇 년 정도 더 기다렸다가 다시 설명해보라.

Q. 저의 첫째 딸은 스물네 살이고, 그 밑으로도 아이가 세 명 더 있습니다(둘째는 열 살이고, 그 아래로는 여섯 살 쌍둥이입니다). 어떻게 하면 제 아이들에게 타프티의 기법을 잘 알려줄 수 있을까요?

A. 당신 자신이 이해한 그대로 아이들에게 설명해주라. 당신이 그 지식을 이해했다면 설명해줄 수 있을 것이다. 그리고 당신이 이해했다면, 아이들도 이해할 것이다. 아이들이 이해하지 못한다면 강요해서는 안 된다. 이런 경우에는 몇 년 뒤에 다시 시도하라. 어쩌면 그들이 아직 받아들일 준비가 되지 않은 것일 수도 있다. 아니면 그들의 지식이나 그들의 길이 아니어서 그럴 수도 있다. 누구나 각자의 길이 있기 때문이다.

Q. 저희 가족에게는(어쩌면 가족 대다수가 그렇겠지만) 문제가 있습니다. 바로 아이가 트랜서핑과 완전히 모순되는 것들을 배워서 온다는 것이지요. 예를 들면 아이가 넘어져서 다쳤을 때 발치에 있었던 장난감을 향해 짜증을 내고 자신이 부딪힌 옷장의 모서리를 걷어차며 화풀이를 한다는 겁니다. 가장 소름 돋는 건, 아이들이 사물

들을 그렇게 '혼내주는' 것이 나중에 어떤 결과가 되어 돌아오는지 할아버지와 할머니조차 설명해주지 못한다는 거예요.
저 또한 23년 동안 사과는 하늘을 향해 떨어지지 않고, 세상은 제가 걸려 넘어지기를 기다리면서 발을 내밀고 있으며, 강한 자가 살아남는다고 확신하며 살았습니다. 그리고 이런 장애물들을 탓하지 않고 제 인생을 책임지고 살아가는 것이 얼마나 어려운지 확실히 알고 있어요.
물론 앞으로 아이를 키우면서 현실을 선택하는 기본적인 원칙과 거울의 원칙, 마법과 같은 느낌, 세계의 친절함, 프레일링의 원칙 등을 최대한 쉬운 표현으로, 예시를 들어가면서 설명해줄 거예요.
그런데 땋은머리 기법이나 타프티의 가르침에 대해서는 어떻게 알려줘야 할까요? 작가님은 타프티의 기법에 대해서는 아이가 몇 살쯤 되었을 때 알려주는 것이 좋다고 보시나요? 이 내용을 설명해줄 필요 자체가 있을까요? 나이가 아주 어릴 때나 십 대에 들어섰을 때 아이들은 자기 자신을 얼마나 잘 인식하고 잠에서 깨어날 수 있나요? 또 아이들에게 이것이 얼마나 안전한가요? (어린 시절을 돌이켜보면, 제가 상상했던 것들 가운데 어떤 것은 실제로 이루어지지 않았다는 사실에 안도하게 될 때도 있어요)

A. 아이들마다 성격이 다르며 의식이 깨어난 정도도 다르다. 어른들의 성격이나 의식의 정도가 제각각이듯 말이다. 모든 어른이 타프티의 기법을 받아들이고 이해할 수 있는 것은 아니다. 아이들도 마찬가지다. 아마 대다수가 이해하지 못할 것이다. 그러니 아이에게 이 지식을 강요하지 말고, 아이가 받아들이지 못한다 하더라도

상심하지 말라. 누구나 저마다의 길이 있기 때문이다.

트랜서핑의 기본 원칙에 대해서는 아이의 나이에 상관없이 그저 당신만의 표현으로 설명해줘도 좋을 것이다. 타프티의 기법은 11~12세 아이라면 이해할 수 있을 것이다. 만약 아이가 그 내용을 이해하고 관심을 가진다면 책을 직접 읽어볼 것을 권해보라. 그렇다. 《여사제 타프티》와 《여사제 잇파트》 모두 읽어보게 하는 것이다. 그것이 그들의 길이라면 책의 내용을 이해하고 받아들일 것이다. 이해 못 한다면, 몇 년 뒤에 다시 한번 시도해보라. 그래도 받아들이지 못한다면 **강요하지 말아야 한다.**

Q. 타프티는 조용히 행동하면서 '잠들어 있는 사람들'을 깨우지 말라고 합니다. 하지만 '잠들어 있는 사람'이 제 딸이면 어떻게 해야 하나요? 저는 타프티의 지식 중 그 어떤 것도 딸에게 전해줄 수 없다는 사실을 이미 오래전에 깨달았습니다. 제 딸아이는 '트랜서핑'이라는 단어만 들어도 질색을 해요(한 번도 강요한 적이 없고, 그저 한번 읽어보라고 권했을 뿐인데도 그러네요). 아이는 태어났을 때부터 난청이 있었고, 지금은 과체중이에요(정도가 아주 심하죠). 비만 때문에 건강 상태도 안 좋아요. 원칙을 깨지 않고 딸에게 거부감을 주지도 않으면서 도와줄 수 있는 방법이 있을까요?

A. 당신의 딸이 받아들이지 않는다면 당신도 어떻게 해줄 수 있는 방법이 없다. **그녀의 삶은 그녀의 삶일 뿐이기 때문이다.**

Q. 어쩌다 보니 제 가족이 저희 어머니를 모시게 되었습니다. 어머니는 트랜서핑과 채식에 대해 부정적으로 이야기하면서 제 아이의 믿음과 의도를 약하게 만들고 고기를 먹으라고 강요해요. 이런 어머니의 파괴적인 영향력을 없애기 위해서는 어떤 슬라이드를 돌려야 할까요? 제 아이와 할머니 사이를 이간질하고 싶지는 않아요. 그렇지만 아이가 권위적인 할머니의 말을 앵무새처럼 따라 하는 좀비가 되는 꼴은 죽어도 못 보겠어요. 삼대가 함께 사는 집에서는 이런 상황이 흔히 일어날 것 같아요. 어떻게 하면 할머니의 부정적인 영향력을 줄일 수 있을까요?

A. 당신 자신을 모범사례로 만들라. 당신의 아들은 누구를 더 닮고 싶어하는가? 당신인가, 아니면 할머니인가? 우선은 자신의 방식으로 사는 것을 목표로 두어야 한다. 부모님을 모시고 사는 것은 매우 어렵다. 차라리 거리를 두고 지내는 편이 부모님을 사랑하기에 더 쉽다.

Q. 아이들이 어떻게 자신의 현실을 선택할 수 있는 건지 궁금합니다. 폭력에 노출되는 아이들은 어떻게 자신의 세상으로 폭력을 끌어당긴 것인가요?

A. 아이들이 자신의 현실을 선택한다는 결론이 어디에서 나온 것인가? 현실을 선택할 수 있는 것은 오직 그것이 가능하다는 사실을 알고, 그렇게 할 수 있는 사람뿐이다. 아이들이 자신의 세계로 폭력을 끌어당기는 것은 그들 자신뿐 아니라 그 어떤 사람도 가능하다. 대부분의 경우 그것은 죄책감, 자존감의 결여, 무방비함으로

인한 것이다. 그리고 이런 감정들은 그들의 어린 시절에 만들어졌을 가능성이 크며, 이 또한 다름 아닌 어른들에 의해 만들어진다. 이 감정들은 아이들을 성장시키는 것이 아니라(실제로는 그렇게 하지만) 아이들을 조종한다.

Q. 최근에 기업인들이나, 성공을 거둔 여러 사람의 인터뷰를 인터넷에서 많이 보곤 합니다. 이런 사람들은 보통 에너지가 넘치고 긍정적이며 창의적으로 생각하고 말해요. 확신에 찬 태도로 힘이 넘치는 것처럼 행동하고요. 아주 말끔하고 잘 다듬어진 모습이기도 하지요. 하지만 그들은 트랜서핑이나 그 밖의 시스템에 대해서는 특별히 언급하지 않더군요. 식습관이나 운동에 관해서 이렇다 할 비결을 가지고 있는 것도 아니고요. 그러면서도, 그 사람들을 보고 있자면 똑 부러지고 강하며 기운이 넘친다는 인상을 받게 됩니다(참고로 그런 투영을 자기 자신에게 대입해보는 기법이 참 좋더군요). 여기에서 궁금한 점이 있습니다. 이런 사람들은 왜 처음부터 이런 힘을 가지고 있는 것처럼 보일까요? 그리고 저도 이런 단계까지 도달할 수 있을까요? 왜 이런 태도가 만들어지는 것일까요? 태어날 때부터 그들이 더 큰 재능을 받기라도 한 걸까요?

A. 그렇다. 사람들은 저마다 각기 다른 크기의 재능을 가지고 태어난다. 하지만 선천적인 재능을 물려받았다고 하여 자기계발에 손 놓고 있다고 섣불리 판단하지는 말라. 재능은 더 길러지거나, 퇴화하거나, 둘 중 하나다. 당신이 보는 것과는 달리 이 재능은 주어진다기보다는 길러지는 쪽에 더 가까울 수도 있다.

Q. 어떻게 하면 아이의 의식을 더 강하게 만들어줄 수 있을까요? 제 아들은 여섯 살입니다. 밤마다 《여사제 잇파트》를 읽어주면서, 작가님이 쓴 다른 책에서 나온 문장 가운데 몇 개를 인용하거나 쉽게 풀어서 설명해주려고 해요. 하지만 저는 아직 저 자신의 변화조차 이뤄내지 못했어요. 제가 무의식중에 아이를 좀비화하고 있는 것은 아닌지 걱정됩니다.

A. 아이를 좀비화하는 것은 오직 사회뿐이다. 아이의 의식을 깨워주고 있는데 어떻게 그를 좀비화할 수 있단 말인가? 오히려 그가 눈을 뜨게 만들어주고 있을 것이다. 아들과 함께 성장하라. 그리고 직접 본보기가 돼라. 그것이 아이를 위해 당신이 해줄 수 있는 최선의 방법이다.

Q. 땋은머리 기법을 사용할 때 제 식구들(아내와 아이들)이 건강하고, 또 무엇보다도 가장 중요한, 행복해지는 모습을 심상화하거나 머릿속으로 선언을 해도 되나요? 그리고 만약 식구들 가운데 누군가가 아프다면 그들이 쉽고 빠르게 건강을 회복하는 모습을 심상화해도 되나요? 이것도 식구에게 영향을 미치거나, 그 사람의 세계의 층을 변화하려고 하는 행동에 포함되나요? 이런 심상화 방식도 작가님이 금기시했던 다른 사람의 인생에 개입하는 행동인가요?

A. 그것은 금기가 아니라 다른 사람의 인생에 개입하거나 그 사람의 건강을 당신이 바꿀 수 없다는 '불가능함'과 관련된 것이다. 당신이 건강이나 행운을 바꿀 수 있는 상대는 오직 십 대 이전의 어린 아이뿐이다. 그 시기에는 당신과 아이가 같은 영화 필름상에 놓여

있기 때문이다.

Q. 잠들어 있다는 것이 무엇인지 어린아이에게 어떻게 설명해줄 수 있을까요? 저 자신도 머릿속에 확실한 이미지가 없습니다. 작가님께서 책에서 말씀하신 것처럼 저 또한 어렸을 때 '네가 생각하는 것은 진짜가 아니야'라는 말을 듣곤 했습니다. 또 작가님께서는 사람들은 그런 말을 듣고 나면 현실을 선택하는 능력을 잃게 된다고 하셨지요. 그렇다면 그런 문제에서 벗어나기 위해서는 어떻게 하면 아이에게 잠들어 있다는 것에 대해 더 이해하기 쉽게 설명할 수 있을까요?

A. 트랜서핑과 타프티의 기법을 알고 있는 부모들은 자신이 이해한 바 그대로 아이들에게 설명해주면 된다. 당신이 이해했다면 아이들도 이해할 것이다. 그러니 자신의 표현으로 아이들에게 설명해 보라.

독자들의 성공담

니나 랴벤코

열한 살인 제 딸은 차분하게 《여사제 타프티》를 읽더군요. 모든 내용을 이해하고, 이미 모든 면에서 타프티의 기법을 사용할 수 있습니다. 게다가 어린 여동생에게 그 기법을 알려주기도 하고 저를 잠에서 깨워주기도 해요.

나탈리야 메드베데바

타프티의 기법은 매일 의식이 깨어나게 해줍니다. 땋은머리를 느낄 때면 다섯 살짜리 아이가 된 기분이 들죠. 그 순간만큼은 '나는 모든 것을 할 수 있고, 아무 문제도 일어나지 않을 거야'라는 생각이 들면서 아무것도 걱정할 필요가 없는 상태가 됩니다. 단순한 사물들의 마법이 느껴져요. 정말 환상적인 일이죠.

스베타 프로스토

한 아이와 엄마가 제 옆에 앉아 있었어요(참고로 아이들은 다섯 살이 되기 전까지는 완전히 살아 있는 것 같아요! 그 아이는 저를 뚫어지게 보더니 기쁘다는 듯이 미소 지었습니다. 같은 트랜서퍼를 만났으니까요!) 여성은 세 살쯤 돼 보이는 아이에게 물었습니다.

— 네 버튼 어디 있어?

— 무슨 버튼?

— 껐다 켰다 할 수 있는 버튼 있잖아. 누르면 5분 동안 가만히 앉아 있는 거. 어디에 있어? 배에 있나? 등에 있나?

— 버튼 업떠!

그 대화를 듣다 보니 이렇게 말하고 싶더군요. '온몸에 온통 버튼이 달려 있는 사람은 당신이잖아요, 어머니. 아이에게는 그런 버튼이 아직 생기지 않았다고요.'

돈

Q. 지금 처한 상황 때문에 마음이 계속 불편합니다. 다름 아닌 대출 문제인데요. 예전에 대출을 많이 받아놓았는데, 퇴사를 하게 되어 도저히 이자를 갚을 수 없게 되었습니다. 저는 어떻게 해야 할까요? 무엇을 생각해야 할까요? 작가님께서는 그저 상황이 흘러가도록 내버려두고 목표에 집중하기만 하면 된다고 말씀하셨죠. 그런데 이런 상황에서는 어떻게 상황이 흘러가도록 그냥 내버려둘 수 있을까요? 대출을 생각하기만 하면 두 손이 벌벌 떨릴 정도입니다. 대출을 갚을 여력은 되지 않고, 마음에 맞는 일을 찾을 수도 없습니다.

A. 대출 문제가 있다면 마치 감옥에 갇힌 것처럼 답답할 것이다. 그런 문제는 극복하기가 어렵다. 하지만 언제가 되었든 해결되기는 할 것이다. 지금은 '마음에 맞는' 일을 생각할 때가 아니다. 일단은

다소 지루하더라도 일거리를 찾아 대출을 갚아나가야 한다. 출소일을 기다리는 수감자처럼 말이다. 그날은 반드시 오게 돼 있다. 하지만 대출을 갚는 것이 아니라 그보다 더 큰 돈을 버는 것을 목표로 둬야 한다. 그 차이를 반드시 이해해야 한다. 대출에 대해서 생각한다면 빚을 계속 떠안은 채 살아야 할 것이다. 고소득 직종에 대해서 생각하면 그런 직업을 얻을 수 있을 것이다.

Q. 저는 항상 제 수입과 지출을 꼼꼼히 메모하며 예산을 계획하고 관리합니다. 저의 재산을 영역별로 나눠서(살림, 자동차, 여가 등) 매번 지출을 더 많이 해야 하거나 절약을 해야 하는 부분을 구분하여 예산을 나눠서 사용하지요. 이런 행동이 돈의 흐름을 가로막지는 않을까요? 중요도를 너무 높이지만 않는다면 나쁠 것은 없겠지요? 때로는 제가 수입을 십 원 단위까지 계산하고 한도 내에서 지출할 것을 깐깐하게 관리해서 새로운 수입이 생기는 데 방해가 되는 것은 아닐까 하는 생각이 듭니다.

A. 물론 십 원 단위까지 계산을 하면 수입을 늘리는 데 방해가 될 수 있다. 월급날까지 땡전 한 푼 없이 손가락 빨며 생활하지 않도록 예산을 관리할 수는 있다. 그러나 대략적으로 해야 한다. 하지만 이런 경우에는 예비 자금을 마련하는 편이 더 좋을 것이다. 그런데 가계부를 쓰면서 고정된 예산을 깐깐하게 할당하고 관리하면 수입이 늘어나는 것을 무의식적으로 거절한다는 것을 의미한다. 돈의 흐름이 더 커지기를 원한다면 돈이 유동적으로 계속 흐를 수 있도록 해야 한다. 이런 흐름이 없다면 한 달 치 물을 통에 미리 따라놓은 것처

럼 돈의 액수도 그대로 변하지 않은 채 유지될 것이다.

Q. 제가 부자가 되기로 결정했다고 예를 들어보겠습니다. 제 소유인 자가용을 타고 다니는 모습, 휴가를 떠난 모습, 비싼 레스토랑에서 식사를 하는 모습을 머릿속으로 계속 심상화하고 있습니다. 모든 것이 자연스럽고 불편한 것도 없어요. 또, 하루 동안 마음속으로 이런 생각을 사념체로 만들어 속으로 외치죠. '모든 것이 잘 풀릴 것이다. 돈은 강물처럼 계속 흘러들어온다. 나는 부자다. 날이 갈수록 나의 재산은 불어나고, 부족한 것 없이 살 것이다…' 이런 식으로 말입니다. 제가 모든 것을 제대로 하고 있는 것이 맞나요? 이런 작업을 열심히 한다면 목표가 더 빨리 실현될까요?

A. 전부 제대로 하고 있다. 그리고 당신이 말한 대로, 심상화 작업을 열심히 하면 물질화되는 속도도 더 빨라진다. 그런 사념을 더 많이 방사하면 방사할수록(적극적으로 하되, 부담을 느낄 정도는 되지 말아야 한다) 그것은 더 빨리 현실이 된다. 다만 필요한 것이 하나 더 있다. 바로 당신의 소명이다. 심상화를 하면서 당신이 해야 할 일을 하는 것이다. 돈은 어느 날 갑자기 하늘에서 뚝 떨어지는 것이 아니기 때문이다.

예를 들어 설명해드리겠다. 편지를 읽어보니 러시아어가 당신의 모국어가 아닌 것 같다. 당신의 소명을 이루는 데 이것이 방해가 되지 않는다면 상관없다. 그런데 만일 방해가 될 수 있다면 문법에 맞게 러시아어로 말하는 연습을 해야 할 것이다. 다시 말해, 돈에 대해서 생각하는 것뿐 아니라 자기 자신을 계발하는 방법에 대해서 고민해야 한다. 더 발전하기 위한 방법과 걸작을 만들어내는 방법에 대해 생각하라. 그것이 무엇인지는 중요하지 않다. 지적 노동의 결실일 수도 있고, 예술 분야에서의 걸작일 수도 있고 비즈니스의 혁신일 수도 있고 사기일 수도 있다. 다만 걸작이어야 한다. 우선은 창조하고 행동하라. 그러면 돈은 자연히 당신을 따라올 것이다.

Q. 은행에 들어서기 전에 의식을 깨우고 땋은머리를 활성화한 다음, 대기줄이 없는 것을 보고 놀라는 제 모습이 담긴 프레임을 비춰봤습니다. 매주 금요일이면 은행 안이 사람들로 북적인다는 것을 저는 확실하게 알고 있었거든요(저희 마을에는 이날 장이 들어서기 때문에 사람들이 큰돈을 미리 거스름돈으로 바꿔놓곤 합니다). 그런데 기적이 일어났습니다! 그 많던 사람들은 어디에 있는 거죠? 은행에는 손님이 저를 포함해서 두 명밖에 없었던 거예요. 그래서 궁금한 점이 생겼습니다. 저는 트랜서핑을 오디오북으로 듣고, 어쩌다 한 번씩 실전에 활용했습니다. 〈타프티〉 영상을 보고 책을 읽기 시작한 건 얼마 전부터였고요. 땋은머리는 상상할 수도 있고, 느낄 수도 있습니다. 타프티에 대해 생각하기만 하면 바로 잠에서 깨어나요. 그런데 조금 당황스러운 것은 제가 어떤 현실을 선택해야 할지 잘 모르겠다는 점입니다. 예를 들어서, 어떤 일을 해야 할 때(은행에 다녀와야 한다든지 말입니다) 현실을 선택하고 기적 같은 일이 일어나는 경험을 하게 돼요(이런 일을 겪은 적은 처음입니다). 하지만 돈과 관련된 목표는 어떻게 해야 하나요? 저는 장기적인 목표는 금방 실현될 수 없다는 걸 잘 알고 있어요. 하지만 금방 이루어질 수 있는

현실도 있잖아요? 예를 들어 온라인으로 계좌를 개설했는데 5,000 루블 정도 되는 액수가 예상치 못하게 입금되어 있을 수도 있지요. 하지만 의식을 깨우고 땋은머리를 활성화한 다음 계좌를 확인했더니 돈은 없었습니다.

A. 돈은 어느 날 갑자기 하늘에서 뚝 떨어지지 않는다. 자신의 소명에 집중한 다음 '나는 고소득을 받는 전문가이며, 나는 이 분야에서 뛰어나고 수입은 점점 늘어난다'와 같은 사념체를 방사해야 한다.

Q. 질문이 있습니다. 돈을 더 벌고 싶은데 어떻게 하면 좋을까요? 땋은머리 작업도 하고 있고, 슬라이드도 돌리고 사념체도 선언하고 있습니다('나의 수입은 계속 늘고 있다. 돈을 쓰면 쓸수록 수입은 더 많아진다'). 저는 돈이 계속해서 제게 들어오는 모습, 제가 값비싼 물건들을 사는 모습을 상상하며 제 목표를 실현시킬 수 있는 상징물에 대한 온갖 정보를 긁어모으고 있습니다. 하지만 그래도 재정적으로 더 자유로워졌으면 합니다. 제가 놓친 것이 무엇인지 알려주세요.

A. 당신에게는 소명이 없다. 돈은 맨 하늘에서 어느 날 갑자기 뚝 떨어지지 않는다. '나는 고소득을 받는 전문가이며, 나의 분야에서 특출나다. 나는 수요가 높은 일을 하고 있다' 같은 식의 사념체를 만들어 선언해야 한다. 돈은 여기에서 나온다.

Q. 저의 집을 가지고 싶다고 예를 들어볼게요. 저는 이 꿈이 이미 실현된 프레임을 비춰보지만, 사후에 저에게 집을 물려주기로 했던 친척이 갑작스럽게 돌아가시는 일이 생겨요. 이 집을 팔면 제가

가지고 싶었던 집을 살 수 있다는 목표 프레임이 현실이 되고요. 그렇다면 저의 프레임으로 인해 제 친척이 돌아가시는 시나리오로 건너가는 것이 아닌가요?

A. **모든 사람은 언젠가는 죽는다. 다른 사람의 삶이나 죽음에 당신이 관여할 수는 없다.**

Q. 제 삶을 완전히 바꾸고 싶습니다. 제가 의도를 제대로 설정했는지 봐주세요. 저는 서른일곱 살이고, 모스크바로 이사를 해서 고급스러운 펜트하우스에 살면서 세계 여행을 하고, 부유하고 호화롭게 사는 꿈이 있습니다. 지금은 모스크바 외곽에서 월세로 살고 있어요. 남편과 이혼을 하고 싶지만 아무 재산도 없이 혼자가 되는 것이 두려워요. 또 그에게 이혼하자는 말을 어떻게 꺼내야 할지도 모르겠고, 그가 화를 낼까 봐 불안해요. 저희는 함께 대출을 갚아나가고 있고, 전 남편과의 사이에서 낳은 열여덟 살짜리 딸이 하나 있습니다. 왠인지 모르게 수입이 들쑥날쑥해서 저축하기가 힘이 드네요.

저는 이런 의도를 설정했습니다. '나는 모스크바 중심에 있는 방 두 개짜리 집을 갖게 될 것이다. 나의 노력으로 전 세계에 있는 수백만 명의 사람들이 행복해질 수 있을 것이다.' 마음속 깊은 곳에는 저의 가능성이 무궁무진하다는 사실을 느끼고 있어요. 그리고 책에서 '나의 노력을 통해 전 세계의 수백만 명의 사람들이 기쁨을 누리게 될 것'이라는 구절을 읽은 이후로 제 자아를 완전히 실현시키고 싶다는 기분이 들었습니다.

A. 먼저 자신의 소명에 주의를 기울여야 한다. 당신이 모스크바에 있는 집을 얻기 위해 사람들에게 줄 수 있는 것을 말이다. 당신이 아주 많은 사람에게 도움이 될 당신만의 독특한 소명을 찾을 것이며, 그것을 실현함으로써 당신에게 보상이 주어진다는 내용을 사념체로 만들라. 그리고 땋은머리를 활성화시킨 채 그 사념체를 선언하라. 사념체를 가장 잘 만들 수 있는 사람은 자기 자신이다. 《여사제 타프티》 이전의 트랜서핑 책들에서 사념체와 관련된 부분들을 찾아 읽어보라. 달성하기 어려운 목표를 어떻게 실현할 수 있는지 자세히 알 수 있을 것이다.

Q. 요새 저는 경제적으로 힘든 시기에 있습니다. 저는 땋은머리와 슬라이드를 사용하여 제가 금전적으로 여유가 넘치며 유럽의 아름다운 해변가에 살고 있는 모습, 그리고 행복한 삶을 대표하는 다른 모든 것들을 누리고 있는 모습을 상상하곤 합니다. 동시에 저는 구직활동을 하고 있는데, 제가 하고 싶은 일이 정확히 무엇인지 알 수 없어 땋은머리를 사용하여 직장을 선택하지는 않았습니다. 들어가고 싶은 회사가 몇 군데 있었지만 제 이력서를 봐주지 않는 것 같아요. 거절도, 인사도, 그야말로 아무런 연락도 없었습니다. 가장 최근에 있었던 면접도 이런 식으로 지나갔습니다. 제가 완전히 적임자였는데도 말이죠. 땋은머리를 사용해서 그 회사에 취직하는 프레임을 여러 번 비춰보기도 했고, 최종적으로 합격하는 모습도 분명하게 설정해두었는데 잘 안 되네요. 제가 어디에서 실수한 걸까요?

A. 당신의 실수는 서로 동반될 수 없는 두 개의 현실을 실현시키려고 한다는 데 있다. '유럽의 해변'에서 살고 있는 모습을 상상하면서 동시에 지금 당신이 사는 곳에서 취직을 하려고 하기 때문이다. 그래서 결과적으로 그 둘 중 그 어떤 것도 이루어지지 않고 있다. 둘 중 하나를 선택해야 한다. 예를 들어, 먼저 기초적인 재산을 만들 수 있는 일자리를 찾고(취직하는 현실을 선택하고) 그다음에 유럽으로 이사를 하는 현실을 선택하는 것이다. 아니면 곧바로 모든 기법을 사용하여 전력을 다해서 유럽으로 가는 현실을 선택해두고, 지금 당장 구직활동을 하는 데는 땋은머리를 사용하지 않는 것이다. 어느 쪽을 선택하든 자신을 향해 활짝 열린 문을(기회를) 놓치지 않기 위해 주의 깊게 현실을 관찰하고 있어야 한다.

독자들의 성공담

"저는 실직을 하고 아무것도 하지 않으며 지내던 두 달 동안 균형력을 유지하면서 우울함에 빠지지 않도록 조심했습니다. 그 결과 그냥 평범한 회사가 아니라 제가 오랫동안 꿈에 그려오던 회사에 취직할 수 있었습니다. 그리고 제가 예상했던 것보다 훨씬 더 많은 것을 얻었어요. 실제로 저에게 주어진 것에 견주면 제가 주문한 건 아주 사소할 정도예요. 잠에 빠지지 않는다면 이 기법은 항상 효과를 낸다는 사실을 거듭 느끼고 있어요!"

"저에겐 이런 습관이 있어요. 매일 최소한 5분 정도 시간을 내서, 오늘 하루 동안 감사할 이유를 일기로 쓰는 거예요. 처음에는 매우 힘든 일을 겪고 있었기 때문에 이런 일기를 쓰는 것이 쉽지 않았어요. 하지만 시간이 지나면서 감사할 이유가 점점 더 많아지더니, 결국에는 모든 문제가 쉽게 저절로 해결되었습니다. 그리고 현실은 안락해지고 축제처럼 밝아졌죠. 이런 습관을 계속 유지했더니, 성공의 파도를 타고 미끄러져 다니는 저 자신만의 선명한 세계를 창조할 수 있게 되었습니다."

"저는 제가 어떤 존재고, 지금 이곳에 있다는 것이 무슨 뜻인지 분명하게 느끼고 있습니다. 그리고 제 주변의 세계가 확실히 보이고, 이 세계 속에서 저의 모습을 확실하게 볼 수 있죠. 제 주변의 모든 움직임을 느낄 수 있습니다. 저는 이 움직임에 즉시 연결될 수 있고 그것을 확인할 수 있습니다. 에너지로 만들어진 신기한 물체가 나타나요. 마치 등 뒤와 머리 위에 양면적인 성질을 가진 어떤 물체가 부풀어 오르는 기분입니다. 다시 말해서, 이것은 물체인 동시에 에너지이기도 하지요. 에너지 덩어리이면서도 밀도가 있기 때문에 물질의 성질도 가지고 있어요. 입자들도 이렇게 '파도처럼 진동을 하는데', 저의 파동도 충분히 물질화할 수 있지 않겠어요?"

"리얼리티 트랜서핑이라… 저에게 이보다 더 좋은 일이 일어날 거라고는 꿈에도 몰랐어요. 그러던 중에 《여사제 잇파트》를 만나게 되었지요. 여사제 잇파트는 트랜서핑보다도 더 위대하고 효과적이에요. 잇파트는 지식을 한층 더 높은 수준으로 끌어올려주죠. 이 기법은 영화, 시나리오, 프레임, 등장인물, 스크린의 세부적인 이미지를 사용하기 때문에 더 체계적이라고 할 수 있어요. 게다가 더 독창적이기도 하지요. 접근하기가 쉽고 실용적이기도 하고요. 정말 멋진 기법이에요. 여러 차원에서 트랜서핑과는 접점이 없는, 사람들에게 가장 필요한 지식이에요."

"놀라운 점은 완전한 불행이라는 건 있을 수 없다는 것입니다. 불행은 미래에 일어날 수도 있는 일이고, 과거에 이미 일어난 적이 있었을 수도 있어요(가상 현실에서 말이지요). 반면에 현실은 항상 제 머리 바로 위나 등 뒤에 있습니다. 굉장하고 엄청난 사실이죠. 우주의 크기만큼이나 놀라워요. 소름 돋는 것은 결과가 아니라 위대함, 존재, 현존의 상태가 실현되는 상황뿐이에요. 성능 좋은 지우개처럼 그 어떤 부정적인 기운과 졸음도 말끔하게 지울 수 있습니다. 이것이 저의 땋은머리인가요?"

"예전에는 실현되는 데 한 달에서 석 달 정도가 걸렸던 주문이 이제는 몇 시간, 길어야 2주 정도밖에 걸리지 않아요!"

"저는 《리얼리티 트랜서핑》 시리즈를 여러 번 읽었고 오디오북도 여러 번 들었습니다. 매번 새롭고 중요하고 엄청난 사실들을 발견할 수 있었고 예전에 읽었을 때 제가 놓쳤던 부분도 알게 되었어요. 《여사제 타프티》는 출간되자마자 곧바로 구매했어요. 처음 이 책을 읽고 난 뒤에는 복잡한 기분이었어요. 책의 전반적인 아이디어는 트랜서핑에서 이미 다뤄진 내용을 변형시킨 것처럼 보이면서도, 이 내용을 전달하는 책의 어조(타프티가 독자들에 대해보이는 '태도')는 조금 놀라웠거든요(마케팅적으로 생각해보면, 새로운 독자들이나 트랜서핑에 대해 잘 모르는 독자들, 아니면 이 두 가지에 모두 해당하는 독자들은 이런 어조 때문에 책에 거부감을 느낄 수도 있다고 생각했어요).

저는 《여사제 타프티》를 다 읽은 다음, 일주일 정도의 시간을 가진 후 이 책을 다시 읽어봤습니다. 그래도 '놀라움에 입이 떡 벌어지더군요.' 알고 보니, 처음으로 책을 읽었을 때는 제가 아무것도 이해하지 못했던 거였어요. 책의 문체, 그리고 이 책의 내용이 트랜서핑과 유사한지 아닌지에 대한 생각으로 제 주의가 강하게 얽매여 있어서 정작 책의 본질 중 90퍼센트는 알아차리지 못했던 거죠. 두 번째 정독을 마치고 난 지금은 책이 담고 있는 내용의 깊이에 무척 놀랐고, 트랜서핑 시리즈를 읽으며 또다시 깊은 감동을 받고 새로운 사실들을 발견하고 있습니다. 이제는 '타프티의 어조'가 우연히 이 책을 읽게 된 독자들을 '걸러내기' 위해 의도적으로 사용된 것일 수도 있겠다는 생각이 들기까지 해요."

"《여사제 타프티》를 읽을 때마다 매번 새로운 사실들을 발견하게 돼요."

소명

Q. 자기계발이란 무엇을 의미하나요? 교육인가요? 규칙적인 학습인가요? 하지만 저는 제가 무엇을 해야 할지 잘 모르겠습니다…. 원하는 것은 많지만, 그 어떤 것에서도 이렇다 할 결과물이 없어요. 주의를 집중하지 못하기 때문이죠.

A. 자기계발을 한다는 것은 **야망에 불을 지피고 그것을 실현하는 것**을 의미한다. 야망이 없는 인간의 삶은 무의미하고 빠르게 노쇠한다. 아무 목표 없이 헛되이, 그냥저냥 인생을 보내버린 사람을 본 적이 있는가? 이런 사람들은 수없이 많다. 하지만 여기에 질문을 하고 있다는 것 자체가 당신에게 야망이 있다는 증거다. 하지만 '그 어떤 것에서도 이렇다 할 결과물이 없었다. 주의를 집중하지 못하기 때문'이라고 한다면 실제로 당신은 어떤 사람이란 말인가? 달팽이도 단순한 달팽이가 아니라, 의지도 없고 원초적인 수준의 달

팽이일 것이다. 단순히 야망에 불을 지피기만 하지 말라. **자기 자신의 빛을 밝히라.** 자신의 더 나은 버전은 어떤 모습이길 바라는지 생각해보라. 자신에게 있어 높이 평가할 수 있는 부분, 존경할 수 있는 부분, 사랑할 수 있는 부분을 찾아 그것을 계발하라. 그것이 구체적으로 무엇인지는 중요치 않다. 자신을 개선하고 야망을 실현하려고 노력하는 순간, **자기계발의 길에 들어서게 된다.** 바로 이 길이 당신을 소명으로 인도할 것이다. 어떻게 이것이 가능한지는 나도 잘 모르겠지만, 어쨌거나 실제로 그렇게 된다.

Q. 제 삶의 이유가 식구들과 가정을 돌보는 거라고 생각하면, 지금 제가 회사를 다니지 않고 돈을 벌지 않고 있다는 사실 때문에 불안해지기 시작합니다. '살림'은 금전적인 보상을 받지 못하니까요. 이런 생각 때문에 점점 더 불편해집니다. 긴장을 풀거나 삶에서 만족감을 얻을 수가 없어요.

A. 식구들을 돌보는 일은 충분히 삶의 이유가 될 수 있다. 다만 자신으로부터 뭔가 새로운 점을 발견했을 때 그것을 더 발전시켜야 한다는 사실을 잊어서는 안 된다. 그렇지 않으면 동전의 뒷면이 당신을 마주하게 될 것이다. 퇴화의 프로세스가 시작되는 것이다.

Q. 저는 음악 관련 일을 하고 있습니다(직접 작사와 작곡을 하기도 하고, 음향감독 일도 하고 있어요). 저는 이 일을 하는 내내 영혼과 마음이 일치한다는 사실을 느꼈어요. 그래서 이미 오래전부터 이 길을 걷겠다고 결심했죠. 하지만 2017년에 아주 끔찍한 사고로, 고주파수를

듣는 청력을 잃고 말았어요. 치료를 받아도 차도가 없네요.

A. 목욕을 하면서 타프티의 기법을 시도해보라. 땋은머리를 켜둔 채 '나의 청력이 회복될 것이다' 같은 사념체를 선언하는 것이다. 마네킹의 부족한 부분을 교정해주는 방법이다. 실제로 효과가 있을 수도 있다. 슈퍼마켓에서 파는 합성식품과 약품들을 끊고 '순수식'(Pure Food, 책 제목이기도 하다)으로 이루어진 식단을 시작해보라. 문제가 해결되지 못할 만한 이유가 전혀 없어 보인다.

Q. 저의 목표를 찾기 위해 애쓰다 보면 제 영혼이 기뻐할 만한 일은 사회의 기준에 절대로 부합하지 않는다는 사실을 알아차리곤 합니다. 예컨대 최대한 많은 직업을 가져보는 것, 인간의 지식으로 알아낼 수 있는 모든 것을 탐구해보는 것, 그 어느 것에도 얽매이지 않고 문자 그대로 이 세상에 존재하는 '모든 것'을 공부해보는 것들 말입니다. 저는 인간이 가진 가능성의 한계가 어느 정도인지 시험해보고 싶기도 해요. 역경을 극복하고, 여러 가지 문제들을 해결하고, 어려운 과제를 풀 수 있는 방법을 찾아보고, 구덩이에서 빠져나오거나 망가진 것들을 회복시켜보기도 하고요. 또, 반대로 필요 없는 것들을 완전히 망가뜨려보기도 하고 싶습니다. 하지만 제 안의 일부가 이것이 마조히즘적이며 불건전한 심리로 인해 드는 생각이라고 말하는 것 같습니다.

A. 일은 안정적이어야 하며, 영혼을 발전시키는 일은 여행이나 익스트림 스포츠 같은 것에서 찾아야 한다. 이것저것 전부 다 시도해보고 싶다며 여러 일을 하다 보면 한 곳에 멈추지 못하고 이곳저

곳을 들쑤시며 방황만 하게 될 것이다. 스릴 있는 일에 대한 동경을 직업으로 풀 수도 있다. 그런 직업을 찾아보라. 예컨대 스턴트맨 같은 직업을 들 수 있다.

Q. 저는 정체 상태에서 벗어나거나 저의 소명을 찾을 수가 없었습니다. 저는 오랫동안 일정한 월급을 받으며(은행에서 근무합니다) 일하고 있고, 하루하루가 똑같은 일상의 반복입니다. 매일 집-회사-집에서 벗어나지 않죠. 쉬는 것도 그저 공휴일에만 쉽니다. 책상 앞에 앉아서 업무를 보는 것은 제 영혼에게 있어 고역이에요. 저에게는 주변 사람들에게 유용함을 가져다주고 싶다는 큰 바람이 있습니다. 하지만 제가 과연 어떤 유용함을 가져다줄 수 있을지, 제 인생에서의 목표가 무엇인지 오랫동안 찾지 못하고 있어요.
그렇다고 덜컥 사표를 쓰자니, 금전적인 자유가 없어 그러지도 못하는 상황입니다. 고민을 상담할 만한 사람도 없어요. 저는 가족도 없고, 부모님은 인생의 거의 대부분을 현실의 꿈 속에서 지내시거든요. 부모님들이 보시기에는 제가 이미 성공했고, 월급으로 받는 2만 흐리우냐*는 아주 좋은 조건이기 때문에 무슨 수를 써서라도 이 일은 계속해야 한다고 생각하십니다.

A. 《여사제 타프티》에서는 '어떻게 하면 정체 상태에서 벗어날 수 있는가?'라는 질문에 대한 답을 얻을 수 있다. 자기 자신을 계발하면 소명은 저절로 찾아진다는 것이다. '3단계 행동 기법'을 다룬 장을

---

* 우크라이나의 화폐 단위.

다시 한번 읽어보라. 다만, 안정적인 일자리를 버려서는 안 된다. 그것이 없으면 모든 것을 잃게 될 것이다.

Q. 제가 제대로 하고 있는지 말씀해주실 수 있나요? 저는 땋은머리를 활성화시키고 '나는 돈을 가지고 있다. 다양한 수입원을 통해서 돈이 계속해서 들어오며, 때로는 내가 필요한 액수보다 몇 배는 더 큰 돈이 들어오기도 한다. 나는 한 달에 200만 루블 이상을 쉽고 만족스러운 방식으로, 평균적으로 하루에 세 시간씩 일하면서 번다'라는 사념체를 선언합니다.

A. 사념체는 제대로 만들었지만, 이것은 당신이 다른 사람들에게 유용함을 가져다주면서 일을 한다는 조건에서만 이루어질 것이다. 뭔가를 얻기 위해서는 뭔가를 줘야 하기 때문이다. 돈은 어느 날 갑자기 하늘에서 뚝 떨어지지 않는다. 당신은 높은 소득을 받으며, 당신이 몸담고 있는 분야에서 특출난 전문가고, 일을 하면서 매우 큰 만족감을 얻는다는 사념체에 더 집중하라. 그렇다면, 돈에 대한 사념체를 만들어도 나쁘지 않을 것이다.

Q. 저에게는 목표가 하나도 없다는 문제점이 있습니다. 목표를 찾는 알고리즘 중의 하나는 트랜서핑 시리즈에서 소개된 적이 있었고, 더 효과가 뛰어난 두 번째 알고리즘도(이미 시도해서 확인해본 적도 있지요) 《여사제 타프티》에서 소개되었습니다. 하지만 지금은 악순환만 계속되고 있어요. 어쩌면 저 혼자만의 상황이 아닐 수도 있어요. 예전의 저는 원하는 것이 많은 것처럼 보였지만, 실제로 그것

을 얻기 위해서는 아무것도 하지 않았어요. 어떻게 보면 아무것도 원하지 않았다고 말할 수 있겠네요. 지금은 제가 원하는 것이 내면으로부터 밝고 선명하게 나타나고 있는데, 모든 것을 가지고 싶어져요. 그리고 하나에 집중하기도 어렵습니다. 결국에는 여러 생각이 머릿속에서 온통 뒤섞여버리고, 그 어떤 생각도 구체적으로 할 수 없는 상태가 되어버려요. 실질적으로는 모든 것이 전부 거기서 거기인 것처럼 보이죠.

A. **《여사제 타프티》 이전의 트랜서핑 책들을 읽어보고, 당신이 진심으로 원하는 것을 체계적으로 정리해보라. 반드시 필요하지 않은 것들을 걸러내는 데 도움이 될 것이다.**

Q. 저는 회사에서 승진하는 모습을 심상화하고 있습니다. 단순한 승진이 아니라 제가 다른 사람에게 도움이 되고, 업계에서 인정도 받으며 제대로 된 보수를 받는 전문가가 되고, 일을 하면서 성취감도 느끼고 더 큰 에너지를 얻는 모습을 상상하고 있어요. 그런데도 점점 후퇴하고 있다는 느낌이 드는데, 그 이유가 무엇일까요? 내리막길에서는 어리석게도 한 치 앞을 보지 못하기 때문인 걸까요? 아니면 제가 모든 절차를 이미 여러 번 확인했음에도 알아내지 못한 실수라도 있는 걸까요? 중요성과 잉여 포텐셜에 대해서 책에서 읽었는데, 바로 이것들의 효과일까요? 아니면 예전에 책에서 말씀하셨던 '쓰레기'들이 저의 세계에서 배출되고 있는 것인가요?

저에게는 회사에서 왕따를 당하고 있다는 문제도 있어요…. 그렇지만 저도 회사 사람들과 친하게 지내는 데 그다지 관심이 없어요. 딱히 그들과 함께 식사를 하고 싶다는 생각도 들지 않고, 그들에게 귀 기울이면서 최근에 있었던 가십거리에 관해 이야기하거나 전날 방영된 토크쇼의 '전부 거기서 거기인 핫이슈'를 알고 싶지도 않아요. 차라리 혼자 밥을 먹고 말겠어요. 하지만 단합을 강조하는 저희 부장은 이런 저의 태도를 이해하지 못하고 저를 이상한 사람 취급합니다. 다른 사람들의 눈에는 실제로 제가 이상해보일 수도 있겠지요. 하지만 저는 단체 행동에 끼고 싶지 않아요. 하지만 인간은 사회적인 동물이지요…. 어떻게 하면 이런 상황에서 타협점을 찾을 수 있을까요?

A. 당신을 동료들과 구분하거나 그들보다 '더 높은' 자리에 둔 채 승진을 할 수는 없다. 당신은 자신의 '독특함'에 너무 큰 의미를 부여하고 있다. 이것은 당신이 자만심에 빠져 있다는 사실을 보여주는 건지도 모른다(자신의 중요성을 너무 크게 보고 있는 것이다). 더 단순해지고, 당신의 눈에 '재미없어' 보이는 사람들을 깔보지 말라. 모든 사람은 저마다의 방식대로 흥미롭다. 그리고 누가 누구에게 매료되는지는 아무 의미도 없다. 당신의 흥미가 다른 사람들보다 '더 똑똑하거나', '더 대단한' 것일 수가 없다. 이 사실을 반드시 기억해야 한다.

Q. 저에게는 꿈이자 목표가 있습니다. 이 꿈을 이룬 사람은 아무도 없을뿐더러, 근처에 다가간 사람도 없습니다. 제가 하고 싶어하는 일은 아무도 성공하지 못한 일이고, 시도한 사람들은 모두 실패했

습니다. 이유는 알 수 없지만 제가 그 일을 할 수 있다는 생각이 듭니다. 그리고 왠지 모르게 저는 특별한 사람이고, 그 일에 성공할 수 있을 것 같습니다. 질문이 있습니다. 저는 바보고, 망상에서 벗어나거나 하늘 높이 치솟은 콧대를 이제 그만 낮추고 현실로 돌아와야 할까요? 아니면 계속해서 제 길을 걸어가야 하나요?

A. 내가 보기엔 당신의 목표가 실제로 실현할 수 있는 것들인 것 같다. 그것도 땋은머리를 사용한다면 말이다. 타프티의 기법과 '영사기'를 사용하면 아무도 하지 못한 일을 충분히 당신이 이뤄낼 수 있다. 자신이 천재성을 발휘하는 현실을 선택하고 위대한 것을 창조하라. 성공할 수 있을 거다. 안 될 이유가 있겠는가?

Q. 저는 작가님의 모든 원칙을 신념처럼 따르고 있습니다. 목표를 찾지 못하고 있다는 사실만 제외하면 모든 것이 완벽했을 거예요. 저는 인기가 많은 편이고 다양한 매력을 가지고 있다는 말도 듣습니다. 새로운 것을 시도하거나 실험해보기도 좋아하고, 영혼과 마음이 모두 빠르게 불타오르기도 합니다. 하지만 그만큼이나 빠르게 식어버려서 예전까지 하던 일에 흥미를 잃고, 마무리를 완전하게 짓지 못하고 금세 다른 일을 시작하곤 하죠. 그러고는 얼마 안 가 예전 일에 다시 흥미를 느끼면서 그 일을 다시 시작하기도 합니다. 이런 기복 때문에 지난 10년 동안 저는 그 어떤 것에서도 이렇다 할 결실을 내지 못했습니다.

A. 나도 오랫동안 나의 목표(소명)를 찾아 헤맸고, 당신처럼 금방 어떤 일에 흥미를 가졌다가 금세 포기하기를 반복했다. 다만 그 어

떤 것도 헛되이 지나가는 일은 없다는 사실을 잊지 말길 바란다. 어쩌면 당신의 길은 생각보다 훨씬 더 복잡해서 특정한 단계를 반드시 거쳐 가야 하는 것일 수도 있다. 긍정적인 마음, 라다와 유용성의 원칙을 가지고 미래를 바라보라.

Q. 어떻게 하면 인생에서 자신의 위치가 어디인지, 자신이 해야 할 일은 무엇인지 알아낼 수 있을까요? 제가 지금껏 공부했던 모든 기법은 아무런 효과도 내지 못했습니다. 제가 무엇을 좋아하는지, 무엇을 원하는지 도무지 모르겠어요. 더 정확히 말씀드리자면, 좋아하는 일을 생각하면 수많은 '하지만'이 따라붙습니다. 예를 들어 저는 여행을 좋아합니다. 하지만 저는 가정도 있고, 아이들과 직장, 갚아야 할 대출이 있습니다. 또 여행은 돈이 많이 드는 일인 데다, 저는 사교적인 성격도 아니고, 아이들을 먹여 살려야 하기도 해요. 조언 좀 해주실 수 있을까요?

A. 모두가 여행을 하고 싶다고 나에게 편지를 보내곤 한다. 하지만 이것은 휴식에 대한 일시적인 욕망이지, 행동의 종류는 아니다. 당신이 지리학을 업으로 삼는 사람이 아니라면 말이다. 당신의 일은 당신의 영혼에 맞고, 사람들에게 유용함을 가져다주는 일이다. 타프티가 말한 것처럼, '다른 사람의 유용함을 고려하는 것이 너희의 신념의 일부가 되어야 한다. 오직 그렇게 해야만 너희가 자아를 실현하는 것도 쉬워질 것이다. 또, 너희의 자아실현이 다른 사람에게도 유용해질 때, 바로 그때에만 자아실현은 성공적으로 이루어질 것이다.'

독자들의 성공담

베네라 가비둘리나

땋은머리에 대한 저의 경험을 말씀드릴게요. 친구의 아들이 약혼식을 올리던 날이었어요. 우리는 이슬람식 전통에 맞게 진지한 분위기 속에서 예의를 갖추고 자리에 앉아 있었습니다. 제 주변에는 완전히 초면인 하객들뿐이었어요. 매우 불편했죠. 하지만 저는 친구의 하객이지, 그들의 하객이 아니었기 때문에 참고 앉아 있었습니다. 그러다 '어디 한번 나 자신과 현실을 바라볼까? 어떻게 보이려나?' 하는 생각이 들었습니다. 그렇게 해도 불편한 감정은 그대로더군요. 마치 모르는 사람의 결혼식에 찾아간 불청객이 된 것 같았습니다. 저는 **땋은머리를 켜고** 제 친구뿐 아니라 이 모든 사건에 대해서 행복해하는 모습을 **상상했습니다.**

바로 그때, 옆에 있던 하객이 제 친구를 향해 몸을 돌리고는 말했습니다. '친구분을 왜 이렇게 혼자 놔두신 거예요? 심심하실 것 같은데. 친구와 좀더 가까이 앉는 게 어때요?' 그러더니 모두가(!) 제가 왜 여기에 앉아 있는지, 왜 이렇게 축 처져 보이는지 묻더니 친구 옆에 자리를 마련해주고 제가 편안한지 살펴보기 시작했습니다.

저는 얼굴이 상기된 채 서둘러 땋은머리를 놓아두었습니다. 바라지도 않던 관심이 갑자기 저에게 한 번에 쏠렸는데, 저는 그럴 준비가 되어 있지 않았거든요! 사람들이 저에게서 다른 데로 관심을 돌리기까지는 시간이 조금 더 걸렸고, 저는 마치 '천사의 나팔꽃'*처럼 고개를 떨군 채 한참을 앉아 있어야 했습니다. 영상을 찍지 않았던 게 안타깝네요. 영상이 있었더라면 그 순간이 어땠는지 직접 보여드릴 수 있었을 텐데 말이에요. 이전에는 저에게 조금도 관심이 없다가 갑자기 시선이 쏠리는 경험을 했으니까요.

저는 땋은머리를 사용하여 저의 인연을 찾고 있습니다. 그 사람이 어디에 있는지는 중요치 않아요. 하지만 틈날 때마다 저의 인연을 찾겠다는 목표를 가지고, 다른 사람들이 눈치채지 않도록 조용히 주변을 둘러봅니다. 이제는 이 목표가 얼마나 원대한지 잘 알아요. 금방 결과물이 나타나진 않겠지만, 만약 결실이 생긴다면 정말 놀라울 거예요! 믿어요. 그리고 제 꿈이 이루어질 것을 알아요.

"저는 땋은머리를 활성화한 채 제가 다니는 발레 학원에서 수업을 들으며 뛰어난 실력을 보여주는 여러 가지 심상을 떠올렸습니다. 그랬더니 이런 결과가 나왔어요. 선생님과 학생들은 제 실력이 눈에 띄게 성장한 것을 보고 놀라움을 숨기지 못했죠. 주변 사람들도 매우 놀랐고요. 이제 그들은 불가능이란 없다는 사실을 알게 되었어요."

"땋은머리를 실전에서 사용해서 성공했던 경험을 모두와 함께 공유하고자 합니다. 저의 취미는 낚시인데, 1년 중 틈날 때마다 낚시를 가요. 올겨울 마지막으로 낚시를 하러 가서 얼음에 작은 구멍을 내고

* 가지과에 속하는 유독성 식물. 꽃이 종처럼 아래로 처진 채 핀다.

낚싯대를 드리운 채 앉아 있을 때였습니다. 그때 제 땋은머리가 얼마나 효과가 있는지 시험해보고 싶다는 생각이 들었습니다(물론 제 마음에게 그것을 굳이 확인시켜줄 필요는 없었지만요).

저는 땋은머리를 사용하여 가능태 공간에 접속했습니다. 그때 마치 제 영혼이 다른 채널로 재접속이라도 하듯 몇 초 동안 **눈앞이 뿌예지는 걸 느꼈죠**(육체적인 차원에서요). 저는 물고기가 미끼를 물어 낚시찌가 위아래로 넘실거리는 프레임을 상상했습니다. 그랬더니 실제로 물고기가 입질을 하기 시작하는 거였어요! 한참 입질이 잠잠하던 시간에도 여러 번 땋은머리의 효과를 실험해봤습니다. **쉼 없이 효과를 내더군요.** 곧바로 효과를 내는 것이 아니더라도, 잠시 고개를 돌려 주변에 펼쳐진 아름다운 풍경을 감상하다가 다시 낚싯대 쪽을 보면 물고기가 미끼를 무는 거였습니다!

이 밖에도 저는 낚시를 하러 가면서 낚시 구멍에서 큰 삼치를 낚는 모습을 여러 번 상상했습니다. 프레임 속에서 그놈은 있는 힘껏 발버둥을 쳤지만 저는 결국 그놈을 얼음 밖으로 끄집어내는 데 성공했어요. 물고기를 얼음구멍 밖으로 끌고 나올 때 낚싯줄 끝에 걸린 트로피 같은 물고기의 묵직한 무게감도 실제로 느끼고 있다고 상상했습니다. **물질적인 무게감 자체를 되새기며 상상해보니** 장면 자체만을 상상하는 것보다 더 효과가 있더군요. 그 결과 저는 3.4킬로그램, 3.2킬로그램이나 나가는 삼치 두 마리를 낚았습니다.

그러다 낚시터를 떠나기 직전, 강변을 걸어가고 있을 때 작지만 저에게 매우 소중했던 장신구 하나가 소매에서 떨어졌습니다. 작가님도 아시는 것처럼, 모두에게 흔히 겪곤 하는 그런 일이었죠. 그것은 지척의 거리에 떨어졌지만 아무리 찾아도 보이지 않았습니다. 저는 마른 풀밭 위를 한참이나 기어 다니면서 몇 분 동안이나 그것을 찾아 헤맸어요.

그때 활성체가 작동하기 시작하면서 저는 **잠에서 깨어났습니다.** 그것을 찾을 **중요성**이 매우 컸던 것입니다! 저는 땋은머리를 활성화하고, 땅에서 제가 잃어버렸던 물건을 집어 올리는 프레임을 상상했습니다. 그 후 땋은머리에서 주의를 끌어내어 땅을 향해 돌리니, 제가 잃어버렸던 장식이 시선 안으로 곧바로 들어왔어요. 땋은머리가 **효과가 있다는 사실을** 표시기로 확인한 다음 뿌듯한 기분으로 집으로 왔습니다."

"저는 몇 달 전에 작가님의 저서들을 읽기 시작했는데, 모든 작품에 깊은 감명을 받았어요. 솔직히 말씀드리자면 어떤 기법은 제가 예전에 혼자서 본능적으로 사용한 적도 있어요.

그런데 《여사제 타프티》는 조금 다르게 다가왔던 것 같습니다. 타프티에게서 가르침을 받고 있다 보면 마치 고차원적인 트랜서핑 학교에 있는 것 같은 느낌이 들어요. 그래서 타프티의 기법을 사용하는 것을 조금 미루게 되더군요. 그 기술을 사용하기에는 제가 너무 부족하게 느껴져서, 먼저 기본기를 '제대로 알아야 한다'고 생각한 거예요.

그러던 어느 날, 저는 궁지에 빠져버리고 말았습니다. 회사에서 전혀 꿈도 꿀 수 없었던 비상사태가 일어난 데다 복잡한 프로젝트의 마감 일자가 코앞까지 다가온 거예요. 기한 안에 그 프로젝트를 완료한다는 것은 사실상 불가능에 가까웠고, 설사 완료한다 처도 품질이 저급할 것이 뻔한 상황이었죠. 동료 직원에게 덮어씌울 수도 없었어요. 그건 제 자존심이 허락하지 않았거든요. 제 자리에서 일을 하면서 작가님의 오디오북을 듣고 있을 때였습니다(저는 컴퓨터 그래픽 관련 일을 하고 있기 때문에 음악이나 오디오북을 들어도 업무에 큰 지장을 받지 않을 수 있었어요). 마침 그때 어려운 문제를 해결하는 방법과 버라이어티가 넘치는 인생트랙에 관한 내용이 흘러나오고 있었죠….

저는 이 복잡한 프로젝트 문제를 해결하는 것이 저의 유일한 기회라는 사실을 인식하고, 땋은머리를 활성화하여 저의 문제가 '연극처럼' 해결될 거라는 의도를 방사했습니다…. 저는 중요성을 낮추고 '일어나야 할 일들은 반드시 일어나게 되어 있으며, 나는 계속해서 나의 일을 할 것'이라고 저 자신에게 말했어요. 그러자 놀랍고도 충격적인 일이 일어났어요. 30분이 지나자 저희 매니저가 그 프로젝트 작업을 중단하라고 지시를 내리는 것이었어요. 고객사에서 그 프로젝트를 다른 기업에게 발주했고, 결과적으로 우리가 여기에서 손을 떼도 된다는 연락을 받았기 때문이었죠.

저의 문제는 정말로 쉽고 빠르게, 그리고 '연극처럼' 해결되었어요. 그것도 매우 특이한 방식으로 말이지요!

그 후로 저는 의식을 되찾을 수 있었고, **땋은머리에 대해 더 진지하게 생각하고 더 자주 그것을 사용하게 되었습니다.** 땋은머리 덕분에 직장에서 돌발 상황이 일어나는 횟수도 줄어들었고, 정신도 못 차릴 정도로 급하게 끝내야 하는 프로젝트를 맡는 일도 없어졌어요! 또 휴일에도 더 잘 쉴 수 있게 되었죠. 저는 쉬는 날마다 환상적인 시간을 보내겠다고 설정해요. 그러면 실제로도 어마어마한 만족감과 휴식시간을 누리곤 하지요. 교통체증에 갇히는 일도 사라졌고 버스는 기다릴 필요도 없이 제가 정류장에 나가는 시간에 딱 맞춰 도착해요.

가장 흥미로운 일은 **새로운 사람과의 만남을 주문할 수 있다는 겁니다.** 그리고 그 결과로 저를 처음 보는 사람들은 자연스럽게 저에게 말을 건네기 시작해요! 이런 식으로 저는 새로운 친구들도 몇 명 사귀게 되었어요!

저는 좋은 컨디션과 강한 에너지를 주문하고 있는데, 그랬더니 그 다음부터 저도 모르게 식습관이 더 건강해지고 운동량도 많아졌으며, 만족감도 느끼고 있었어요. 그러면서도 저 자신을 일부러 억제할 필요도 없어요. 거기다가 필요한 정보가 있을 때는 그것을 빠르게 찾을 수도 있어요.

이런 식으로 모든 것이 쉽게 흘러가요. 저는 제가 원하는 결과를 얻겠다는 의도를 설정할 뿐이죠(심지어 시각적인 슬라이드도 필요하지 않아요). 그러면 **그 외의 것들은 별다른 노력을 들이지 않아도 전부 알아서 이루어져요.**"

힘

Q. 저의 상태를 간단하게 설명해드리자면, 저는 지금 번데기 속의 작은 벌레나 알 속의 공룡과도 같다고 할 수 있습니다. 저는 저 자신이 약간 미쳤다고 믿어 의심치 않아요. 실제로도 그렇게 느껴지죠. 저에게서 알 수 없을 정도로 강력한 힘이 흘러나오고 있으며, 제가 원하는 것은 뭐든 창조할 수 있다고 생각합니다. 제가 젊었던 오랜 시절부터 저는 이미 그 사실을 느끼고 있었어요. 하지만 저의 힘을 알고 느끼고 나니 왜인지 모르게 더 이상 힘을 사용할 수가 없어요.

A. 전부 맞는 말이다. '원하는 것은 뭐든 창조할 수 있다'고 느끼는 것이 바로 자기 안에 흐르는 힘의 느낌이다. 더 정확히 말하자면 메타력의 느낌이다. 물리적인 힘을 사용하는 것처럼 자유자재로 메타력을 사용할 수는 없을 것이다. 메타력을 직접 사용할 줄 아는

사람은 아주 극소수에 불과하니 말이다.

나는 예전에 그런 사람들에 대해서, 자신이 현실을 선택할 수 있다는 사실을 알아차리는 순간 그들의 능력은 천부적인 재능처럼 곧바로 실현되기 시작하며, 그다음부터는 문자 그대로 '모든 것을 마음대로' 하는 상황이 일어나게 된다고 설명한 적이 있다.

하지만 평범한 수준의 정상적인 사람들은 메타력에 대한 접근이 제한되어 있다. 그 이유는, 첫 번째로 '정상적인' 사람들은 자신이 가진 잠재력을 사용하지 않기 때문이다. 또 다른 이유는 메타력이 당신의 것이 아니며 당신과 무관하게, 당신과 별개로 작동하기 때문이다. 그러면서도 메타력은 당신이 통제할 수 있는 범위 안에 있는 힘이다.

이런 메타력에 접근하는 것에 대한 제한을 풀 수 있다. 땋은머리를 매일 훈련하면 된다. 필연적으로 일어날 수밖에 없는 사건들부터 시작해서 장기적이고 달성하기 어려운 목표들에 이르기까지 최대한 자주 땋은머리 기법을 연습하라고 타프티가 조언한 것도 바로 이러한 이유에서다. 이렇게 땋은머리를 용의주도하게 연습하다 보면 언젠가는 메타력을 사용할 수 있게 된다.

하지만 메타력의 작동 원리를 이해하면 이런 절차를 더 빠르게 만들 수 있다. 비결은 그것을 **사용하는 것이 아니라, 그것에 접속하는 것**이다. 당신이 직접적으로 해야 할 일은 없다. 당신은 그저 메타력이 **저절로 작동할 수 있도록 간접적으로 도움을 주며** 그 모습을 관찰하기만 하면 된다. 직접 나서서 메타력이 작용하도록 만들지 말고, 그것이 혼자서 움직이도록 허용하라.

여기에서 '간접적'이라는 말은 땋은머리를 매개로 하는 것을 의미한다. 그래서 메타력은 당신의 외부, 등 뒤 어딘가에서 나오며 당신은 그것과 무관한 상태에서 존재하는 것이다. 노력을 기울이면 안 된다. 노력하면 오히려 당신의 내부의도가 작동해서 메타력의 효과는 줄어들게 된다.

당신에게 필요한 것은 노력이 아니라 **'집중력'**과 **'물러나 있는 것'**이다. 일반적으로 집중력은 의지에 따른 노력을 뜻하는 단어이기 때문에 여기에서 말하는 집중력의 의미와 헷갈릴 수도 있을 것이다. 물론 약간의 노력을 기울여야 할 필요는 있다. 하지만 그건 목표프레임에 집중하기 위해서 자기 자신에게 노력을 기울일 때 필요한 것이다. 그 이상의 노력은 금물이다. 그러나 그렇게 하는 방법을 배울 수는 있을 것이다.

땋은머리를 활성화해두고, 집중하는 동시에 긴장을 풀고 편안히 있을 수 있는 혼수상태에 들어가라.

이것은 동양의 선(zen)에서 말하는 '한 손으로 박수치기'와 같다. 현존하는 동시에 부재하는 것이다. 당신은 이 현실에 있기도 하면서 없기도 하다. 당신은 원하지만 원치 않는다. 의도를 가지지만 강요하지는 않는다. 당신으로 인해 어떤 행위가 시작되지만, 그러면서도 당신은 그 행위와 무관하다. 당신은 등장인물이 아니라 관찰자에 가깝다. 어떤 일을 하지는 않지만, 그 일이 저절로 진행되는 것을 지켜본다. 이루어지게 만드는 것이 아니라 그것이 알아서 이루어지도록 허용한다.

이런 상태에 들어섰을 때 어떤 기분이 드는지 느껴보라. 바로 그 기분이 메타력을 직접적으로 사용할 때의 느낌이다.

Q. 메타력은 땋은머리를 활성화한 다음에 느껴지는 느낌이라고 이해했는데, 맞나요?

A. 메타력은 느낌이 아니라 힘이 발현되었을 때 그 힘의 반대편에 놓여 있는 것이다. 힘은 영화 필름을 재생시키는 **현실의 엔진**이다. 힘은 현실의 거울이 비추고 있는 물질적인 세계에서 작용하고, 메타력은 거울 너머에 있는 비물질적인 세계에서 작용한다. 메타력은 우리 몸 외부, 뒤쪽에서 발산된다. 힘은 메타력을 사용할 때처럼 땋은머리를 매개로 하여 간접적으로 사용할 수도 있다. 반면에 메타력은 땋은머리를 활성화하여 현실을 선택할 때 발산된다.

현실을 선택할 때 작용하는 것은 노력이나 긴장이 아니라 **집중**이다. 바로 이것이 메타력의 특성이다. 부담감을 증폭시키고 있을 때는 메타력을 본래의 힘처럼 느낄 수 없을 것이다. 메타력의 느낌은 오히려 거짓 기분에 가까우니 말이다. '거짓 기분'이라는 말로도 이것을 온전히 표현할 수는 없다. 이 느낌은 **자신이 현실을 선택할 수 있다는 능력과 권력**을 느낄 때 나타난다.

땋은머리로 프레임을 비출 때 이 능력과 권력을 느껴보라. 바로 이것이 **메타력의 느낌**이다.

Q. 작가님께서는 필요하지 않은 상황에서 땋은머리를 이리저리 휘둘러서는 안 된다고 말씀하셨는데요, 의도가 없는 상태에서 땋은머리를 건들지 말라는 뜻인가요? 땋은머리나 그것을 사용하는 저의

능력을 약하게 만드는 것은 무엇인가요? 그리고 언제, 어떤 조건일 때 활성화된 땋은머리가 최대한의 효과를 낼 수 있나요? 에너지가 높은 수준에 있을 때만 효과가 커질 수 있나요?

A. 땋은머리가 최대한의 효과를 내는 것은 **최대한으로 집중하면서도 동시에 거리를 물러나 있을 때다.** 집중력은 쓸모없는 사념들을 전부 떨쳐내고 오직 목표 프레임에만 집중하기 위해서 필요하다. '물러나 있는 것'은 내부의도나 의지력을 사용하거나 온몸이 경직된 채 있는 것이 아니라, 당신의 외부에서 독립적으로 끌어당겨지는 측면의 힘(메타력)을 이용하는 것을 의미한다.

물론 에너지의 수준이 높다고 해도 나쁘지 않을 것이다. 에너지가 약하다면 메타력을 사용하는 수준에 '이르지도 못할 것'이기 때문이다. 땋은머리를 이리저리 휘두르지 말아야 한다는 것은 당신이 땋은머리를 능숙하게 통제할 수 있게 된 다음에야 해당되는 이야기다. 땋은머리를 신중하게 사용하지 않으면 삶이 온통 뒤죽박죽될 것이다. 땋은머리는 도구이며, 프레임을 비추는 것은 의식이니 말이다. 아무 목표도 없이 망치를 휘두르는 일은 없지 않은가?

Q. 다른 사람들과 직접적인 관련 없이 저의 목표를 이루거나 이익을 취하기 위해 마법을 사용해도 되나요? 아니면 목표를 이루기 위해서 이렇게 강력한 힘을 사용해도 잉여 포텐셜이 만들어지나요?

A. 타프티의 기법 자체가 당신의 이익과 목표를 이루기 위한 마법이다. 그리고 힘은 힘을 가진 사람들을 사랑한다. 원하는 것을 얻기 위해 세상의 멱살을 움켜쥐고 필요 이상으로 아등바등하지 말라

는 것이다. 그러면 균형력은 당신을 건들지 않을 것이다. 타프티도 여러 번 강조하지 않았는가? **노력하라. 단, 애쓰지 않으면서 말이다.** 노력은 오직 땋은머리와 목표 슬라이드에 순간적으로 집중을 할 때만 필요하다. **힘은 압박을 견디는 고집스러움이 아니라 집중력에 있다.**

Q. 〈과거 실체의 힘〉(《여사제 타프티》 205쪽) 내용에 대한 작가님의 개인적인 경험이나 인상, 느낌에 대해 말씀해주실 수 있나요?

A. 나의 경험은 지극히 나에게만 맞춰져 있기 때문에 당신에게는 별 도움이 되지 않을 것이다. 당신은 그저 타프티의 조언을 따르기만 하면 된다. 땋은머리를 켜둔 채 규칙적으로, 때때로 선언을 하면 된다. 힘이 곧바로 생기지는 않겠지만, 점진적으로 커지거나 아니면 일정 시간이 지나면 그 힘이 느껴질 것이다. 자주는 아니더라도 용의주도하게 연습하다 보면 힘은 반드시 당신에게 오게 돼 있다.

Q. 아주 흥미로운 점이 하나 있습니다. 다른 사람의 시나리오를 통제해서는 안 되며, 그보다 더욱 하지 말아야 하는 긴, 사람들에게 악행을 저지르는 일이죠. 그런데 디바였던 마틸다는 의도를 사용하여 도플갱어의 무대를 망쳐놓지 않았나요? 일반적이고 전체적인 경우를 생각하면 이것이 타인에게 악행을 저질렀던 생생한 예시 아닌가요?

《여사제 잇파트》는 왠지 단순한 소설이 아닌 것 같습니다. 타프티는 절대로 다른 사람의 현실에 영향을 미치지 말라고 합니다. 트랜서핑 자체도 이것에 대해 매우 부정적으로 보기도 하고요. 하지만 다른 사람에게 나쁜 행동을 하는 것은 어떤가요? 악은 선만큼이나 아주 주관적인 개념입니다. 따지고 보면 사실 선과 악은 상황에 대한 우리의 태도일 뿐이지요.

A. 마틸다의 방법은 전혀 악의가 없는, 단순한 방법이었다. 당신은 다른 사람의 시나리오에 영향을 미치는 것과 같이 더 위험한 행동을 할 수는 없을 것이다. **당신은 오직 당신의 영화 필름만 선택할 수 있으니 말이다.**

애초에 마틸다가 도플갱어를 완전히 망가뜨릴 수 있었던 이유는, 그녀와 그녀의 도플갱어가 마치 한 등장인물의 두 '버전'처럼 서로 공유하는 영화를 가지고 있었기 때문이다. 당신이 발레를 보면서 무대 위의 발레리나를 망가뜨리고 싶다면, 그 일은 불가능할 것이다. 그 발레리나와 당신의 영화 필름은 별개의 것이니 말이다.

이론적으로 봤을 때 당신과 어떤 등장인물이 똑같은 영화 필름에 있다면(서로 밀접하게 존재하는 현실에 있다면) 두 사람 모두가 공유하는 공동의 시나리오를 바꿀 수는 있을 것이다. 하지만 그건 오직 선善을 위한 일이었을 때뿐이다. 예컨대 당신의 아이가 건강을 회복해서 함께 즐겁게 썰매를 타는 현실을 선택하는 것처럼 말이다. 하지만 악을 위해서 시나리오를 바꾸는 것은 정말 말리고 싶다. 그것은 부메랑이 되어 당신에게 돌아올 것이기 때문이다.

실질적으로, 대다수의 경우 당신이 어떤 사람과 매우 가까운 인연이라 할지라도 두 사람은 서로 다른 영화 필름을 살아가게 된다. 따라서 다른 사람의 시나리오에 영향을 미치는 것(더 정확히 말하면,

상대방이 다른 시나리오가 있는 다른 영화 필름으로 이동하게 만드는 것)은 불가능하다.

'서로 다른 영화 필름'이라는 것이 정확히 무엇인지 설명해드리겠다. 주변 사람들과 함께하는 현실은 당신이 보기에 모두에게 공통된 하나의 현실로 보이겠지만 사실은 그렇지 않다. 사람들은 저마다 각자의 세계의 층을 가지고 있다. 하지만 그 세계들은 영화 필름들처럼 켜켜이 쌓여 있기 때문에 이 모든 것은 마치 하나인 것처럼 보인다.

권투 경기에서 스파링을 할 때 당신은 상대방과 직접적으로 접촉을 하게 된다. 그렇다면 당신과 상대방은 한 영화 필름 안에 있는 걸까? 그렇기도 하고, 아니기도 하다. 영화에서는 이런 특수효과를 꾸며내기도 한다. 하지만 현실은 그보다 훨씬 더 복잡하게 만들어져 있으며 여기에는 그 어떤 '특수효과'도 없다.

땋은머리를 사용하여 목표 프레임에 집중하는 경쟁에서도 어렵기는 마찬가지다. 경쟁이 시작되기 한참 전에 당신이 승리하는 현실을 선택하는 쪽이 오히려 나을 것이다. 그것도 한 번만 선택하지 말고 여러 빈 용의주도하게 돌려봐야 한다. 땋은머리로 한 번 자극을 주는 것만으로는 부족할 것이다.

하지만 상대방과 접촉을 하지 않고 경쟁하는 경우도 있다. '이것도 땋은머리를 사용하여 상대방을 선택하는 것이 아닐까?'라는 의문이 들 수도 있다. 여기서도 마찬가지로, 맞기도 하고 아니기도 하다. 이 문제와 관련해서 몇 가지 생각이 있긴 하지만, 아직 증명된 것은 아니라 일단은 밝히지 않겠다. 나는 확실하지 않은 것에 대해서는 말하지 않기 때문이다. 독자 여러분이 직접 확인하게 된다면 말씀해주길 바란다.

어쨌거나 다른 사람의 현실은 건드리지 않는 것이 좋다. 자신의 현실을 선택하라.

Q. 트랜서핑의 '의도 조율의 원칙'과 타프티의 '유용함의 원칙'은 어떤 점이 다른가요?

A. 의도 조율의 원칙은 우리가 불쾌한 일을 겪었을 때 그것을 의도적으로 좋은 일이라고 선언하는 것이다. 하지만 그렇게 선언하다 보면 논리에서 벗어날 때도 있고, 항상 그렇게 할 수 있는 것도 아니다. 유용함의 원칙은 우리가 불쾌한 사건을 비롯한 여러 가지 상황을 겪었을 때 그 속에서 **유용함을 찾는 것이다.** 유용함을 선언하는 것이 아니라 사건 속에서 그것을 **관찰하여 찾아내는 것**이다. 유용함을 찾으려고 눈여겨보는 사람이 실제로 그것을 찾아내어 손에 넣게 될 것이다.

Q. 트랜서핑 기법과 타프티의 기법을 함께 사용할 수 있나요? 또, 그렇게 해야 할 때도 있을까요?

A. 모든 기법은 함께 사용할 수 있으며, 또 그렇게 해야 한다. 가장 효과적인 방법은 자유롭게, 복합적으로 사용하는 것이다.

Q. 땋은머리 기법을 사용할 때 좋지 않은 일이 한꺼번에 몰려오곤 합니다. 그러다 기법을 중단하면 혼란스러운 일들이 어느 정도 잠잠

해져요. 이런 식으로 불행한 일이 연속적으로 일어나는 것이 정상인가요?

A. 정상이다. 자신의 현실을 선택하지 못하면 당신의 인생은 잔잔한 강처럼 흘러간다. 그러나 목표를 정한 채 의도를 가지고 그것을 향해 움직인다면 거센 흐름이 일어날 수 있다. 당신의 목표에 다가가기 위해서는 힘차게 흐르는 산속 계곡물처럼 흘러야 하기 때문일 수도 있다. **유용함**의 원칙을 따라보도록 하라.

Q. 의식을 깨운 채 (슬라이드나 땋은머리를 사용하여) 시나리오를 선택하는 것도 시나리오의 일부인가요? 또, 사람들은 시나리오를 선택하는 데 있어 진짜 자유를 가지고 있나요, 아니면 어떤 선택의 메커니즘을 담당하는 상위의 시나리오가 있는 걸까요?

A. 《여사제 타프티》에 이 질문에 대한 답이 나와 있다. 잠에서 깨어났을 때 당신은 시나리오에서 떨어져 나와 자신의 영화를 선택할 수 있는 기회를 얻게 된다. 또, 책에 따르면 **시나리오는 영화 필름을 바꾸는 당신의 능력에 대해서 모른다**고 나와 있다. 따라서 당신의 질문에 대한 답변은 '그렇다'이다. 사람들에게는 완전한 선택의 자유가 있다. 다만 당신이 선택할 수 있는 것은 시나리오가 아니라 당신이 비추는 목표 프레임이 실현되는 영화 필름이라는 데에만 차이가 있다.

Q. 제 세계가 어떻게 구성되어 있는지는 잘 알고 있습니다. 하지만 재정 상황에 관해서는 절망적일 정도로 돈이 부족한 상태예요! 도

대체 저와 남편이 어떤 점에서 잘못하고 있는 건지 모르겠지만, 아무리 해도 돈이 모이지 않아요. 심지어 생활비를 대기에도 빠듯할 때도 있어요.

A. 예전의 현실에 막혀 오도 가도 못 하고 있는 것이다. 새로운 현실로 바꿔야 한다. 경제적으로 매우 여유가 넘치는 사람의 상태로 들어가라. 자신에게서 돈이 자유롭게 흘러가도록 하라. 자신이 충분한 여유를 누리도록 허용하라.

이것을 허용하는 일은 쉬운 동시에 어려운 일이기도 하다. 트랜서핑의 좋은 기법 하나를 되새겨보라. 바로 **안락지대를 넓히는 것**이다. 그리고 지금 소개하는 사념체를 무기로 사용하라.

> 나는 깨끗한 몸, 강력한 에너지와 선명한 의식을 가지고 있다. 나는 **깨끗하고, 빠르며, 힘차게 흐르는 산속 계곡물이다.** 에너지는 자유롭고 강력하게 내 몸속을 흐른다. 내 안에는 에너지와 지식과 돈이 흐른다.

'산속 계곡물'에 비유하는 이유가 무엇인지 아는가? 모든 수치가 평균치에 달하는 일반적인 사람은 마치 전류가 막혀 제대로 흐르지 않는 것처럼 살아간다. 신체의 산소 주입구가 **막혀 있기** 때문에, 그의 몸속에 흐르는 에너지와 지식과 돈의 줄기는 매우 약하다. 의도의 에너지는 차단되고 정체 현상이 일어나며, 결국 흐름이 멈춰버린다. 이 주입구를 열어야 한다.

이런 막힘 현상은 왜 일어나는 것일까? 간단하게 말하자면 인체에

쌓인 독소 때문에 발생한다. 바로 시스템이 만들어내는 과도한 정보, 그 정보로 인한 중독, 자신의 가능성을 제한하는 고정관념과 에너지의 흐름을 차단하는 '집게' 때문이다.

Q. 다른 사람들도 《트랜서핑 해킹 더 매트릭스》를 꼭 한번 읽어보면 좋겠어요. 이 책은 힘에 관한 책이지요. 내용은 무척 길지만, 다 읽고 나면 신체의 산소 주입구가 무엇 때문에 막히게 되는지 자세하게 알 수 있습니다. 이 책에는 이런 문장이 있지요. "집게가 채워졌다는 것은 무언가가 당신을 억압하고 있거나, 당신의 '나'와 일치하지 않는 상태를 의미한다. 어떤 무거운 짐이 당신을 짓누르지만, 당신은 이것이 잘못됐다는 사실과 이렇게 살아서는 안 된다는 사실을 아주 어렴풋이 짐작할 뿐이다." 다른 독자들도 이 부분을 읽으면 왠지 익숙하다고 느끼지 않을까요?

A. 자신에게 걸려 있는 집게를 빼고 산소 주입구를 열어보라. 그러면 건강과 기쁨과 영감이 넘쳐 흐르게 될 것이다. 그리고 에너지와 돈도 마치 산 속에서 힘차게 흐르는 물처럼 거세게 흐를 것이다.

Q. 저는 일을 미루는 버릇이 있습니다. 해야 할 일을 미루고, 해야 할 행동을 미루고, 목표를 미루다 보면 결국에는 남들보다 뒤처진 인생을 살게 돼요. 제가 뭔가를 시작하기 위해서는 항상 어떤 조건이 필요하지요. 사실은 지금 당장에도 그 일을 시작할 수 있고, 또 그렇게 해야만 한다는 사실을 저 자신도 잘 알고 있는데도요.

A. **정체 상태에 있기 때문이다.** 그렇게 하면 아무런 발전도 없을 것이

다. 정체 상태에서 벗어나기 위해서는 행동하기 시작하고 **의도+행동의 흐름**을 시작해야 한다. 자신에게 동기 부여가 될 강력한 활성체를 찾아 목표를 세우라. 체형을 바꾸는 것부터 시작해도 좋다. 예컨대 달리기나 사이클을 시작해보는 것이다. 운동을 시작하면 **흐름을 탄다**는 게 무엇인지 직접 느낄 수 있을 것이다.

Q. 우리 몸속의 에너지는 우리가 실내에 있을 때만 흐르나요, 아니면 밖에 있을 때만 흐르나요? 우리가 두꺼운 옷을 서너 겹 이상 껴입고 모자까지 썼을 때 흐르나요, 아니면 상의, 하의를 전부 벗은 상태여야 하나요? 에너지의 흐름은 모든 곳에 있나요? 아스팔트와 콘크리트로 이루어진 대도시에도 있나요, 아니면 자연 속에서만 존재하나요? 올여름에 투압세*에 갈 일이 있었습니다. 그때 저는 몸속에서 에너지가 흐르는 것을 느꼈어요. 하지만 오직 야외에 있을 때뿐이었죠. 노보시비르스크에 돌아오니 더는 에너지가 느껴지지 않더군요. 그래서 궁금해졌습니다.

A. 질문에서 말한 옷차림과 장소는 우주 에너지의 흐름에 장애가 되지 않는다. 하지만 자연적이지 않은 환경이나 집, 옷은 에너지를 흐르게 만드는 자신의 능력을 차단할 수도 있다. 따라서 에너지는 자연 속에서 가장 잘 받아들여지고 몸속을 흐른다고 알아두면 될 것이다.

---

* Tuapse. 러시아 남부 크라스노다르 주에 위치한 항구 도시.

Q. 저는 《여사제 타프티》에서 〈과거 실체의 힘〉 내용이 무척 흥미로웠습니다. 그런데 책에서 이 힘을 사용하는 기법에 대해서 너무 짧게 나왔던 것 같아요. 이 기법을 실전에서 사용했던 작가님의 개인적인 경험과 감상과 느낌에 대해 말씀해주실 수 있나요?

A. 힘은, 불가능한 것을 내가 가능하게 할 수 있다는 자신감의 형태로 찾아온다.

Q. 집중력과 물러나 있는 것…, 사실상 이 두 개는 서로 상충되는 개념인 것 같습니다.

A. 바로 그 두 가지를 지킬 수 있게 될 때, 당신은 메타력을 자유자재로 사용할 수 있다.

독자들의 성공담

헬가 디야첸코

타프티와 작가님, 그리고 트랜서핑과 관련된 모두에게 깊이 감사드립니다! 정말 멋진 일이에요. 저는 매일 아침 눈을 뜰 때마다 모든 것이 더 좋은 방향으로 흘러가고 있다는 사실을 확신하곤 합니다. 바로 **나**, 자신의 **현실**을 만들 수 있는 것은 오직 **나**뿐이에요! 정말 훌륭해요, 여러분!

알렉세이 로펠

타프티, 감사합니다! 타프티 당신과 트랜서핑을 발견했다는 사실이 정말 꿈만 같아요! 제가 이 둘을 찾은 것은 순전히 우연이었어요. 그리고 저는 현실을 선택하는 방법을 배웠죠. 그 덕에 저는 환상적인 삶을 살고 있습니다!

데니스 세레메트

과거 실체의 힘에 대해서 말씀드릴게요. 이 기법은 효과가 있어요. 당신의 목표에 대해 더 큰 확신을 느낄 수 있게 되죠. 머릿속에 '나는 이 목표를 달성할 수 있다. 의심할 여지도 없다'는 생각이 떠오를 겁니다. 개인적으로 저는 이런 귀중한 사념체를 하루에 다섯 번씩(아니면 여섯 번씩) 돌려봤습니다. 아직 모든 힘이 돌아온 것은 아니지만 앞으로 계속 커지겠죠.

나탈리야 사무타

저는 전생 체험을 하며 전생의 제가 무엇이었는지를 봤습니다. 실제로 우리는 전생에 사람이 아니었다고 해도 힘을 가진 존재였어요. 이런 훌륭한 기법을 알려주셔서 감사합니다. 작가님의 기법과 비슷한 것을 전생 체험을 통해 알게 되었어요. 부정적인 경험은 전생에 남겨두고, 새로운 삶으로 힘을 가져오는 것이 중요해요.

료샤 노소프

아아, 말로 표현할 수가 없어요. 찬물과 따뜻한 물로 번갈아서 샤워를 한 다음 땋은머리 기법을 시도해봤어요. 엄청나더라고요. 다음 날 아침이 되니, 제가 보고자 했던 것이 현실이 되어 있었습니다.

아르히텍토르 트보르체스키

저는 에너지가 약하다는 사실을 어렸을 때부터 경험해왔습니다. 감정적으로는 빠르게 지쳐버리고, 신체적으로는 허기를 빠르게 느꼈어요. 하지만 힘이 돌아온다는 사실을 선언하기 시작하면 가슴이 차오르는 것 같은 느낌이 들었어요. 생전 처음 느껴보는 기분이었죠. 마치 빈 그릇이 가득 차는 것처럼요. 그리고 허기 때문에 불안해지는 일도 줄어들었습니다.

카티야 오고뇩

제 경험을 모두에게 들려드리고자 합니다. 저는 제가 가지겠다고 선택하고, 그럴 의도를 가졌던 것은 모두 손에 넣었습니다. 의심하는 사람들을 위해 말씀드리자면, 전부 효과가 있어요. 곧바로 이루어지지 않을 때도 있기는 하지만요.

실제로 겪었던 사건입니다. 남자친구와 헤어진 지 얼마 되지 않았을 때였어요. 생각도, 현실에서 일어나는 일들도 전부 우울함 그 자체였죠. 하지만 이 기분을 기쁨으로 바꾸기로 결심했어요. 그리고 그 상황에서 유용함을 이끌어내기 시작했죠. 저는 하루에 스쿼트를 300개씩 하고, 많게는 1,000개까지 했던 적도 있었습니다. 매일 20킬로미터씩 달릴 수도 있었지요. 어떤 날은 37킬로미터를 달리기도 하고요. 또 한겨울에 얼음에 구멍을 내고 수영을 하기 시작했습니다. 일을 할 때는 저 자신을 위해서 하고요. 늘 꿈꾸던 곳으로 이사도 했어요. 그러고 나니 실제로 상태가 점점 좋아지더군요. 그 전에는 슬픔에 빠져 죽기 일보 직전이었는데 말이에요.

An Nosik

우연히 작가님의 영상을 보게 되었습니다. 처음에는 그 영상을 볼 생각이 없었는데, 첫 번째 영상을 보기 시작했을 때부터 전생에 관해 제가 완전히 공감하는 문장 하나가 마음에 와닿았습니다. 아주 강하고 깊은 울림이 있는 문장이었어요. 이어서 땋은머리 기법을 설명해주셨는데, 그 주제에 대해 듣고 나니 그저 놀랍기만 할 뿐이었습니다. 그런 표현이나 방법은 처음 들어봤습니다. 제가 이 기법에 대한 설명을 듣고 놀란 이유는 이미 오래전부터 정확히 똑같은 방법으로 명상을 해오고 있었기 때문입니다. 그 영상을 보면서, 알고 보니 그 방법은 제가 처음 만들어낸 것도 아니며 이런 기법을 알려주는 사람도 있는데 어떻게 저는 이 방법을 혼자서 깨우칠 수 있었는지 궁금해졌습니다. 아마도 전생에서 봤던 것이겠지요.

타티아나 벨로노고바

의식을 가진 여러분, 안녕하세요! 깨어난 의식을 연습한 지 둘째 날입니다. 어떤 느낌이냐고요? 긍정 에너지가 넘쳐 흐르는 느낌이에요! 컨디션도 좋아요. 지금 근무중인데, 예전에는 상상조차 하지 못했을 일들을 하고 있습니다. 타프티의 기법을 성공하고 나니, 이 기법이 정말로 효과가 있다는 걸 확실하게 믿게 되었어요! 모든 것이 꿈이라고 상상하니 골치 아픈 상황을 겪어도 예전보다 더 잘 버틴다는 것을 깨달았습니다.

데니스 로고프

저는 온갖 감정을 배제한 채 《여사제 타프티》를 두 번째로 읽고 있습니다. 처음 메타력에 대한 내용을 읽을 때는 무슨 말인지 이해하지 못했는데, 두 번째 읽을 때는 모든 것을 확실히 알게 되었습니다. 하지만 개인적으로 말씀드리자면, 타프티보다 전에 나온 트랜서핑 시리즈를 읽는 편이 타프티 모델의 본질을 이해하는 데 큰 도움이 되는 것 같습니다. 저에게 있어 《여사제 타프티》는 트랜서핑 시리즈를 잇는 훌륭한 후속작이에요. 마치 초등학생 때는 '0으로 나눌 수 없다'라고만 배우다가 고등학생이 되니 '0으로 나누는 것은 가능하지만 주의해야 한다'고 배우는 것과 같은 경험이죠.

비카 토미나

저는 오늘 아침 세 번 정도 프레임을 비춰봤어요. 하지만 그것이 오늘 바로 실현될 것이라고는, 그것도 아무 노력 없이 이루어질 줄은 꿈에도 몰랐지요. 타프티, 이런 엄청난 지식을 알려주셔서 정말 감사합니다! 오늘의 현실은 빠르게 반응했고, 제 힘도 커졌을뿐더러 이 힘은 날이 갈수록 점점 더 커지고 있어요. 여러분, 모든 것이 빠르게 돌아가길 바란다면 자신의 행보를 더 자주 비춰보세요! 그러면 힘도 커지고, 땋은머리도 더 강력해질 거예요.

사회공포증

Q. 어떻게 하면 사회공포증을 이겨낼 수 있을까요? 이 증상 때문에 너무 지쳐서 때로는 술 없이 못 버틸 때도 있어요.

A. 모든 공포증은 에너지를 차단하는 집게 역할을 한다. 그리고 에너지의 차단은 행동을 통해 풀 수 있다. 《트랜서핑 해킹 더 매트릭스》에서는 이 문제를 해결할 수 있는 일반적인 공식과 무엇을 어떻게 해야 하는지에 대해 자세히 알려준다.

집게가 무엇인지(부담을 주는 것이 무엇인지) 알아낸다

집게를 뺀다(인식한다)

흐름을 만들어낸다(행동한다)

당신의 경우에는 공포를 정면으로 마주해야 한다. 그리고 그 일은 의식이 깨어난 상태(현존의 상태)에 들어가야 할 수 있다. 자기 자신과 공포를 관찰해보라. 그리고 그 공포를 똑바로 마주하라. 두려움은 **시나리오가 당신을 이리저리 끌고 다니는 무의식 상태일 때**만 느껴지는 감정이다. 이해하겠는가? 악몽이 악몽인 이유는 당신이 그것이 꿈이라는 사실을 인식하지 못하고 있기 때문이다. **하지만 당신이 의식을 가지고 현실을 관찰하기 시작하면 두려움은 사라진다.** 꿈에서든, 생시에서든 마찬가지다.

나는 독자들의 질문에 대답할 때 전작들의 문장을 인용하여 설명해드리려 한다. 트랜서핑 시리즈에 관한 수많은 질문에는 이미 답이 주어져 있기 때문이다. 트랜서핑을 초등학교라고 본다면, 타프티의 기법은 더 높은 차원의 기법이다. 만약 고등 지식이 잘 이해가 되지 않거나 큰 도움이 되지 않는다면 먼저 초등 지식부터 터득하라.

예를 들어 《트랜서핑 해킹 더 매트릭스》에는 이런 구절이 있다.

> 제임스 본드 영화를 본 적이 있다면, 그 주인공이 거의 단 한 번도 생각이란 것을 하지 않고 그저 행동에 옮긴다는 사실을 알고 있을 것이다. 그가 맡은 임무는 전부 불가능한 일들뿐이다. "어떻게 그 임무를 완수할 겁니까?"라는 질문을 받으면 그는 이렇게 대답한다. "모릅니다." 하지만 그는 행동을 한다. 그는 그 임무가 과연 완수할 수 있는 일인지, 어떻게 완수할 것인지 고민하지 않는다(어쩌면 아주 약간은 할지도 모르지만). 답은 행동하는 과정에서 저절로 찾아온다. 그는 중요성의 포텐셜에 부담을 느

끼지 않고, 그저 흐름을 따라 행동하며, 순식간에 이동하면서 재빠르게 해답을 잡아낸다.
그것이 영화이기 때문에 모든 문제가 쉽게 해결되는 것이 아니다. 똑같은 원칙이 현실에서도 효과를 낸다. **지배자의 절대적인 의도이니 말이다.** 지배자는 앞뒤를 따지지 않고, 그저 행동하기 시작하여 자신의 것을 손에 넣는다.
해변의 바위에 부딪히는 파도를 한번 관찰해보라. 지배자의 의도는 바다와 같다. 파도가 해변으로 밀려와 부서지는 것은 피할 수 없는 이치다. 그럼에도 파도는 온 힘을 다해 해변으로 자신의 몸을 던진다. 그러면서도 동요하지 않는다. 당신의 의도도 이렇게 확고해야 한다. "나는 침착하게 나의 것을 가지러 간다. 동요하지도, 갈망하지도, 두려워하지도 않는다. 나는 파도다."

참고로 이 책에서는 《여사제 잇파트》에서 나오는 등장인물인 오렌지색 암소와 노란 잠수함이 최초로 소개되기도 한다.

Q. 제가 가진 공포감과 단점을 이겨내고 자만심이 아닌 자신감을 가지기 위해서는 어떤 기법을 사용하는 게 가장 좋을까요? 예를 들어 제 단점은 발음이 좋지 않다는 겁니다…. 긴장을 하면 말이 너무 빨라지기도 해요. 물론 저도 잘 알고는 있지만, 제 마음대로 되지 않을 때도 많아요.
또 저는 전화 통화하는 것을 좋아하지 않아요. 특히 모르는 사람과 통화를 할 때는 더 불편해요….

A. 두려움에 대해 말씀드리겠다. 나는 나의 주의다. 나의 두려움은 내가 아니다. 내 생각을 방해하는 사념들일지라도 그것 또한 내가 아니다. 나는 주의를 중심에 고정하고 나 자신과 두려움을 관찰할 때 비로소 진정한 내가 된다. 꿈에서 깨어나는 순간 두려움은 작게 움츠러들다가 결국엔 사라진다. 자신이 없거나 두려워한다는 사실을 자각할 때마다 잠에서 깨어나 자기 자신을 지켜보라. 모든 것이 금세 쉽고 간단해질 것이다.

Q. 저는 열다섯 살 때부터 사회공포증을 겪기 시작해서 지금은 서른네 살이 되었습니다. 어떻게 하면 이것을 해결할 수 있고, 어떻게 하면 두려움을 떨쳐낼 수 있을까요? 저는 필요한 일이 아니라면 외출도 하지 않고 되도록 모든 연락을 피하려고 합니다. 이렇게 사는 게 지긋지긋해요. 매일 아침 출근길이 지옥처럼 느껴져요. 계속해서 발작에 가까운 두려움이 엄습해오죠. 저에게 주의가 집중되는 게 두렵고, 사람들 틈에 있는 상황이 무척 불편합니다. 어떻게 하면 이런 두려움을 없앨 수 있을까요? 두려움이 너무 심해 얼굴에 경련이 일어날 정도에요. 모든 근육이 수축돼요. 상황이나 사람 수에 따라서 정도가 더 심할 때도 있어요. 이건 삶이 아니라 지옥이에요. 저도 사람들과 함께 있을 때, 이 사회 속에 있을 때 편안함을 느끼고 싶어요. 제가 어떻게 하면 좋을까요?

A. 두려움이 일어나는 이유는 당신이 잠들어 있으며, 시나리오가 당신을 이끌고 있기 때문이다. 생시의 꿈을 꾸고 있으며 그중에서도 악몽을 꾸고 있는 것이다. 이런 사념을 인식하도록 하라. 두려움

은 당신의 실제 성격이 어떤지와 상관없이 당신이 통제할 수 없는 모든 상황에서 일어날 수 있다. **당신이 인식하고 있는 것은 딱 하나다. 바로, 이 상황을 통제할 수 없다는 사실이다.** 그리고 그렇게 생각하는 이유는 당신이 현실을 인식하지 못하고 있기 때문이다.

시나리오가 당신을 이끌고 있다는 사실을 인식하고 이것을 자명한 이치로 받아들여야 한다. 당신에게는 빠져나갈 길이 있다. **그다음에는 잠에서 깨어나 영화관으로 놀러가듯이 현실에서 산책을 하면서,** 자신이 산책하는 모습과 사람들을 지켜보고, 그들이 등장인물에 불과하며 한때 생시의 꿈을 꾸던 당신과 똑같은 모습을 하고 있다는 사실, 당신에게 아무런 해도 끼칠 수 없으며 당신이 가지고 있었던 두려움은 그저 우스운 농담거리였을 뿐이라는 사실을 알아차려야 한다.

기억하라. 당신은 당신의 주의다. 당신의 두려움은 당신이 아니다. 당신의 주의를 중심에 고정하고 나 자신과 두려움을 관찰할 때 비로소 진정한 내가 될 수 있다. 망원경을 들여다보듯이 두려움을 주의 깊게 관찰해보거나, 두려워하는 본인의 모습을 의식을 깨운 채 살펴보면 그 감정은 금세 아무것도 아닌 것이 된다. 그것은 나무에서 떨어진 낙엽처럼 그 어디에도 매달리지 않고 팔랑거리며 날아갈 뿐이다.

기억하라. 겁이 나거나 긴장되기 시작하면 곧바로 잠에서 깨어나 현존의 상태로 들어가라. 그리고 당신이 상황과 그 상황 속의 자신을 통제할 수 있다는 사실을 인식하고 침착하게 영화 장면 속을 산책하라.

Q. 《여사제 타프티》를 읽은 다음 땋은머리를 시도해봤습니다. 사소한 일에서 결과가 문자 그대로 '바로 다음 날' 나타났고, 작은 기적들이 거의 매일 일어나고 있습니다. 그런데 한 가지 질문이 있어요. 저는 크고 야심 찬 꿈을 갖는 것이 불편해졌습니다. 더 정확히 말씀드리자면, 그런 꿈을 가지는 게 두려운 것 같아요. 그 꿈이 실현되었을 때 나타날 부정적인 결과 때문에 두려워지는 것 같아요.

A. 당신이 얻게 될 결과물에 대해 '값을 지불해야' 하기 때문에 두려운 것인가? 목표를 이룰 때 당신은 의도의 에너지와 행동으로 보상을 한다. 그것 말고는 현실에게 그 어떤 것도 지불할 필요가 없다. 아니면 당신이 가진 크나큰 가능성이 두려운 것인가? 무엇 때문에 두려운 것인지 잘 모르겠다.

Q. 저는 제가 왜 미래에 대해 두려움을 느끼는지 잘 모르겠습니다. 앞으로 있을 저의 일들을 프로그래밍할 수 있다는 사실은 알지만, 그 모든 것이 사실이 아니며 제 앞에는 아무것도 없다는 두려움이 온몸을 마비시켜요. 어떻게 하면 이런 두려움을 없앨 수 있을까요?

A. 두려움은 행동으로 없앨 수 있다. 예컨대 잠에서 깨어나 두려움을 정면으로 바라보고 그것을 향해 다가가며 현실을 선택하면 된다. 당신은 행동하지는 않고, 자신의 미래를 선택할 수 있다는 사실을 오직 '이해만' 하고 있는 것 같다. 그것이 왜 '진짜가 아닌가?' 전부 진짜다. 자신의 현실을 선택하라. 그리고 직접 확인하고 느껴보라. 전부 **현실**이다.

독자들의 성공담

바실리 고

모두들 안녕하세요. 마지막으로 올린 글에 이어서 써보겠습니다.

저는 일찍 회사에 나와서 운동을 하기 시작했지만, 어딘지 모르게 모든 것이 느리게 움직이는 것처럼 느껴졌어요. 얼마 안 있으면 아주 멋진 일이 벌어질 예정이었죠. 일출도 볼 수 있는 시간이었기 때문이에요(문자 그대로요). 자연스럽게 저는 자기 자신을 지켜보고 현실을 지켜본 다음, 오늘 하루 동안 모든 일을 빠르고 훌륭하게 해낼 수 있으며, 저는 뛰어난 전문가고 일을 하면 할수록 저의 실력이 더 늘어나는 현실을 선택했습니다. 하지만 이렇게 하려고 일부러 운동을 멈춘 것은 아니었고, 운동을 하면서 현실을 선택했어요. 그러고는 운동이 끝나고 일을 할 때도 시나리오를 계속 지켜봤어요. 10분 정도가 지나자 '난데없이' 모든 일의 속도가 두 배 정도 빨라지는 거였어요. 그런데도 능률은 그대로였죠. 가장 흥미로웠던 것은 그 모든 것이 마치 원래 그랬어야 하는 일인 양 아무렇지도 않았다는 겁니다. 마치 예전에도 그렇게 일할 수 있었던 것처럼요. 그런 에너지는 어디에서 나온 걸까요? 이런 일에 제 식습관이 관련이 있었을까요? 결과적으로 저는 모든 일을 두 배나 빠르게 해낼 수 있었어요. 아직도 믿기지 않아요. 감사합니다, 타프티!

알리야 케레이

《여사제 타프티》에서는 3단계 행동 기법을 아주 자세히 다루고 있어요. 이 기법에 대해 짧게 설명하자면, '현실을 움직이고, 자기 자신을 움직이고, 자기 자신을 통제하는 것'이지요. 자신을 만드는 것, 관찰자의 불꽃을 태우는 것은 의식을 가지고 하기만 한다면 매우 행복한 일입니다. 저의 경우 매일 찬물과 따뜻한 물을 번갈아 하는 샤워와 테레빈유* 목욕, 상쾌한 기분으로 하는 운동(단지 필요해서 억지로 하는 게 아니라 제가 좋아서 하는 운동), 집 안의 공기를 정화하기 위한 공기청정기, 생식(하루에 3~5번) 덕분에 결과적으로 중간에 포기하는 일 없이 20킬로그램을 줄일 수 있었으며 혈당도 낮추고 활력도 생겼습니다. 또 지인들의 말을 빌리자면 외모도 나아진 것 같습니다. 저는 저 자신을 개선하겠다는 목표를 세운 게 아니었어요. 의도를 실현하기 위해 에너지의 수준을 높이겠다는 것을 더 중요한 목표로 세웠는데도 이런 결과를 얻을 수 있었어요.

자일라우 타지바예바

저는 제 기분과 반응을 주의 깊게 관찰하기 시작했습니다. 저 자신과 현실을 이제 막 알아가기 시작한 상태예요. 사소한 일에는 땋은머리 기법을 연습하지 않고 있어요. 반면에 장기적인 목표를 이룰 때는 뚜렷한 결과가 있었고, 갑작스럽게 기회가 생기는 경험을 하니 정말 놀라웠어요. 이런 사건들을 겪고 나니 의식이 저절로 명료해지기 시

---

* 《트랜서핑 해킹 더 매트릭스》 523쪽에 자세한 방법이 나와 있다.

작했어요. 하지만 직접 창조하는 일은 조용히 하려고요.

이리나 가야트리

오늘은 숲으로 산책을 하러 갔습니다. 익숙하지 않은 곳이었고 대중교통도 잘 다니지 않는 곳이었어요. 혹시라도 제가 버스를 놓치지는 않을지, 숲에서 밤을 새게 되진 않을지 조금 걱정이 되었습니다. 그래서 저는 아무 문제 없이 그곳에서 빠져나가는 모습을 선택했습니다. 그랬더니 버스 정류장을 찾을 수 있었는데, 알고 보니 버스의 배차 간격이 한 시간이나 되더군요. 저는 실망했지만 유용함을 찾아야겠다는 생각이 떠올랐습니다. 저는 마음을 가라앉히고, 기다리는 동안 주변을 조금 둘러봤어요. 그러다가 아름다운 부두가 있고, 아이들과 강아지들과 연인들이 돌아다니며 근처에는 분위기 좋은 카페가 있는 멋진 해변을 찾았지요. 그곳에서 음식을 포장해서 식사를 하며 일몰을 감상했습니다! 저는 만족스러운 미소를 지으며 버스를 타고 집으로 돌아왔습니다.

유리 두토프

타프티와 잇파트, 감사합니다. 저는 당신과 함께 창조하겠습니다. 마지막으로 당신의 가르침을 받은 지 겨우 2주밖에 지나지 않았지만, 저는 이미 위대한 일을 해냈습니다. 제가 의도했던 모든 일이 완전히 다른 쪽에서 일어났다는 사실이 트랜서핑, 더 정확히는 땋은머리 덕분이라는 증거예요. 저는 원하는 것을 찾기 위해 목적지에 가지도 않았어요.

비카 토미나

계속 연습하세요. 이것은 나고, 이것은 현실이다. 나는 의식을 깨운 채 물을 마신다. 이것은 나고, 이것은 현실이다. 나는 빵을 사러 가고 있고, 주변에서 무슨 일이 일어나는지 관찰하고 있다. 사람들이 걸어가고, 나도 걸어가고 있다. 주변 모든 사람은 잠들어 있으며 자신의 역할을 연기하고 있다. 하지만 나는 잠들어 있지 않다. 나는 나 자신이 보이고 그들이 보이지만, 분명한 의식을 가지고 있다. 이런 식으로 자신에게 계속 되뇌는 겁니다.

비카 토미나

조금 전에 일어난 일을 말씀드릴게요. 어린이집 양육비를 내고, 약과 간단한 간식거리, 쿠키 등을 사러 가려던 참이었어요. 지갑을 챙기고 보니, 현금이 부족하더군요. 그래서 간식은 나중에 사야겠다고 생각했습니다. 그때 잠에서 깨어났어요. '나중에 살 거 뭐 있어? 지금 전부 다 살 거야. 그렇게 하고도 돈은 남을 거야'라고 저는 생각했어요. 저는 장을 보는 모든 과정을 프레임으로 비춰봤습니다. 마트에서 장바구니에 물건을 담는 모습을요. 그러자 실제로 모든 일이 순조롭게 흘러갔고, 모든 것을 사고도 100루블이 남았습니다. 제가 사려던 약과 성분은 똑같지만 훨씬 더 싼 제품을 약사가 권했던 덕분이죠.

올레그 사르노프스키

나의 타프티, 다 효과가 있어요. 감사합니다. 저는 제가 겪는 모든 일에 타프티의 기법을 사용하고 있어요. 모든 일이 훨씬 빠르고 쉽게 이루어지기 시작했고, 그 전과는 비교도 안 될 정도로 큰 진전을 보이고 있어요.

비카 토미나

저는 택배를 받으러 우체국에 다녀오려던 참이었어요. 우체국에는 항상 사람이 많기 때문에 저는 의식을 깨워서 줄을 서지 않고 아무 문제 없이 곧바로 택배를 받는 프레임을 비춰봤고, 실제로도 그것이 현실이 되었습니다. 오늘은 새로운 기록을 세웠어요. 잠에 빠지지 않고 의식을 깨워서 지낸 지 40분을 기록했죠. 산책을 하러 나가면 모든 사람이 바쁘게 이리저리 뛰어다닙니다. 그런 사람들을 보고 있자면 기분이 좋아져요.

올가 압도니나

제 아들이 어제 대입시험 모의고사를 봤습니다. 아들은 밤새 한숨도 못 자고 대입시험 결과에 대해 매우 걱정했어요(9등급은 아니어야 할 텐데…. 아들은 이과 계열이었습니다). 아침이 밝았을 때 저는 아들이 전화를 걸어 시험 성적이 매우 좋다고 이야기하는 프레임을 비춰봤습니다. 그랬더니 실제로 아들이 전화하더니, 소식을 말하기 전에 저더러 의자에 앉으라는 겁니다. 너무 놀라워서 기절할 수도 있다면서요. 글쎄, 아들이 수학에서 1등급을 맞았다고 하더라고요! 정말 놀라웠어요.

나탈리아 시묘노바

하루는 마트에 가서 '지금 당장 내가 원하는 것을 모두 살 거야'라고 결심했던 적이 있어요. 매우 침착하게 의도를 보냈죠. 결과적으로, 저는 실제로 그 당시 필요했던 모든 것을 샀고 전부 800루블 정도가 나와서 카드로 결제를 했어요. 그러고 가게를 나서던 중 2,000루블이 입금되었다는 알림 문자를 받은 거 있죠.

스베틀라나 마살스키흐

원하기만 한다면 지금 품고 있는 일상적인 욕망들을 현실로 만들 수 있어요. 오늘은 갑작스럽게 아이가 아파서 병원에 진료 예약을 해두었습니다. 그런데 병원 접수처에서 바로 진료를 받으러 오라는 연락이 오더군요(이미 3주 전부터 정기 검진을 받으려고 했는데 대기가 길어 병원에 가지 못하고 있었어요). 그런데 '땋은머리를 활성화한 지' 40분밖에 지나지 않았는데 진료를 받을 수 있게 된 거예요(정말 놀라워요). 우연의 일치일까요? 저는 아니라고 생각해요.

비카 요르단

저는 알람이 울리기 5분 전에 깨어나는 현실을 두 번 선택했고, 실제로도 효과가 있었어요! 저한테 이건 정말 놀라운 일이에요. 아침에 알람에 맞춰 일어나는 습관을 들이지 못한 지 10년은 되었거든요. 언제나 늦게 일어나 허둥대기 일쑤였어요. 그런데 세 번째에는 효과가 없더군요. 아마 술 때문이었을지도 몰라요. 그 주 주말에 파티가 있었거든요.

또 딸의 병원 진료 예약이 있기도 했는데, 병원에 가면 보통 40분 정도는 대기실에 앉아서 기다려야 했습니다. 저는 병원에 가는 동안 사람이 없어 한산했으면 좋겠다고 생각했습니다. 곧바로 '아니지, 그런 일은 있을 수 없어'라는 생각이 떠오르더군요. 그래도 어쨌거나 주문을 한 번 더 해봤어요. 중요성도 부여하지 않았습니다. 그저 실험 삼아 했을 뿐이었어요. 병원에 도착했더니 대기실은 비어 있었고, 저희는 바로 진료를 받을 수 있었죠.

마샤 레베데바

저는 휴일에 친구네 집에 놀러갔다 왔어요. 제가 사는 곳은 버스도 잘 다니지 않는 한적한 시골이었고, 저는 파티에 갈 때마다 막차 시간이 거의 다 돼서야 '자리를 박차고 나가는' 습관까지 있었습니다. 하지만 그때 저는 너무 집에 가고 싶어서 진지한 태도로 땋은머리를 들어올렸어요. '나를 집에 데려다줘, 땋은머리야' 하고요. 어떤 일이 일어났을지 상상하실 수 있나요? 파티에 있던 어떤 사람들이 자기 친구가 데리러 오기로 했다면서, 기다렸다가 함께 가자고 하더군요. 저는 그들과 함께 기다리면서 예상치 못하게 이웃을 만났어요. 그리고 그 이웃이 저를 집 앞까지 바래다줬죠. 땋은머리가 없었더라면 저는 온갖 짜증을 내면서 친척 집에서 묵겠다고 허둥지둥 빠져나왔을 거예요. 하지만 저는 땋은머리가 저를 집으로 데려다줄 것이라고 믿었죠.

타티아나 라리나

아마도 이 일이 지금까지 제가 겪었던 경험 중에서 제가 하고 싶은 말을 가장 잘 보여주는 사례일 거예요. 저는 오래전부터 이직을 생각하고 있었습니다. 하지만 두 번째 육아휴직을 받은 다음에 하기로 했죠. 지금은 휴직한 지 반년이 되었고요. 때때로 인터넷으로 이력서를 보내기도 하고, 여러 회사에서 앞다투어 저를 채용하기 위해 애쓰는 모습, 그리고 가장 마음에 맞는 기업을 제 손으로 직접 고르는 모습을 상상해보기도 합니다. 아이를 어린이집에 보내기 직전에 저의 세계가 저를 위해 무척 탐나는 자리를 준비해두었지만, 곧바로 제 것이 되지는 않았을 뿐이었다고 생각하고 있었어요. 하지만 땋은머리에 대해서 알게 되자마자 '나는 내가 생각했던 모든 것을 전부 다 이룰 것이다'라고 아침에 선언했습니다. 그 선언이 그날 저녁 '재택근무로 일을 해달라(인터넷을 통해 집에서 근무하는 방식으로요), 그리고 연봉도 더 높여주겠다'는 제안으로 나타나더군요. 게다가 근무 시간은 하루에 두어 시간 정도밖에 되지 않았어요. 순화해서 표현하자면, 얼마나 '소름 돋았는지' 상상이 가나요? 이런 일 말고도 성공했던 경험이 여러 차례 있었어요. 정말 많아요. 놀라운 일이 꾸준히 일어나고 있죠.

빅토리아 코돌로바

위대한 타프티, 곧바로 본문으로 넘어가서 제가 얻은 결과들에 대해 말씀드릴게요. 땋은머리를 활성화한 뒤부터 번역을 해달라는 발주자들의 요청이 물밀 듯이 밀려옵니다. 제가 마음에 드는 곳을 선택할 수 있을 정도예요. 그리고 땋은머리를 활성화한 바로 다음 날 번

역비를 정산받습니다. 제 앞에는 제 직업에 대해 공부할 수 있는 새로운 기회들이 열리고, 머릿속에는 사업 분야를 더 넓힐 수 있는 방법, 새 고객들을 발굴할 수 있는 기발한 아이디어가 떠올라요.

바바라 셰스타코바

저의 결과들에 대해 말씀드릴게요. 저는 진정한 사랑을 찾았고, 그 인생트랙을 살면서 전혀 뜻하지 않게 건강을 회복했어요. 마치 새로운 몸으로 트랙 이탈을 하게 된 것 같아요. 저는 다음 날 운동을 하러 가기 전까지도 그 사실을 몰랐습니다. 그런데 제 일상이 놀랍고, 보람차고, 선명하고, 신기한 일들로 가득 차기 시작했던 거예요. 미래는 제가 전혀 예상치 못했던, 뒤바뀐 모습으로 찾아올 거예요. 그렇지만 그 미래에 대해 미리 예언하지는 않으려고 해요.

엘레나 메디야니나

제가 얻게 된 긍정적인 효과에 대해 모두에게 알려드리고 싶어요. 제 양쪽 눈의 시력은 -2.5이고 근시예요. 그런데 의식의 점에 들어서면 시력이 훨씬 좋아져서 안경을 쓰지 않고도 사물이 잘 보여요! 시력이 별로 좋지 않다면 저처럼 한번 해보세요!

안드레이 이코닌

타프티님, 감사합니다! 정말 어려운 문제를 아주 빠르게 해결했어요!

올가 예쉬키나

하루는 태양과 햇빛이 있는 곳으로 떠나고 싶더라고요. 하지만 그렇게 할 계획도 세우지 않고, 그것이 이루어질 거라고는 꿈에도 상상하지 못했어요. 그냥 땋은머리로 심상화하기만 할 뿐이었죠. 그랬더니 현실이 되었어요! 정말 뜻밖에도요! 여행을 가는 데 필요한 돈과 시간도 금세 생겼어요. 감사합니다, 타프티!

미라 플라스틸린

저는 이미 2주 동안 땋은머리를 연습하고 있어요. 계속해서 저의 주의를 등에 돌리고 '꿈속에서 나 자신을 의식하고 싶다', '오늘 나는 꿈속에서 반드시 나 자신을 볼 것이다'라고 자신에게 말하고 있었어요…. 그랬더니 기적이 일어났어요! 오늘, 드디어 성공했답니다! 만일 제가 현실의 꿈에서 깨어나는 연습을 하지 않았더라면, 계속 꿈만 꾸면서 아무것도 성공하지 못했을 거란 사실을 알게 되었어요. 정말 잘된 일이에요! 아아, 기쁜 감정을 참을 수가 없네요!

이렘 부라크

요새 저는 완전히 상승세를 타고 있어요. 마치 저를 필요로 하는 사람들이 알아서 저를 찾아오는 것 같은 느낌이에요. 열심히 하던 SNS 홍보를 실험 삼아 멈춰봤는데, 그렇게 해도 일은 줄어들지 않았고 오히려 수입이 늘었죠. 저는 아기가 태어나는 절차를 '비춰봤어요.' 그리고 그 아기의 성격도 비춰봤죠. 그랬더니 제가 투시했던 그대로 현실이 되어 나타났습니다. 정말 완벽해요. 저는 이제 완전히 새로운 차원의 인생, 더 과감한 판타지 소설로 넘어가게 된 거예요.

아이굴 사비토바

제가 얻은 성과는 이래요. 대인관계가 더 좋아지고, 경력과 트랜서핑 연습에서 발전이 있었고 외모도 더 나아졌지요. 또 갑자기 시력이 더 좋아진 것 같은 느낌을 받고 있어요. 원래 제 시력은 –5였거든요.

식습관

Q. 타프티는 영화 장면 속에서 깨어나기 위해 식습관도 중요하다고 보나요? 솔직히 말씀드리면 아무거나 되는대로 먹는 사람이 어떻게 타프티의 기법을 사용할 수 있는지, 애초에 어떻게 책의 내용을 이해할 수 있는지 납득이 안 됩니다.

A. 그런 사람도 타프티의 기법을 사용할 수 있을 뿐 아니라 책의 내용도 이해할 수 있다. 왜냐하면 《여사제 타프티》는 사람들의 주의가 정보의 흐름에 얽매여 있고, 의식은 합성식품 때문에 탁해진 상태라는 사실을 고려하여 특별히 쓰인 책이기 때문이다. 기본적인 이론은 정석 그대로지만 문체만 '잠을 깨우는 듯한' 타프티의 어조로 쓰였다. 그리고 그 기법을 따라 하는 것 또한 최대한 알고리즘에 따라서 할 수 있도록 쓰였다. 다시 말해 1번, 2번 이런 식으로 순서대로 따라 할 수 있도록 쓰인 것이다. 특별히 깊게 생각

하지 않고도 그냥 따라 하기만 하면 어쨌거나 뭔가 성공할 수는 있을 것이다.

하지만 아무거나 먹으면 흐려진 의식 때문에 결과적으로는 잠에서 깨어나지 못할 것이며, 더 진중한 목표는 달성하지 못하는 건 사실이다. 당신 말이 맞다. 다만 이것은 이미 한두 번 다룬 주제가 아니니, 책에서는 이 부분에 관한 소개가 빠져 있다. 깨어날 준비가 되어 있는 사람만이 필요한 정보를 찾을 수 있을 것이며, 깊은 잠에 빠진 사람은 문을 두드려도 아무런 대답도 들을 수 없을 것이다.

Q. 작가님께 큰 부탁을 하나 드리고자 합니다. 식습관과 관련된 흥미로운 정보를 잊지 말고 꼭 포스팅해주세요. 슈퍼푸드에 대한 내용이 참 좋았습니다. 작가님께서는 무엇으로 어떻게 신체를 정화할 수 있는지 그 어디에서도 말씀하지 않으셨는데요. 물론 작가님의 저서에서 조금씩 조언한 부분들이 있기는 합니다만…. 이 주제에 대해 더 자세하게 써주신다면 정말 기쁠 것 같습니다. 인터넷에는 장의 노폐물을 소변으로 배출시킨다거나, 탄산수소나트륨과 과탄산소다 등으로 장을 깨끗하게 만들 수 있다는 사람도 있고 장 세척 요법을 추천하는 사람도 있어요…. 전부 상당히 권위 있는 방법인 것처럼 보여요….

A. 그런 조언들을 접할 때는 매우 신중해야 한다. 가장 중요한 원칙은 **'신체를 깨끗하게 만들면서도 그것을 더럽히지 않고, 신체가 스스로 정화할 수 있도록 만드는가?'**이다. 바로 이 내용을 소개한 책이 《순수식》이다.

Q. 당뇨를 치료할 수 있을까요? 제발 부탁드립니다. 저는 밝고 건강하고 머리도 좋고, 늘 행운이 따르는 편입니다. 그런데 인슐린이 문제예요…. 제가 당뇨병에서 완치되어 주사를 끊을 수 있을까요?

A. 건강한 새 마네킹 속으로 들어가기 위해서는 3단계 행동 기법을 복합적으로 사용해야 한다. 현실을 움직이고, 자기 자신을 움직이고, 자기 자신을 통제하는 것이다. 현실을 움직인다는 것은 땋은머리를 사용하여 내가 건강하고 아름답고 행복한 프레임을 비추는 것이다. 자기 자신을 움직이는 것은 이미 건강을 회복한 모습, 아름답고 행복한 사람이 된 모습을 현실 앞에서 흉내 내는 것이다.

마지막으로 자기 자신을 통제하는 것은 자기 자신과 삶의 형태, 물리적 신체를 개선하는 것을 뜻한다. GMO **제품이나 합성 첨가물, 효모, 마가린이 들어간 음식**을 끊는 것이다. 생식이 대부분을 차지하는 식단으로 바꿔야 한다. 하루 종일 살아 있는 음식으로 먹으면서 저녁 정도는 익힌 음식을 먹어도 좋다. 특히 관심을 가지면 좋을 만한 음식이 슈퍼푸드다.

밀싹과 신선한 허브가 들어간 그린 칵테일을 매일 빠뜨리지 말고 섭취해야 한다. 지금이 봄이니 얼마 뒤면 쐐기풀과 서양 민들레가 나올 것이다. 이 식물들이 자라는 깨끗한 공원이나 숲을 찾아야 한다. 쐐기풀과 서양 민들레는 피를 정화해주는 기능이 있다. 당근 잎사귀와 비트 잎사귀, 무청도 몸에 좋다. 전부 천연 그대로나 그린 칵테일로 만들어서 챙겨 먹을 만한 음식들이다. 특히 어린 당근의 잎사귀는 당을 낮춰주기 때문에 인슐린 주사에서 벗어나는 데 도움이 될 수 있다. 다만 이 채소들은 마트에서 파는 제품이 아니라 유기농이어야 한다.

알레르기도 똑같다. 알레르기 반응은 시스템이 당신에게 진실을 제외한 모든 것을 아무거나 먹으라고 강요하기 때문에 일어난다. 그리고 진실은, 알레르기와 당뇨라는 전염병이 **합성 첨가물과** GMO, **마가린, 효모 등**이 개발된 시기에 시작되었다는 것이다. 예전에는 알레르기와 당뇨병의 사례가 극히 드물었다. 마트에서 판매하는 합성식품을 끊으면 알레르기가 사라질 것이다. 화장품과 위생용품 역시 아무 의식이 없는 대중들이 사용하는 소모품이 아니라 천연 제품이어야 한다. 마음만 있다면 얼마든지 구할 수 있을 것이다.

Q. 작가님은 아직도 생식을 하시나요? 작가님의 건강이나 전반적인 상태가 좋아지거나 나빠진 점이 있을까요?

A. 나는 백 퍼센트 생식으로만 생활했던 적이 거의 없다. 그래서 다른 사람들에게도 생식주의는 조심스럽게, 단계적으로 시작해야 한다고 계속해서 주장하고 있다. 지금은 다른 원칙을 가지고 있다. 바로 '순수식'(pure food)이다. 간단하게 설명하자면, 이것은 하루 동안 주로 슈퍼푸드를 먹으면서 저녁에는 조리가 되었지만 깨끗한 음식을 먹는 식습관이다.

순수식의 효과는 온전히 생식으로 먹을 때와 똑같다. 하지만 그러면서도 순전히 생식만 할 때처럼 몸이 늘어지지 않는다. 그리고 주변이 온통 독성이 매우 심한 것들뿐이라 도저히 피할 수 없는 기술권의 공격으로부터 나의 몸을 평온하게 지킬 수 있다. 더 자세히 알고 싶다면 《순수식》을 읽어보길 바란다.

완전 생식을 해봤던 수많은 사람들 사이에서 생식에 대한 관점은 많이 달라졌다. 이전에 생식을 시도해본 사람이 없었기 때문에 생식에 관해 물어볼 만한 사람도 없었기 때문이다. 기술권에서 멀리 떨어져 자연 속에서 깨끗한 천연 식품만을 먹으면서 산다면 순전히 생식만으로 살아갈 수는 있을 것이다. 하지만 그런 기회를 가질 수 있는 사람은 매우 적기 때문에 많은 사람이 기술권과 공존하기 위해 혼합된 형태의 식습관으로 시작하는 것이다.

Q. 탈모를 치료하겠다는 목표를 가지고 있다면 어떤 마네킹을 선택해야 할까요? 제가 이해하기로는 땋은머리를 사용하여 새로운 마네킹을 선택한 뒤, 사념 표시기로 제가 달성한 것을 표시하면 되는 걸로 알고 있습니다. 하지만 아직까지는 제가 선택을 하면 긍정적인 성과가 아니라 계속해서 머리카락이 빠지고 머릿결도 나빠지기만 하는 것 같아요. 그래서 기분이 우울해집니다.

A. 단순히 목표를 설정하는 것만으로는 부족하다. **3단계 행동을 복합적으로** 해야 한다. 현실을 움직이고, 자기 자신을 움직이고, 자기 자신을 통제해야 한다. 당신의 경우, 마지막 단계에 해당하는 '자기 자신을 통제하는' 행동은 슈퍼푸드를 활용하는 방법이 될 것이다. 참깨에서 싹을 틔워 갈아 만든 음료와 밀싹, 자주개자리* 싹으로 만든 그린 칵테일을 추천한다. 《순수식》을 참고하길 바란다.

---

* 콩과의 여러해살이풀. 알팔파alfalfa라고도 한다. 일반적으로는 사료용으로 재배하지만, 중국에서는 어린잎과 싹을 틔운 것을 음식 재료로 쓰기도 한다.

Q. 마네킹을 선택하여 머리가 하얗게 세는 걸 멈추고 건강을 전반적으로 개선할 수 있을까요? 너무 걱정이 됩니다.

A. 개선할 수 있다. 하지만 마네킹을 선택하는 것 하나만으로는 부족하다. 책에서도 쓰여 있다시피, **자기 자신을 움직이고** 자기계발을 해야 한다. 가장 먼저 신체 건강을 개선해야 한다. 머리가 세는 것은 슈퍼푸드와 밀싹, 여러 씨에서 난 식물(특히 검정깨나 갈색 참깨)을 주로 먹는 순수식만 시작해도 막을 수 있을 것이다. 참깨를 갈아 만든 주스와 밀싹으로 만든 그린 칵테일을 먹어야 나을 수 있다.

물론 이 모든 것이 내키지 않고, 그저 간단하게 마네킹만 선택한 다음 자신의 모습이 변하는 모습을 만족스럽게 지켜보기만 하고 싶을 수도 있다. 하지만 세상에 쉬운 일은 없다. 마네킹의 육체는 단순히 설정하는 것만으로 바뀔지라도 현실보다 더 큰 무언가에 제약이 생길 것이다. 그러니 물질과 비물질 모두를 아우르는 것들을 모두 복합적으로 사용해야 한다. 그리고 마네킹은 목욕을 할 때 선택하면 효과가 더 크다. 이 방법에 대해서는 〈땋은머리와 에너지 흐름〉 장(《여사제 타프티》 197쪽)에서 알 수 있다.

Q. 제 목표는 충분히 가치가 있는 목표일까요? 저는 자연에 의해 정해진 방법대로, 자연적이고 쉬운 방법으로 아이를 낳기 위해 꼭 자연분만을 하고 싶어요. 출산과 관련한 목표 프레임을 설정하고 이 목표를 실현하기 위해 트랜서핑과 타프티의 기법을 사용해도 되나요?

A. 의사의 도움 없이 아이를 낳는 자연주의 출산은 해서는 안 된다.

물론 자연에서 야생의 조건대로 살았던 사람의 경우라면 다른 문제다. 하지만 기술권에서는 얘기가 달라진다. 그리고 어떤 원칙들은 어쨌거나 반드시 따라야 할 필요가 있다. 너무 극단적으로 치우치지 말아야 한다.

또, 자연요법 신봉자들의 조언을 맹목적으로 따라서도 안 된다. 그들 중에는 위험한 '믿음'을 가진 부적절한 사람들도 있다. 모든 것은 적당히 해야 한다. 가장 적당한 중간 지점을 찾으라. 그리고 자신의 영혼이 가리키는 길을 따르도록 하라. '나의 영혼은 이 길을 가리키고 있는가?'라고 자기 자신에게 질문해보라.

물론 순산이라는 목표를 이루기 위해 트랜서핑과 타프티의 기법을 사용할 수는 있을 것이며, 또 그렇게 해야 한다. 그리고 인체에서 독소를 빼내기 위한 방법으로 **순수식**은 그만큼 중요한 역할을 한다. 임신했을 때 독소가 사라지면 아기도 건강하게 태어난다. 독소 배출에 효능이 뛰어난 식재료는 캐러웨이*와 캐러웨이유다. 슈퍼푸드와 캐러웨이를 매일 챙겨 먹어보라.

Q. 저는 귀중한 지식을 주변 사람들에게 알리기 위해 지인에게 《여사제 타프티》를 선물했습니다. 하지만 이런 결론을 내렸지요. 저의 지인 중 95퍼센트는(그들은 고학력자들입니다) 이 책의 내용을 전혀 이해하지 못했어요. 결국 저는 이 지식이 모두를 위한 것은 아니라는 결론을 내렸지요!

---

* caraway. 미나리과 한두해살이풀로, 주로 북미, 유럽, 러시아에서 많이 재배한다. 갈색 씨를 재배해 말려서 향신료로 사용한다.

A. 지극히 맞는 말이다. 모두를 위한 지식은 아니다. 살아 있는 사람 중에서도 깨어 있는 사람들을 위한 지식이다.

Q. 타프티의 기법을 사용하기 위해서는 에너지가 강력해야 하나요?

A. 반드시 강력할 필요는 없지만 어쨌거나 필요하기는 하다. **에너지가 약하다면 의도는 없고 바람만 생기기 때문이다.** 에너지를 끌어올릴 수 있는 방법은 운동과 식습관에 있다.

Q. 작가님의 저서들은 정말 엄청납니다. 저는 꽤 좋은 새집으로 이사를 가게 되었어요. 재택근무를 하게 되었고요. 딱 제가 원하던 일이지요. 하지만 여전히 해결되지 않은 문제가 하나 남아 있어요. 저의 일곱 살짜리 아들이 아프다는 겁니다. 3년 전부터 갑자기 아프기 시작했는데, 의사들도 이것이 무슨 병인지 진단을 내리지 못하고 있어요. 제가 간접적으로라도 아들을 도와줄 수 있을까요? 예컨대 아들과 제가 함께 영화를 보러 가거나, 장을 보러 가거나, 화창한 날씨에 산책을 다니거나 해변에서 일광욕을 하는 장면, 학교에 다니는 장면, 지인의 집에 놀러가는 장면 등 일반적으로 생각하는 평범한 일상이 담긴 장면을 방사하는 겁니다. 지금 우리의 일상은 집 주변에 벽을 쌓아두고 사람들과 최대한 거리를 유지하면서 매일 수혈을 하는 것이 전부예요.

A. 당신과 아들이 온전한 삶을 살겠다는 의도를 방사할 필요는 물론 있다. 하지만 그것만으로는 부족하다. 합성 첨가물이 들어간 모든 식품을 끊고 오직 천연 식품만을 먹어야 한다. 특히 아이들에게서

나타나는 현대의 질병 중 거의 전부가 합성식품이 원인이다. **현미경을 들여다보듯이 식품의 상표를 찬찬히 살펴보라.**

나는 이미 오래전부터 '합성식품이란 과연 무엇인가?'에 대한 글을 썼다. 그 당시 많은 독자가 이것은 트랜서핑과 아무런 관련이 없을뿐더러 그런 주제로 골머리를 썩일 필요도 없다며 이 지식에 적대적으로 반응했다. 먹고 싶은 게 뭐든 마음대로 먹으면서 트랜서핑도 하겠다는 식이었다.

하지만 건강 상태가 엉망인데 어떻게 트랜서핑을 할 수 있겠는가? 또, 트랜서핑을 하면서 어떻게 건강을 해칠 수 있다는 말인가? 도무지 이해할 수가 없다.

그러다 최근에 들어서야 시스템의 조직들도 마가린(수소화된 식물성 오일) 같은 식품의 유해성을 인정(과연 그들은 진심일까?)한다는 기사를 읽었다.

Q. 소비자 연구기관의 발표에 따르면 수소화를 거친 액체 기름은 동맥경화를 유발하고 관상동맥질환, 심근경색, 뇌졸중의 발병 위험을 몇 배나 높인다고 합니다.

A. 아마 의문을 제기하는 사람도 있을 것이다. "나는 마가린을 입에 대지도 않는걸!" 하며 말이다. 하지만 그건 오산이다. 당신이 단순히 마가린을 바른 빵을 먹지 않고, 유전자 조작을 거친 콩을 퍼먹지 않는다고 해서 당신의 식단에 이런 음식들이 포함되지 않는다는 뜻이 아니다. 마가린은 극히 예외를 제외하고는 거의 모든 제과제품에 들어 있다. 그리고 GMO 콩은 아주 많은 육류, 유제품

과 소스 등등 여러 음식에 들어간다.

하지만 '이 제품은 건강에 해롭습니다'라고 겉면에 떡하니 써놓고 파는 업체는 그 어디에도 없다. 왜냐면 소비재나 소비자에 대한 정보는 온통 위선으로 가득하기 때문이다.

최근 들어 뻔뻔한 TV 프로그램들은 인기 있는 채널을 통해 '마가린은 건강에 나쁘다. 그러나 팜유는 건강에 좋다'라고 여기저기서 광고한다. 이해하겠는가? 이것은 무알콜 맥주의 위선적이고 표리부동한 광고 같은 것이다.

순진한 질문을 하나 던져보도록 하겠다. 굳이 무알콜 맥주를 마시는 의미가 무엇인가?

다시 한번 말하겠다. **현미경을 들고 상표의 '원재료' 부분을 찬찬히 읽어보라.**

어쩌면 스티븐 스필버그의 영화 《레디 플레이어 원Ready Player One》을 본 사람 중에서 아주 빠르게 지나가는 사소한 장면 중에 이런 대사를 기억하는 사람이 있을 수도 있다. 저항군인 거친 아일랜드 캐릭터가 잎사귀가 달린 당근이 들어 있는 봉지를 집에 들고 와서는 "여기, 비효모 빵도 가져왔어"라고 말하는 장면이 있다. 이 장면에서는 관심이 없는 사람은 눈치도 챌 수 없을 정도로 효과음 소리도 작게 처리해놓았다.

이런 디테일은 조금 이상해보일 수도 있지만, 비효모 빵과 당근 잎이 무엇이며, 이 재료들이 무엇을 위해, 왜 필요한지 아는 사람들은 전혀 이상하다고 생각하지 않을 것이다. 스필버그는 자연식을 지지하는 사람이기 때문에 확실하게 알고 있었던 거다. 이 내용에 대해서는《순수식》에서 자세히 알 수 있을 것이다.

Q. 제 몸은 왜 이렇게 약하고 머리도 둔할까요? 마치 뇌를 얇은 장막으로 둘러놓은 것 같아요.

A. 원인이 될 수 있는 것은 여러 가지다. 어쩌면 독소 때문일 수도 있다. 마가린, 효모, 그 밖의 화학 첨가물과 합성 첨가물이 들어간 음식을 끊어보라. 그도 아니면 살고 있는 지역 때문일 수도 있다. 어떤 이상 기후 현상이 일어나거나 전염병이 유행하지는 않았는가? 그 밖에도 화학 물질 오염, 방사능, 전자파 등 원인이 될 수 있는 것은 많다. 당신이 살고 있는 집이 어떤 기계의 안테나와 아주 근접한 곳에 있지는 않은지 살펴보라. 집 안에 설치되어 있는 와이파이(특히 잠을 잘 때)도 신경 써야 한다.

Q. 생식으로 넘어갈 때 아주 불쾌한 경험을 했습니다. 패닉 발작과 현기증이 일어난 것입니다. 이런 증상을 완화하거나 완전히 없애기 위해서는 어떻게 하는 것이 좋을까요?

A. 그 증상들은 몸이 깨끗해지고 있다는 신호다. 몸 안에 잔뜩 쌓여 있던 독소들을 긁어내서 혈중으로 배출하고 있는 것이다. 술이나 담배를 끊어도 똑같은 증상이 나타난다. 생식부터 시작할 것이 아니라 순수식부터 시작해야 한다. 순수식의 원칙은 책《순수식》에서 볼 수 있다. 모든 것을 적당히 단계적으로 해나가야 한다.

Q. 저는 지금 단계적으로 식습관을 생식으로 바꾸고 있습니다. 훨씬 더 건강해지고 활력이 생긴 느낌이에요. 음료는 깨끗한 물만 마시려고 하지만, 유감스럽게도 우유를 넣은 커피를 아직 끊지 못했습니다. 이것도 중독이라는 건 잘 알고 있어요. 커피머신을 손에서 놓지 못하고 있죠.

A. 커피머신으로 뽑은 커피는 죽은 음식이며 건강에 이로운 것은 매우 적게 들어 있다. 오히려 해로운 것이 더 많다. 커피는 품질이 좋은 원두를 구매해서 입자가 고운 가루로 빻아 프렌치 프레스로 끓여야 한다. 그리고 10분 정도 우려낸 다음, 침전물이 바닥으로 가라앉도록 피스톤을 누른다. 나도 하루에 한 번, 아침마다 이런 식으로 커피를 내려 마신다. 그렇게 하면 건강에 아무런 해도 끼치지 않고 중독도 되지 않는다. 우유는 조금도 넣을 필요 없다. 오히려 꿀이 더 좋다.

Q. 저의 문제를 말씀드리겠습니다. 제 나이는 스물여덟 살이고, 결혼한 지 2년 반이 되었는데 아직도 아이가 생기지 않습니다. 임신에 도움이 된다는 약을 먹은 지도 벌써 반년이나 되었어요. 트랜서핑을 사용해서 임신을 하려면 어떻게 해야 할까요? 그렇게 할 수 있다면요.

A. 목욕을 하면서 사념체를 선언하는 타프티의 기법이 도움이 될 것이다. '순수식'을 시작하면 약을 먹지 않아도 된다. 또한 임신을 하는 데 도움이 된다고 알려진 영적 장소에 가보는 것도 좋을 것이다.

Q. 심혈관 계통이 약한 편이에요. 건강해지고 싶은데, 어떤 장면을 상상하며 땋은머리 기법을 사용해야 할까요?

A. **이런 목표라면 목욕을 하면서 사념체를 선언하는 타프티의 기법이 더 잘 맞을 것이다.**

Q. 작가님께서는 생식을 시작하고 나서 새 이가 났다고 포스팅에서 언급하신 적이 몇 번 있는데요. 정말인가요? 아니면 그냥 과장하신 건가요? 작가님이 아시는 분 중에(개인적인 인맥 중에서) 새 이가 난 사람이 또 있나요? 예를 들어, 구독자 중 한 명이 생식을 하면서 비슷한 경험을 했다고 작가님께 메일을 보내왔다던가 했던 적이 있는지요? 저도 새 이가 자라날 거라고 굳게 믿고, 그렇게 될 거라고 생각했거든요…. 저는 2009년에 생식을 시작했어요. '골고루는 아니지만(이제 와서 깨닫게 된 거지만) 올바른 식단대로' 먹었고, 지금도 그렇게 하고 있습니다. 골고루 먹을 수 없는 이유는, 모스크바에 살고 있기 때문에 텃밭도 없고, 채소를 가꿀 만한 깨끗한 환경도 없고, 과일과 채소는 대부분 마트에서 사며 오염된 공기를 마시고 있기 때문이에요. 물론 긍정적인 변화도 있지만 제가 기대한 것보다는 훨씬 적더군요. 새 이는 자라지 않았어요. 저는 물컵 기법도 사용해봤고, 사념체도 선언해봤고, 새 이가 자라나는 내용으로 시도 써봤어요…. 하지만 효과가 없었어요. 오히려 생식을 시작하고 몇 년 동안 이가 갑자기 썩기 시작했죠. 그야말로 충치가 입 안을 '전멸하는' 수준이었어요. 속은 느낌이었죠. 새 치아도 '얻지 못했고', 원래 있던 이는 '빼앗긴' 셈이니까요. 어떻게 이런

일이 생길 수 있는 걸까요? 새 이가 자라날 수 있기는 한 건가요?

A. 자라날 수 있다. 그것을 증명하는 사례도 많이 있다. 인터넷을 검색해보라. 나도 새 이가 자라났다. 하지만 나는 생식의 광신도가 아니며, 단지 슈퍼푸드에 특별히 신경 써서 완전한 영양소를 갖춘 균형 잡힌 식단으로 먹고 있다. 당신이 과일과 채소를 먹고 있다면 그것들로부터 얻을 수 있는 것은 매우 적다. 새 이가 자라나는 것이 아니라 원래 가지고 있던 이가 빠질 것이다. 내가 먹는 방식은《순수식》에서 알 수 있을 것이다. 또, 나는 목욕을 할 때 땋은머리를 활성화시키고 사념체를 선언하는 타프티의 기법을 사용하고 있다. 물은 정보를 흡수하며, 이 정보는 당신의 생체장에 기록된다. 그렇게 하여 당신의 마네킹은 새로워진다.

Q. 저에게는 한 가지 문제가 있습니다. 최근에 음식 문제로 심각하게 고민을 하고 있는데요. 저는 계속해서 과식을 하고 살이 찝니다. 건강이 매우 나빠졌는데 과식을 멈출 수가 없어요. 참고로 저는 생식주의자지만 건강은 계속 안 좋았어요. 평범한 사람들처럼 먹어도요. 왜 이런 걸까요? 저의 시나리오가 이런 것일 뿐인가요? 먹는 것을 조절할 수 없고 계속해서 살이 찌는 시나리오를 가지고 있어서 어쩔 수 없는 건가요? 어떻게 하면 다른 시나리오로 건너갈 수 있을까요? 의식을 깨워도 아무런 도움이 되지 않아요. 아침이 되면 에너지가 넘치고 모든 것을 바꾸겠다는 결단력도 생겨요. 하지만 저녁 무렵이면 모든 것이 다시 무너져 버리죠.

A. 무엇보다도 체계적이지 않고 불균형적으로 먹고 있다는 점이 가

장 큰 문제일 것이다. 그래서 인체에서 어떤 영양소가 부족하다고 느끼는 것이다. 슈퍼푸드에 신경 쓰면서 체계적이고 균형 잡힌 식단으로 먹어보도록 하라. 그 기본 원칙은 《순수식》에서 알 수 있다.

Q. 제 사연은 이렇습니다. 저는 2년 전에 트랜서핑을 알기 시작했고, 조금씩 트랜서핑을 시도해보기 시작했어요. 처음에는 제가 얻은 정보에 들떠서 제가 겪었던 일상적인 상황에서 많은 답변들을 찾아봤죠. 제가 보고자 하는 인생을 그려보고, 약간만 긴장하면 저의 인생이 완전히 달라질 것이라고 생각하며 '기다리기' 시작했어요.

하지만 저의 인생은 변하지 않았고, 오히려 악화되기만 했어요…. 저는 트랜서핑을 더 많이 읽고, 트랜서핑에 대해서 더 많이 생각했어요. 그러자 제 인생은 또 다시 제가 원하는 방향의 정반대로 굴러갔어요…. 견딜 수 없을 정도로 불안해진 저는 트랜서핑도 그저 또 하나의 사기에 지나지 않는다는 결론을 내렸습니다. 하지만 그러면서도 새로 나오는 트랜서핑 기법들을 계속 공부하고 사용해봤죠. 그랬더니 제 인생은 더욱 심각하게 엉망진창이 되어갔습니다…. 제가 겪은 역경과 고난에 대한 이야기는 이 정도면 충분한 것 같네요.

자, 이제 제가 무엇을 했는지, 무엇을 계속하고 있는지, 그리고 그렇게 해서 어떤 결과가 나왔는지, 또 앞으로 어떻게 될 것인지에 대해서 말씀드리려고 해요. (1) 저는 제가 지향하는 목표를 알고 있고, 저의 영화를 때때로 돌려봅니다. (2) 6개월 전부터 동물성 음식과 합성식품, 설탕, 밀가루를 완전히 끊었습니다. (3) 모든 부정적인 사건들은 제 옆으로 스쳐 지나가도록 내버려두고, (일부러 신경 써서) 좋은 점만 보려고 노력합니다. 4) 살아 있는 물 말고는 아무것도 마시지 않습니다. (5) 핸드폰에 알람 앱을 깔아놓고 인생의 여러 영역을 개선하기 위한 기법을 사용할 시간을 알려줍니다(제 인생에서 가장 완벽한 장면을 상상할 수 있도록 해주죠). (6) 매일 아침저녁으로 일기를 씁니다(제 인생이 어떻게 될지 상상하는 일기를 써요). (7) 매일 아침저녁으로 '물컵 기법'을 합니다. (8) 매일 아침마다 《아주 오래된 선물》에서 소개한 체조를 하며 하루를 시작합니다. (9) 의도의 땋은머리로 현실을 선택합니다. 이 정도예요. 어쩌면 제가 많은 걸 하고 있다고 생각하실 수도 있지만, 사실은 그렇지 않아요. 얼핏 보기에만 그렇죠.

이제 이런 방법들을 통해서 제가 어떤 결과를 얻었는지 말씀드릴게요. (1) 제 인생이 저의 원칙대로 흘러가는 것처럼 느껴지기 시작했어요. 말로 다 표현할 수 없는 기분이에요. (2) 모든 것이 점차 안정되기 시작했고, 현실에서 완전히 다른 장면이 그려지고 있어요. (3) 여러 가지 사소한 일들이 어김없이 제가 선택했던 대로 이루어져요. 제가 미처 기억하지 못하고 있을 때도요. (4) 큰 목표들이 이루어지기 시작했어요. 제가 설정한 인생에 대한 구체적인 길이 보이고, 그것을 따라가다 보면 모든 것이 제가 생각했던 이상적인 인생에 더 가까워지는 방향으로 흘러가요.

이건 마법이 아니에요. 어느 날 갑자기 원하는 마음이 들었다고 해서 한 번에 얻게 되는 것도 아니고요. 맞아요. 이건 꾸준한 노력을 통해 얻을 수 있는 거죠. 게으름 피우지 말고, 피하려고 하지 말고, 불평하지도 않고, 나약함을 묵인해서도 안 됩니다. 하지만 분명히, 무조건 결과를 낼 거예요! 이렇다 할 결과물이 보일 때까지 많은 인내심이 필요한 것도 사실이고요.

A. 당신이 트랜서핑을 하기 시작하면, 다시 말해서 자신의 인생을 통제하고 특정한 목표를 향해 다가가기 시작한다면 인생에서 모든 것이 무너지는 듯한 변화가 일어나기 시작할 거라고 나는 여러 번 경고한 적이 있으며, 타프티도 마찬가지였다.

하지만 사실은 당신의 인생이 무너지는 것이 아니다. 예전의 당신은 그저 흐름에 따라 무의미하게 흘러가기만 했다면, 지금은 자기 움직임의 과정을 통제하기 시작했다. 순조로움과는 거리가 먼 과정이 될 것이다. 잔잔한 물살을 타기 시작하기에 앞서 어떤 '급류'를 지나쳐야 할 것이다. 당신의 인생에도 바로 그런 일이 벌어지고 있는 것이다.

당신의 실수는 목표를 달성하기 위해 어떤 시나리오를 따라 사건이 전개되어야 하는지 안다고 생각했다는 것이다. 그러나 당신은 절대로 그것을 알아낼 수 없다. 당신이 할 일은 — 매번 반복하지만 — 목표를 향해 의도의 벡터를 돌려두는 것이다.

물론 당신은 힘든 길을 가고 있다. 모두가 의도를 충분히 가지고 있는 것은 아니며, 트랜서핑의 모든 원칙을 따를 수 있을 정도로 인내심이 충분한 것도 아니다. 하지만 여기에서는 도를 지나쳐서는 안 된다. 자기 자신을 과도하게 압박하지 말라. 자신을 놓아주

라. 인생은 요트를 타고 항해하는 것처럼 만족스러워야지 부담이 되어서는 안 된다.

특히 동물성 음식을 완전히 끊지는 말라고 추천하고 싶다. 올바른 방식으로 접근하는 게 아니라면 순수한 채식주의는 득보단 실이 더 많다. 게다가 친환경적이고 가장 중요한, **잘 익은** 채소와 과일은 오직 문명에서 멀리 떨어진 곳에서만 구할 수 있다. 완전히 익지 않고, 화학기술을 사용해 재배된 식물은 도움이 되지 않을 것이다. 《순수식》을 한번 읽어보길 바란다.

Q. 제 인생은 작가님의 저서들을 읽고 나서 완전히 바뀌었어요! 하지만 야식은 도저히 못 끊겠어요. 저는 조리된 음식이나 합성식품을 꼭 먹어야 잠이 와요! 아침에는 물 한두 잔을 마시고, 점심에는 그린 칵테일이나 과일을, 저녁에는 새싹 채소를 먹거나 《순수식》에서 소개한 음식을 먹은 지 벌써 5년째예요. 직접 아마씨유를 짜서 먹기도 하고, 알려주신 방식대로 빵도 만들어 먹어요. 다시 말해서 그런대로 꽤 균형 잡힌 식단으로 건강하게 먹고 있죠. 하지만 야식으로 '쓰레기'를 먹지 않으면 못 참겠어요! 물론 며칠 동안 야식을 먹지 않으면 날개라도 생긴 것처럼 에너지가 넘쳐나요. 물론 똑같은 상황을 겪는 사람들도 많다는 건 알아요. 하지만 보통은 음식을 낮에 먹기 때문에 애초에 이런 문제에 빠지지는 않죠! 제 나이(43세)인 사람들과 비교했을 때 저는 컨디션도 좋고, 외모도 꽤 젊어 보이는 편이에요. 하지만 이 많은 에너지를 그저 낭비만 하고 있다는 사실이 정말 안타까워요!

A. 나 또한 하루 동안 생식으로 식사를 하며, 저녁에는 조리를 했지만 **깨끗한** 음식을 먹고 있다. 이런 음식들은 《순수식》에 나와 있다. 활력이 떨어지거나 에너지가 약해지는 증상이 나에겐 없었다. 인공권이라는 조건에서 이런 식습관은 생식보다 효과가 더 크다. 중요한 건 음식이 깨끗해야 한다는 것이다.

Q. 온랭 샤워의 이점에 대해서 작가님이 쓰신 글을 보고 궁금한 점이 생겼습니다. 사우나를 하거나 30~60초 동안 뜨거운 김을 맞으며 있다가 차가운 샤워를 하면 비슷한 효과를 얻을 수 있을까요? 비슷한 효과를 내는 샤워 방법은 무엇이 있을까요? 저희 집에는 전기온수기가 설치되어 있어서 물의 온도를 빠르게 바꿀 수가 없거든요.

A. 사우나를 하고 나서 미리 준비해둔 찬물을 몸에 끼얹거나 찬물로 샤워를 하는 방식을 여러 번 번갈아 해도 좋다.

Q. 저는 《여사제 타프티》를 읽으며 매우 깊은 감명을 받았고, 이 책을 두 번이나 읽었습니다. 그리고 거기에 쓰여 있는 기법들을 전부 따라해봤어요. 모든 기법을 매일 시도해봤죠. 그랬더니 실제로 어떤 부분에서는 진전이 있었어요. 저의 현실은 더 좋아지기 시작했어요. 제 인생은 축제로 변했습니다. 하지만 어느 날 갑자기, 제 안의 뭔가가 자리에 풀썩 주저앉은 듯한 느낌이 들면서 갑자기 엄청난 권태감이 몰려오는 거였습니다. 아무것도 하기 싫어졌어요. 현실을 선택하는 것도, 자신을 통제하는 것도요. 말 그대로 아무

것도 하기 싫었죠. 예전처럼 의식을 깨운 상태에서 흥미로운 인생을 담은 프레임을 비춰보려고 애써봤지만 그것조차 힘들게 느껴지기만 했고, 계속해서 잠에 빠지기만 했습니다. 아니면 그저 막연하게 하기가 싫어진 건지도 모르겠어요. 도대체 무슨 일이 일어난 걸까요?

A. 권태감과 우울감은 21세기 최악의 질병이다. 정말 많은 사람들이 이 병을 앓고 있다. 누군가는 약물의 도움을 받거나 의학적인 치료를 받으려고 하고, 누군가는 그런 상태에서 벗어나지 못하고 있다.

이 질병의 원인이 되는 요소들은 많다. 인공적인 음식과 환경오염, 도처에 깔린 방송국, 스마트폰부터 무선 인터넷에 이르기까지 사방에서 우리를 공격하는 전자파, 콘크리트 숲에서의 삶, 최근 들어 더 가속화되고 있어 인간이 도저히 적응할 틈조차 주지 않는 지구 환경의 변화 등이 그것이다.

개인적으로 내가 기술권에서 안전하게 살아남기 위해 시도하는 방법들은 이런 것들이다. 나는 자연과 가까이 지내며 활동적인 여가 활동을 하면서 쉬거나 운동을 하려고 노력한다. 《순수식》에서 소개된 원칙에 따라 천연 식품만을 먹으려고 한다. 또한 여러 CFS* 제품들을 사용하기도 한다(이게 뭔지 모른다면 인터넷을 검색해보길 바란다. 관련 정보가 많이 있을 것이다).

---

* Corrector of Functional State의 약자다. 에너지의학에 기반하여 발명된 제품으로, 손바닥보다 살짝 작은 크기의 얇은 직사각형 판으로 되어 있다. 제품 시리즈에 따라 미용, 원기, 휴식 등 다양한 기능이 있으며, 몸에 지니고 다니거나 통증 부위에 대거나 물 근처에 갖다두어 구조화시킨 다음 마시는 용도로 활용할 수 있다.

또, 당신의 인생에 목표도, 희망도 없고 미래가 어둡게만 느껴진다면 어쨌거나 타프티가 조언한 것처럼 자기계발의 길을 향해 억지로라도 나아가기 시작해야 한다. 당신은 자신의 소명을 모를 수 있지만, 당신의 내면에 존재하는 창조자의 불꽃은 그것이 무엇인지 알고 있다. 그 불꽃을 피워야 한다. 어떤 분야가 되었든 자기계발을 하라. 다만 꾸준히 해야 한다.

Q. 저는 최근에 《충치 치료: 식생활로 충치를 치료하고 예방하라》(Cure Tooth Decay: Heal And Prevent Cavities with Nutrition)*는 책을 읽었습니다. 이 책에서는 통곡물과 콩류(싹이 난 콩류를 포함해서요) 안에는 피트산 등 인체가 미네랄을 흡수하는 작용을 방해하는 여러 독성 물질들이 들어 있어 이런 음식들을 먹는 것이 위험하다고 쓰여 있습니다. 이가 약해져서 충치가 생길 수 있다고 하네요.
게다가 싹을 낸 곡물과 과일을 먹으며 생식을 시작한 많은 사람들이 치아 건강이 나빠졌다고 합니다. 저는 밀싹과 렌틸콩, 강낭콩(저는 콩을 매우 좋아합니다)을 먹고 있는데, 저도 이가 아프기 시작했어요. 이제 어떻게 해야 할지 모르겠습니다.

A. 우선 첫 번째 의견은 그 말이 과연 사실일지 강한 의심이 든다. 말들의 이빨은 멀쩡하지 않은가. 또한 생식주의자들이 치아 건강이 나쁜 이유는 균형 잡히지 않은 식습관 때문이다. 익히지 않은 과

---

* 신체심리치료와 에너지의학 전문가인 라미엘 네이글Ramiel Nagel의 저서. 건강한 식생활을 통한 영양 공급으로 충치를 치료하는 방법을 소개하고 있다. 이 책이 유명해지면서 인터넷에서 식습관 변화를 통한 충치 치료가 인기를 끌게 되었으나 일각에서는 비판을 받고 있기도 하다.

일과 채소를 주로 먹는 식단으로는 인체에 필요한 영양소를 전부 얻을 수 없다. 순수 생식주의로 빠지지 말고 슈퍼푸드(특히 클로렐라**와 스피룰리나*** 등)와 천연 식품에 관심을 더 기울여보라. 또, 싹을 낸 콩류는 웬만하면 익혀 먹는 편이 좋다. 여기에는 트립신 저해제****가 들어 있는데, 열처리를 거치면 활성을 잃기 때문이다. 더 자세히 알고 싶으면 《순수식》을 읽어보길 바란다.

독자들의 성공담

올레그 사르노프스키

최근에 이루었던 결과를 말씀드리고 싶어요. 저는 항상 규칙적으로 현실을 선택해왔고, 지금도 그렇게 하고 있어요. '지금 나는 어디에 있는가? 나는 세계적인 모델이고, 여기저기에서 러브콜이 끊이지 않는다.' 이런 방식으로요. 그러던 어느 날, 뮤즐리 광고 모델을 뽑는다는 광고를 보게 되었어요. 그 제품의 모델에 지원했고, 광고를 따냈죠. 촬영이 있기 하루 전날, 저는 촬영지로 이동하면서 제가

** 민물에서 사는 녹조류 단세포 생물로, 플랑크톤의 일종이다. 단백질, 엽록소, 비타민, 무기질, 아미노산 등 영양소가 풍부해 대표적인 슈퍼푸드로 알려져 있다.

*** 물속에서 생육하는 청록색 해조류로, 클로렐라 등과 함께 미래의 단백질원으로 주목받고 있다. 생명유지시스템과 면역기능이 우수하고 방사능 치료에 효과가 있어 미국항공우주국(NASA)이 우주식품으로 개발하고 있으며, 유엔 산하 국제기구들도 안정성을 인정했다. 최근에는 건강보조식품으로 활용되고 있다.

**** trypsin inhibitor. 콩을 익히지 않고 날것 그대로 먹으면 설사를 하게 되는데, 이는 단백질을 분해하는 효소인 트립신 저해제가 날콩 속에 들어 있기 때문이다. 하지만 콩을 삶거나 볶는 등 가열처리를 하면 활성을 잃는다.

천재적으로 촬영을 마칠 거라는 현실을 선택했어요. 결과적으로 저는 멋진 광고를 찍을 수 있었고(광고를 찍어본 경력 자체는 매우 적었지만요) 아주 좋은 사진작가를 알게 되기도 했어요. 그 사진작가는 특별히 제 사진을 개별적으로 더 촬영해주시기도 했어요. 또, 예쁜 여성을 알게 되었죠(저는 항상 저의 짝을 찾는 현실을 선택하거든요). 촬영이 끝난 후 광고주들은 저에게 멋진 작품을 찍어줘서 고맙다고 하며 예전에 모델 일을 해보지 않았냐고 거듭 물어보더군요. 정말 기분 좋은 경험이었어요.

올가 압도니나

저는 마네킹을 바꾸는 기법을 사용하면서 300킬로미터를 걷고(측보기로 거리를 재보니 그렇게 나오더군요) 몸무게는 7킬로그램을 뺐습니다. 또, 영어를 배우기 시작했고 매일 쿤달리니 요가를 하고 있으며(10년 전부터 요가를 하겠다고 마음만 먹고 실행에 옮기지는 않았거든요), 책에 쓰인 모든 알고리즘을 쓰면서 암기했어요. 그렇게 해서 프레임을 비췄더니 큰 꿈 가운데 첫 번째 꿈이 현실이 되었어요(최종 슬라이드를 향한 첫 번째 꿈이었지만 돈이 많이 든다는 것이 문제였죠).

알리야 샤스틀리바야

이틀 전, 갑자기 염색을 하고 싶다는 생각이 들었어요. 저는 모든 시술이 끝나고 머리 염색이 다 끝난 프레임을 상상했습니다. 어떻게 염색을 할지는 중요하지 않았어요. 그러던 중에 제 친구가 아침에 저를 찾아와 머리 염색 하는 걸 도와 달라고 부탁하면서, 염색제도 직접 사왔다고 하더군요. 그래서 우리는 나란히 앉아 머리를 염색했습니다. 메타력이 효과가 있었던 거예요.

그 밖의 질문들

Q. 위대한 스승들은 항상 정확합니다. 그들은 삶의 흐름을 가르쳐주며 인간의 내면에서 사랑을 담당하는 한 측면을 여는 데 도움을 주죠. 그런데 그들이 극단적이고 거친 방법들을 사용한다고 해도(그 방법에 대한 설명들까지도) '선을 넘는' 일은 없어요. 그들이 가르쳐주는 방법들은 상처가 되지 않거든요(의식의 수준이 고려되기 때문이죠). 바로 이런 모습이 사람들이 본받을 만한 예시가 아닐까요? 깨끗함과 정직함, 새로운 것을 창조하는 활동적인 사랑…. 이것들은 전부 다 다르죠. 진실을 향하는 길이 모두 다 다른 것처럼요. 이 길을 인도하는 한 줄기 빛과 같은 스승들은 모두 재능 있고 천재적이며, 카리스마가 넘치고, 강력하며 위대한 사람들입니다(모든 면에서요). 그런데 타프티의 지식의 본질과 존재의 이유를 제대로 이해하지 못하는 사람들은 그녀가 상대방을(독자들, 제자들, 아이

들) 대하는 태도를 흉내 내지는 않을까요? 그러면 불만이 더 많아지고 업보도 늘어날 것 같아요. 다른 사람의 '코'를 베어가려는 행동이 자신의 '꼬리'를 꽉 물고 늘어지게 되지는 않을까요? 아직 자신의 '꼬리'를 보지 못한 사람들에게 말이에요.

A. 문제를 너무 복잡하게 보고 있는 것 같다. 진실은 단순함 속에 있다. '위대한 스승들'이 정말로 그렇게 똑똑하다는 사실은 사람들이 만들어낸 이상적인 이미지다. 오히려 타프티보다 더 잔인하고 더 거친 말투를 쓰는 사람들도 있다. 그 이유를 아는가? 제자들의 교만함을 눌러버리고 그들 자신의 중요성을 억누르기 위해서다.

타프티의 태도를 따라 한다고 했는가? 그것 또한 우상화다. 큰 의미가 없는 것에 의미를 부여하지 말라. 타프티가 자신의 '민달팽이들'을 대하는 태도는 제자들이 잠에서 깨어나도록 만들거나, 그녀의 지식이 맞지 않는 사람을 걸러내기 위한 필터 같은 역할을 한다. 자신에 대한 모욕적인 태도를 견디지 못하는 사람들이 알아서 떠나도록 만드는 것이다.

Q. '바딤 젤란드' 유튜브 채널은 왜 닫으셨나요?

A. 저작권 문제일 가능성이 높다. 내 이름이 써 있다고 해서 내 채널이라고 생각하는가? 전혀 그렇지 않다. 그 채널에는 체르냐크*의 목소리로 녹음된 오디오북이 올라와 있다. 이것은 출판사와 미하일 체르냐크의 저작권을 침해하는 행위이기도 하다. 나의 저작권

---

* 미하일 체르냐크. 러시아의 공훈 배우이자 성우로, 다양한 애니메이션에 성우로 참여하는 등 활발하게 활동하고 있다.

은 말할 것도 없고 말이다. 최근에는 소유권이 없는 것으로 돈을 버는 사람들이 생기기 시작한 것 같다.

나는 그 어떤 사이트에서도 '바딤 젤란드'라는 이름으로 계정을 만든 적이 없다고 매번 이야기하곤 한다. **그 어디에서도 말이다.** 누군가 어떤 사이트에서 나의 이름을 걸고 어떤 게시물을 올리고 있다면, 정작 나는 그런 게시물들과 아무 관련이 없다고 확신해도 좋다. 나와 관련이 있는 유일한 사이트는 타프티와 트랜서핑 센터뿐이다.

여기에 모든 자료가 있다.

작가 홈페이지 zelands.ru

트랜서핑 센터 홈페이지 tserf.ru

(여기에서 센터 연락처와 SNS 주소를 확인할 수 있다)

유튜브 트랜서핑 센터

'여사제 타프티' 관련 공식 계정

사이트 tufti.ru

인스타그램 www.instagram.com/tufti.itfut

페이스북 www.facebook.com/tufti.itfut

브콘탁테* vk.com/tufti.itfut

유튜브 타프티 잇파트**

---

* 러시아를 대표하는 소셜미디어로, 러시아판 페이스북이라 할 수 있다.

** 여사제 타프티 사이트에 접속해 바로가기 버튼을 클릭하면 수월하게 접근할 수 있다. 편집부 주.

오직 이 사이트들뿐이다. 다른 계정은 없다. 예를 들어 당신이 텔레그램 등 다른 사이트에서 '타프티'라는 계정을 봤다면 그것은 진짜 타프티 관련 계정이 아니다. 공식 계정이 나온다면 그 계정에 대한 공지가 올라올 것이다.

Q. 만약 두 시리즈(리얼리티 트랜서핑과 타프티 시리즈) 모두 작가님께서 직접 쓰신 것이 아니라 어떤 채널을 통해 '전달받은' 것이라면 왜 타프티가 트랜서핑보다 먼저 오지 않고 나중에 온 건가요? 바보 같은 질문처럼 보이겠지만요. 작가님께서는 그저 정보를 받을 뿐이고, 채널을 통해 어떤 것을 받을지 작가님께서 직접 고르는 것은 아닐 테니까요. 하지만 그래도 궁금합니다. 제가 보기에는 타프티가 트랜서핑보다 훨씬 더 분명하고, 핵심만 간단하게 요약돼 있어서 이해하기 쉽게 느껴지거든요. 트랜서핑은 이론에 가깝고 타프티는 순수 실전 기법에 가깝기는 하지만요.

A. 아니다. 사실 트랜서핑이 타프티 기법보다 이해나 실전 적용 측면 모두에서 더 쉽다. 그래서 타프티가 트랜서핑보다 나중에 찾아온 것이다. 타프티가 더 쉽고 이해가 잘 된다고 느낀 이유는 아마 당신이 트랜서핑을 읽은 다음에 타프티를 접했기 때문일 거다.

Q. 작가님의 저서 목록과 어떤 순서대로 읽어야 할지 알려주실 수 있나요?

A. 우선은 《리얼리티 트랜서핑》(전 3권)과 《트랜서핑의 비밀》부터 시작하라. 나머지는 당신이 원하는 순서대로 읽으면 된다. 저서들에

대한 모든 정보는 작가 홈페이지인 zelands.ru에서 볼 수 있다.

Q. 독자들도 누구나 사이트에 독서 후기를 남기고 '좋아요'를 누를 수 있다는 걸 미처 몰랐습니다. 물론 저도 조만간 후기와 '좋아요'를 남기긴 하겠지만요. 작가님을 좋아하고, 존경하고, 작가님께 감사하는 사람들이 몇 배는 더 많아졌을 거라고 믿어 의심치 않아요. 우리에게 숙제를 내주는 사람이 없고, 삶을 살아가는 데 있어 반드시 필요한 '시스템으로부터의 앎'을 지켜야 한다는 개념이 아직 없을 뿐이죠.

A. 포스팅했던 〈매혹적인 사실들〉에서 다뤘던 내용이다. 완전히 맞는 말이다. 자신의 앎을 지켜내야 한다. 특히 타프티 잇파트의 앎도 지켜야 한다. 이 앎을 통해서 깨어날 수 있기 때문이다.

현대인이 문자 그대로 '깨어날' 것이라고, 그것도 이렇게 쉽고 효과적으로 깨어날 것이라고 **시스템은 조금도 예상하지 못했을 것이다.** 인공 시스템에 있어 이것은 아주 불리한 조건이기 때문이다. 오히려 시스템의 입장에서는 당신이 깊은 잠에 빠져 시스템을 위해 착실히 봉사하는 편이 이득이다. **시스템은 온갖 방법을 동원하여 당신의 머릿속에서 이 앎을 지우거나 말하지 못하도록 입막음하며 비밀로 묻어두려고 할 것이다.**

바로 그렇기 때문에 앎을 지켜야 한다는 것이다. 그렇다면 어떤 형태로 지킬 수 있을 것인가? 지금 당신은 감사하는 뜻을 담아 길게 편지를 썼지만 오히려 타프티 잇파트의 책을 판매하는 인터넷 서점에 책의 후기를 남기는 것이 낫다. 그 편이 더 의미 있을 것이다. 그렇게 하면 당신의 여사제를 지킬 수 있다.

뿐만 아니라 앎을 전파해야 한다. 다만 이 내용을 가지고 다른 사람과 싸우려고 해서는 안 될 것이다. SNS나 실제 사람들과 나누는 대화에서 자신의 성공담을 공유하면 앎의 입지를 더 강하게 만들 수 있다. 앎에 대해 무지했던 사람들은 당신에게 고마워할 것이다. 다만 다른 사람에게 이것이 실제로 효과가 있음을 증명하려고 하거나 다른 사람과 논쟁하려고 들지 말라. 아무 의미 없는 일이다.

Q. 우리의 꿈속에 나오는 사람들은 지금 이 순간 우리들처럼 잠들어 있는 사람들이고, 어느 순간 우리가 서로 만난 적이 있을 가능성도 있나요? 그렇다면 그들은 '너는 누구니?'라는 질문에 대답할 수 있나요?

A. 물론이다. 꿈속에서는 그때 잠들어 있는 사람들의 마네킹과 마주칠 수 있다. 겉으로 보기에 그 마네킹이 그냥 평범한 사람처럼 보인다면 그들이 잠들어 있는 사람이라는 것을 구분할 수 없을 것이다. 두 번째 질문에 답하자면, 나 또한 그런 사람들에게 직접 물어본 적은 없어서 그들이 '너는 누구니?'라는 질문에 대답할 수 있는지는 잘 모르겠다.

Q. 누군가가 우리의 의식이 깨어나기를 기다리고 있나요? 아니면 그 누구의 계획도 없이 우리가 자유롭게 행동할 수 있는 건가요?

A. 내 의견으로는 누군가가 우리를 감시하고 있지는 않은 것 같다. 따라서 우리가 자유롭게 행동할 수 있는 쪽이 맞는 것으로 보인다.

Q. 작가님께서는 가능태 공간에 모든 시나리오가 저장되어 있다고 말씀하셨습니다. 그렇다면 궁금한 것이 있어요. 만일 제가 정의로운 세상에서 사는 영화 필름으로 이동한다면, 실제로도 세상이 정의로워질 수 있나요? 아니면 괴물 같은 외계 생명체들에게 점령당한 지구에서 사는 프레임을 갑자기 비춰보겠다고 한다면 그것도 현실이 될 수 있나요?

A. 당신의 권력 안에 있는 것은 오직 당신만의 개별적인 현실이다. 인류 전체가 해당되는 공동의 현실은 압도적 다수의 사람들이 영향을 미쳐야만 바꿀 수 있다. 그런데 이 '압도적 다수의 사람들'이 잠들어 있기 때문에 현실은 마치 강물이 흐르듯이 자기 마음대로 펼쳐지는 것이다.

Q. 현실에서 반영을 선택하는 것과 심상을 선택하는 것은 어떤 차이가 있나요? 엄청 헷갈려요. 이 책을 이해하기가 너무 어렵습니다. 트랜서핑 시리즈의 이전 책들은 다른 내용을 그대로 가져온 것 같은 느낌이 들었는데, 《여사제 타프티》는 그보다도 더 심한 것 같아요.

A. 책의 내용이 이해가 가질 않는다면 어떤 부위가 막혀 있다는 뜻이다. 먼저 자신의 에너지와 땋은머리를 단련하고 알고리즘을 지켜가며 실전에서 활용해보라. 그렇게 한 다음에 이해가 될 것이다. 고등 수학 교과서가 아니라, 흥미로운 소설을 읽는 마음으로 이 책을 읽어보라. 그 후에 다시 한 번 더 읽어보라. 머리를 쥐어짜지 말고 그저 책에서 주어진 생각의 흐름을 따라 편하게 읽으라.

만약 생각의 흐름을 따를 수가 없고 집중도 할 수 없다면 당신의 지성과 주의가 어떤 것에 의해 심각하게 억눌려 있다는 뜻이다. **외부에서 들어오는 정보의 흐름을 제한하고** 쓸모없는 정보들은 걸러내라. 그리고 인터넷과 SNS에 접속하는 시간을 줄이고 필요 없는 정보로 자신에게 너무 과도한 부담을 지우지 말라. 시간을 헛되이 쓰지 말고, **생각을 줄이고 행동을 늘리라.** 실천을 더 많이 하는 것이다. 시작에 앞서 먼저 《트랜서핑 해킹 더 매트릭스》를 읽어보는 것이 좋다. 많은 점이 분명하게 이해될 것이다.

Q. 항상 여쭤보고 싶었던 질문이 있습니다. 작가님께서는 진짜로 존재하는 사람이 맞나요? 어떤 사람들은 '바딤 젤란드'라는 필명 하나에 자신의 이익을 좇는 여러 사람이 모여 글을 쓰고 있는 것이라고 하더군요.

A. 내가 어떻게 답변할 수 있겠는가? 더 정확히 말해서, 어떻게 '증명'할 수 있겠는가? 정말로 여러 사람이 하나의 필명으로 활동하는 것이라면, 당신의 질문에 대해(자신의 이익을 위해) 그들이 마치 한 명인 것처럼 대답하지 않겠는가?

Q. SNS의 타프티 계정에서 포스팅을 작성하고 관리하는 사람은 누구인가요?

A. **타프티 자신이 아바타를 통해서** 포스팅을 작성하고 계정을 관리한다. 타프티의 아바타는 예전에 공지를 통해서 밝혔던 것처럼 타티아나 사마리나다. 타프티의 살아 있는 환생체와 만나고 싶다면 트랜서핑 센터 강의를 수강해보라.

Q. 꿈에서 깨어난 채로 존재하는 것이 그렇게 중요한가요? 저는 깨어나는 것이 잘 안 됩니다. 꿈속에서는 사건들이 휘몰아치는데, 그것도 안 좋은 사건들인 경우가 많아요. 대신 현실에서는 모든 활성체를 사용해서 잠에서 깨어나는 연습을 했고, 사소한 일에서는 전부 성공했어요. 저는 제 세계의 주인이에요.

A. 자각몽을 꾸기가 어렵다면, 굳이 그런 꿈을 꾸지 않아도 된다는 뜻이다. 본래 잠을 잘 때는 자연스럽게 정해진 바와 같이 휴식을 취하는 쪽이 더 낫다. 그보다 훨씬 더 중요한 것은 현실의 꿈에서 깨어나는 것이다. '사소한 일'보다 그 이상의 사건에서도 깨어날 수 있도록 평소 일상적인 일을 겪을 때마다 땋은머리를 사용하는 연습을 하고, 더 의미 있고 복잡한 목표를 위해서는 인내심을 가지고 용의주도하게 연습하도록 하라.

Q. 긴급히 현실을 바로잡기 위한 방법이 있나요?

A. 여기에서도 마찬가지지만, 잠에서 깨어나 끈질기게 유용함을 찾아야 한다. 의도를 가지고 라다를 발산하라. 상황에 필요 이상으로 큰 의미를 부여하지 말라. 일어난 사건은 전부 현실이 나아지기 위해 일어나는 것이다. 이것은 긍정주의가 아니라, 의도를 가지고 그런 현실을 선택하는 것이다. 잊지 말라. 모든 것이 더 나아질지 아닌지는 당신이 결정해야 하는 문제다. 당신에겐 의도를 가진 채 최상의 결과를 선택할 기회가 있다는 사실을 항상 기억하라.

Q. 유용함의 원칙이 있는데, 아말감 기법을 사용하는 의미가 있을까요?

A. 이 두 원칙은 완전히 다르다. 아말감은 세계를 향한 당신의 태도와 당신을 향한 세계의 태도를 꾸준히 송출하여 보내는 기법이다. 당신이 보내는 것을 현실에서 돌려받게 된다. 반면에 유용함은 특정 상황에서 당신이 한 번 수행하는 '작전'이다. 상황에 따라 둘 중 하나를 사용하면 된다.

Q. '공책 두 권' 기법(《트랜서핑 해킹 더 매트릭스》 수록 〈공책 두 권〉 참고) 대신 타프티의 기법을 사용하는 것에 대해 질문이 있습니다. 하루에 열 번씩(또는 그 이상) 잠에서 깨어나, 의식의 지점에 들어가 땋은머리를 활성화하고 미래의 장면을 상상한다면 공책에 메모를 하지 않아도 되는 건가요?

A. 충분히 훈련이 되어 있다면 공책을 쓰지 않아도 된다. 그런 상태에서는 사념체나 시각적인 장면을 통해 현실을 선택할 수 있고, 진전이 생겼을 때 그것을 사념 표시기로 확인시킬 수 있으니 말이다. 물론 땋은머리를 사용했을 때 말이다. 그런데 만약 땋은머리를 규칙적이고 꾸준히 사용하지 못하겠다면 공책을 사용하는 쪽이 도움이 될 것이다. 공책 한 권에는 의도를 글로 써서 선언하고(아침), 다른 한 권에는 진전이 생겼을 때 그것을 확인하는 글을 쓰는 것(저녁)이다.

Q. 슬라이드 속에 등장하는 사물들 가운데 완전히 제가 만들어낸 물건들(또는 그것과 매우 비슷하게 생긴 물건들)을 실제로 우연히 보게 될 때가 있습니다. 하지만 유감스럽게도, 우리가 문제를 잘 해결하고 있는지 중간 점검을 할 수 있는 기회가 없어요. 아마도 어떤 부분에서는 우리도 실수를 하고 있겠죠?

A. 나조차도 답변을 찾을 수 없는 질문을 한 것 같다. 내가 이 질문에 대한 답을 어떻게 찾을 수 있겠는가? 하늘에서 뚝 떨어지기라도 한다는 말인가? 당신의 목표가 장기적이고, 이루기 어렵다면 알고리즘에 따라 용의주도하고 끈질기게 목표 프레임을 설정해야 한다. 결과는 곧바로 나타나지 않을 것이다. 하지만 반드시 나오게 되어 있다. 어떤 문이 열리는지 주시하고 있으라.

Q. 질문이 있습니다. 지구의 나이는 약 46억 살 정도라고 알려져 있지요! 그에 비해 인류의 역사는 400~500만 년밖에 되지 않습니다(과학자들의 견해에 따르면요). 그런데 작가님께서 알려주신 이 모든 기법이 그 세월 동안 존재해왔으면서도 이제서야 세상에 알려졌다는 게 사실인가요? 그러니까, 정말로 500만 년 동안이나 이 지식을 알아내거나 밝혀낸 사람이 아무도 없는데, 그 시간 동안 인류가 살아오면서 성공적으로 성장하고 존재해왔다는 말이죠? 사람들은 그 긴 시간 동안 도대체 어떻게 살아왔던 것일까요?

A. 성공적이었다고 생각하는가? 나는 우리의 문명이 처음부터 인공적인 측면에서만 진보해왔고 다른 부분들에 있어서는 아직도 원시인 수준이라고 생각한다. 모든 전쟁과 끝을 알 수 없는 무지몽

매함은 물론이고 말이다. 지금껏 많은 문명이 존재했지만, 그 문명들도 여러 방향으로 발전해왔고, 그 이후에는 쇠퇴했다. 지금 우리는 타프티의 기법을 사용하고 있지만, 우리도 역시 시간이 지나면 그것을 버리고 다시 쇠퇴하여, 직접 현실을 선택하는 것이 아니라 수족관 속의 물고기처럼 살게 될 수도 있다.

Q. 제가 이해하기로는 꿈은 우리의 물질세계처럼 실제로 존재하는 공간이며, 여기에는 과거에 있었던 일, 현재에 일어나는 일, 그리고 미래에 일어날 수 있는 일이 전부 저장되어 있습니다. 만일 꿈에서 자기 자신을 통제하는 방법을 배운다면 과거로 거슬러 올라가서 언젠가 일어났던 사건을 실제로 볼 수 있나요?

A. 그럴 수도 있고, 아닐 수도 있다. 과거와 미래의 가능태가 되는 영화 필름은 무한히 많다. 당신이 과거에 실현되었거나, 미래에 실현될 가능성이 있는 영화 필름을 정확히 찾아낼 가능성은 매우 희박하다.

Q. 일상적인 일에서 타프티의 기법을 사용하기 시작했습니다. 제가 선택한 일들이 실제로 일어나기 시작했어요! 저는 결과를 예측할 수 없는 사건들 속에서 이 기법을 사용해봤어요. 더 중요한 일들에 있어서는 아직은 효과가 없네요.

A. 전부 효과가 있다. 그저 인내심과 시간이 조금 더 필요할 뿐이다. 그러면 당신은 땋은머리가 한번 휘두르면 마법처럼 모든 것이 현실이 되는 요술 지팡이 같기를 바랐는가? 여기에는 그 어떤 요술

도 없다. 그저 의도를 가진 채 용의주도하게 기법을 사용하고 목표를 향해 꾸준히 이동하는 수밖에 없다. 목표를 향해서는 '점점 다가가야' 한다. 한 번에 그 목표로 뛰어넘을 수는 없다.

Q. 꿈의 공간에 대해 질문이 있습니다. 꿈의 공간은 과거에 있었던 일, 현재에 일어날 수 있는 일, 미래에 일어날 일이 전부 보관되어 있는 영화 필름 저장소의 모습을 한 우리의 환상이라고 하지요. 그리고 우리는 꿈을 꿀 때 그 영화 필름들 가운데 하나를 봅니다. 그런데 저는 꿈을 거의 꾸지 않습니다. 꿈을 꾼다 해도 기억을 잘 못 해요. 꿈을 꾸기 위해서 할 수 있는 연습이 있나요? 아니면 꿈을 꾸지 않는다고 해서 큰 문제가 없거나, 그렇게도 지낼 수 있는 건가요?

A. 사람들은 항상 꿈을 꾼다. 그것을 전부 다 기억하지 못할 뿐이다. 그리고 거기에는 비정상적이라고 할 만한 게 전혀 없다. 그리고 꿈은 우리의 환상이 아니라 다른 현실이다. 꿈을 더 선명하게 보고 기억에 남기고 싶다면 은행을 먹어보라. 은행잎을 차로 우려 마시거나, 은행 추출물을 알약이나 캡슐 형태로 만든 제품을 먹을 수 있다. 은행은 두뇌의 혈류 공급을 개선해준다.

Q. 질문이 있습니다. 트랜서핑에서는 영혼과 마음이 일치하는 지점에서 앞으로 일어날 현실을 선택해야 한다고 합니다. 그러면 땋은머리를 사용할 때에는 마음은 원하지만 영혼은 이래도 저래도 상관없다고 생각하는 문제도 선택할 수 있나요? 그럴 때는 영혼의 목

소리에 귀를 기울여야 하나요, 아니면 마음의 지시를 따라 땋은머리를 사용하면 되나요?

A. 영혼과 마음의 일치가 중요하지 않다고 말한 사람은 아무도 없다. 현실을 선택할 때에는 실제로 실현될 가능성이 있으면서도 당신의 영혼이 가리키는 것을 선택해야 한다. 영혼과 마음이 서로 불일치하는 것이란 없다. 그렇게 되면 부조화만 일어날 것이니 말이다.

Q. 기존의 트랜서핑 기법과 새로운 기법 간의 관계에 대해 궁금한 것이 있습니다. 이제는 땋은머리에 주의를 일정 부분 고정한 채 사념체를 선언하고, 진전이 생겼을 때 영사기를 통해 그것을 확인하는 방법을 사용하는 게 더 좋을까요? 그리고 프레임을 비추는 알고리즘에 따라 땋은머리를 활성화한 채 머릿속으로 선언하는 것이 좋을까요? 유용함의 원칙은 아말감의 기법을 대신할 수 있을까요, 아니면 이 둘을 함께 사용해야 의미가 있을까요?

A. '개별 현실의 영사기'는 당신의 사념과 욕망을 정돈하기 위해 만들어진 기법이다. 당신이 글로 적는 방법을 사용하고 있다면, 당신이 적는 것에 주의를 유지하는 것이 좋다. 그러다 사념과 욕망이 확실하게 만들어지면 땋은머리를 활성화한 채 그것들에 대한 사념체를 개별적으로 선언하고, 자신이 달성한 것을 확인하라.

아말감의 원칙과 유용함의 기법은 두 개를 복합적으로 사용할 수 있으며, 또 그렇게 해야 한다. 자신에게 부담이 되지 않는다면 말이다. 하지만 이것이 너무 힘들다면 타프티의 기법만 사용하도록 하라. 그렇게 해도 충분히 효과를 낼 수 있을 것이다.

Q. 작가님이 알려주신 기법들을 거의 다 사용하고 있습니다(땋은머리, 슬라이드, 물컵 기법, 의도 발생기 등). 의도는 실현이 되기는 하지만 속도가 매우 느려요(한 달에서 몇 년 정도 걸리는 것 같습니다). 왜인지 모르겠지만, 목표를 더 빠르게 이루지는 못하겠어요. 사소한 목표들은 빠르게 현실이 되지만, 더 큰 목표들은 달성하기까지 너무 오래 걸리는 데다 제가 원하는 방향과는 조금 다른 형태로 이루어지는 경우도 종종 있어요. 어쩌면 세계가 저에게 변화에 대해 마음의 준비를 할 수 있게 해주는 건지도 몰라요. 하지만 그래도 목표가 더 빨리 이루어졌으면 해요. 목표와 의도를 더 빠르게 실현하기 위해서는 어떤 것을 더 시도해볼 수 있을까요?

A. 당신이 어떤 의도를 가지고 있느냐에 따라 다르다. 장기적이고 실현되기 어려운 목표라면 용의주도한 작업과 시간이 필요하다. 문제는 그것이 당신의 목표인지, 그리고 당신의 문으로 들어가는 것이 맞는지다. 이 문제에 대해서는 내가 답을 내릴 수가 없을 것 같다. 답을 아는 것은 오직 당신뿐이다. 그리고 당신 자신이 자신의 중요성을 관찰하고 에너지를 더 강하게 만들거나, 아니면 적어도 신체를 단련시켜야 한다. 하지만 무엇보다도 가장 중요한 것은 현실을 관찰하면서, 그것이 당신에게 주는 기회(문)를 놓치지 않는 것이다.

Q. 땋은머리를 사용해서 초능력자나 치료사가 되거나, 초자연적인 능력이 생길 수 있나요? 저는 치료사, 천리안, 초능력자가 되는 것이 꿈입니다. 땋은머리 기법을 사용해서 그런 능력들을 가질

수 있을까요?

A. 땋은머리를 사용한다면 전부 가능한 일이다. 다만 그런 능력을 얻는 것을 단순히 선택하는 단계를 넘어서 실제로 연습을 하고 훈련을 해야 한다. 꾸준하고 열심히 연습한다면 전부 이룰 수 있을 것이다.

Q. 지금 제가 가지고 있는 목표를 생각하면 가슴 속에서 뭔가가 울렁거리는 기분이 들어요. 이것이 저의 영혼인가요? 아니면 영혼과 마음이 일치하여 나타나는 느낌인가요?

A. 영혼과 마음의 일치는 몸으로 느낄 수 있는 감각이 아니다. 머리와 가슴으로 자신의 목표에 대해 생각했을 때 어딘가 맞지 않는다는 생각이 들거나 불편한 느낌이 드는 것이 아니라 완전히 하나가 된 느낌, 자신감이 가득해지는 상태다. 당신 자신도 화합을 느끼고, 자신의 신념에 대해 생각했을 때 지금 나의 행동이 옳다는 생각이 들면서 받게 되는 느낌이다.

Q. 《여사제 타프티》에는 "삶은 꿈이며, 죽음은 깨어남이다"라는 문장이 있습니다. 우리의 삶이 꿈이라는 사실은 알겠는데, 죽음 이후에 어떻게 깨어날 수 있고, 무엇으로 깨어난다는 말인가요?

A. 죽음 이후에 어떻게, 무엇으로 깨어나는지는 오직 우리가 죽고 나서 영혼이 육체에서 분리되었을 때 알 수 있을 것이다. 그때에는 영혼이 다른 육체, 다른 삶, 다른 꿈으로 들어가게 될 것이다. 그리고 우리가 깨어났던 순간, 다시 말해 전생과 다음 생의 중간에

서 일어나는 일은 잊힐 것이다. 어떤 일이 생기든 평범한 사람들 모두에게 일어나는 일은 그렇다.

Q. 작가님께서는 모두가 시나리오에 따라 살고 있다고 하셨습니다. 이것을 다른 말로 표현하면, 모두가 예언된 방식대로(업보에 따라) 살고 있다는 말이 되겠지요. 그러면서도 "업보(시나리오)가 실제로 있다고 믿는다면 당신은 업보가 있는 삶을 살 것이다"라고 말씀하셨습니다. 그렇다면 시나리오를 믿지 않는 것은 가능하지만, 우리의 믿음과는 상관없이 어쨌거나 업보에 따른 삶을 살게 된다는 말이 되지 않나요? 어떻게 이것이 가능하죠?

A. 현재의 영화 필름에서 업보와 시나리오는 서로 다른 것이다. '업보를 원한다면 실제로 당신은 업보에 따른 삶을 살게 될 것이다'라는 말에서 업보의 의미는 전생에서 지었던 벌에 대한 '단죄'라는 뜻이었다. 업보를 믿고 살아간다면 기다려보라. 그러면 당신의 업보에 따른 벌을 받게 될 것이다. 하지만 나는 개인적으로 업보가 있다고 믿지 않는다.

Q. 하나의 시나리오에서 다른 시나리오로 이동하는 것은 어떻게 이루어지나요? 이런 이동에 영향을 미치는 것은 구체적으로 어떤 건가요? 매일의 삶 속에서 우리가 하게 되는 선택인가요? 우리가 목표로 다가갈 수 있도록 인도해주는 외부의도의 힘인가요? 그것도 아니면, 뭔가 다른 것이 있나요?

A. 새로운 시나리오로 이동하는 것은 '삶에서 하게 되는' 선택이 아

니라 여러 상황에서 당신이 내리는 결정에 따라 이루어진다. 어떤 상황이 일어났을 때 당신이 부정적으로 반응하면 당신은 더 부정적인 영화 필름으로 이동하게 된다. 반대로 더 긍정적으로 반응하는 경향을 보인다면 당신의 인생 또한 더 쉽게 풀릴 것이다.

그런 선택은 당신에게 어떤 일이 일어나거나, 어느 한순간 잠에서 깨어났을 때 상황을 인식하고 자신의 태도를 표현할 때 내리게 된다. 이것은 당신이 갈림길에서 딱 한 번, 유일하게 의식에 따른 결정을 내리게 되는 순간이다. 나머지 모든 시간 동안 당신은 잠들어 있으며 시나리오에 따라 흘러갈 뿐이다.

하지만 의식에 따른 결정과 태도라고 해서 항상 올바른 것은 아니다. 트랜서핑과 타프티의 기법은 당신에게 의도를 가진 채 잠에서 깨어나고 긍정적인 태도를 발산하며, 의도를 가진 채 현실을 선택하는 방법, 다시 말해 자신의 선택을 통제하고 설정하는 방법을 알려주는 기법이다.

Q. 《여사제 타프티》를 읽은 다음부터 저는 우리 모두가 무한한 우주에서 살고 있으며, 모든 사람의 인생은 그의 주의와 기억의 역사에 지나지 않는다는 생각을 하게 되었습니다. 작가님께서는 이런 주제에 대해 사람들과 대화를 나누고 싶으셨던 건가요?

A. 그런 주제는 매우 어렵기도 하고, 여기에 관해서 대화를 나누는 것은 아무런 의미가 없다. 우리는 현실이 어떻게 만들어졌는지에 대해서 충분히 알지 못하기 때문이다.

Q. 영혼이 어떤 것을 지금보다 더 많이 좋아하도록 설득할 수 있나요? 예를 들어, 제가 좋아하는 일(또는 좋아하는 사람)이 있다고 해볼게요. 제가 '나의 영혼은 나의 일을 매우 좋아해!'라고 말하면 그 일이 더 좋아질 수 있을까요? 트랜서핑 시리즈에서는 "영혼은 뭔가를 비판하지 않고 그저 본능적으로 알아차리기 때문에, 뭔가를 하도록 설득해봤자 아무런 의미가 없다"고 쓰여 있어요. 그렇다면 영혼은 설득조차도 할 수 없는 존재라는 뜻인가요?

A. 자신의 영혼에게 뭔가를 하라고 말하거나(만약 할 수 있다면) 어떻게 해야 할지 설득하는 것은 아무 의미가 없다. 뭔가를 좋아하라고 영혼에게 강요해서는 안 된다. 한 사람이 다른 사람을 사랑하도록 강요할 수 없는 것처럼 말이다. 하지만 영혼은 당신이 관심을 주는 것을 좋아하게 된다. 인간은 자신이 돌보는 것을 좋아하게 되어 있다. 그리고 난롯불의 불씨를 돌보듯이 그런 애정의 불씨가 꺼지지 않도록 돌봐야 한다. 영혼과 정성을 다해서 돌본다면 그 일은 더 쉬워질 것이며 영혼은 그 일에 깃들 것이다. 먼저 당신이 그 일을 좋아하는 시늉을 하고, 거기에서 만족감을 이끌어내라. 그리고 그 일에 마음을 두게 되면 당신은 실제로 그 일을 좋아하게 될 것이다.

Q. 제가 응원하는 팀이 승리하는 현실을 선택하는 것에 대해서 항상 궁금했습니다. 경기에서는 두 팀이 출전을 하죠. 그리고 아주 많은 팬들이 여러 가지 현실을 선택합니다. 그러면 어떤 팀이 이기게 될까요? 현실을 더 잘 선택하는 팬이 많은 팀이 이기나요?

A. 다른 사람의 승리를 선택하는 것은 불가능하다. 오직 자신의 현실만 선택할 수 있다. 팀의 승리를 선택하는 것도 그 팀의 선수들 자신이다.

Q. '객관적인 현실'이라는 말이 무슨 뜻인가요? 이 객관적인 현실을 만드는 존재는 누구인가요? 이 맥락에서 '객관적'이라는 말이 무엇인지 잘 모르겠어요.

A. 우리는 현실을 이해할 수 있는 능력에 따라 주관적으로 인식하고 있다. 실제로 현실이 어떤 성격을 가지고 있으며, 객관적인 현실은 무엇이고, 누가 그것을 만들었는지는 아무도 모른다. 하지만 여기에서 다양한 철학 학파가 생기기도 한다. 반면에 '현실은 창조자에 의해 만들어졌다'고 말하면 온갖 어린아이 같은 질문들이 꼬리에 꼬리를 물고 이어진다. 그렇다면 창조자는 누구인가? 그는 어떤 사람인가? 그러면 창조자를 만든 것은 누구인가? 이런 식으로 말이다. 어린아이 같은 질문들이 가장 어려운 질문이다. 그런 질문에는 답을 내릴 수가 없기 때문이다.

독자들의 성공담

An Nosik

처음으로 땋은머리를 경험했을 때는 완전히 소름이 돋았습니다. 그런 '우연'이 일어난 것이 도무지 믿기지 않았기 때문이에요. 고객

두 명이 저희 회사로 전화를 했어요. 저는 첫 번째 고객을 기다리면서 땋은머리를 실험해보기로 하고, 자리에 앉아서 제 고객이 2만 루블 규모의 프로젝트를 발주할 거라고 땋은머리로 선택을 해보았습니다. 그러면서 저 자신도 코웃음을 치고는 금방 그것에 대해 잊어버렸죠. 그렇게 규모가 큰 프로젝트가 들어오는 일은 거의 없거든요. 그런데 실제로 고객이 와서 2만 루블 규모의 프로젝트를 발주했을 때 '어머, 이건 우연일 거야'라고 생각했습니다.

하지만 뒤이어 두 번째 고객이 찾아왔고, 저는 장난삼아 처음에는 1만 루블짜리 프로젝트를 계약하는 현실을 선택했어요. 하지만 조금 뒤에 '아니, 너무 쉬워. 1만 5,000루블로 하자'라고 생각을 하면서, 땋은머리를 활성화시킨 채 고객이 1만 5,000루블 규모의 프로젝트를 발주하는 모습을 상상했습니다. 그 고객은 1만 2,000루블짜리 프로젝트를 수주했지만요. 저는 '뭐, 우연이었네' 하고 생각했습니다. 그런데 그 고객이 잠깐 생각하더니 상품을 더 추가하여 1만 5,000루블을 지불하겠다고 하더군요.

처음에는 소름이 돋았습니다. 모든 것이 타프티 영상에서 말하는 그대로였어요. 게다가 일반적으로 5,000루블이 넘는 프로젝트가 들어오는 경우는 드물거든요. 물론 규모가 1만 9,000루블, 1만 4,000루블 정도인 프로젝트도 있기는 하지만요. 그것도 제가 설정한 액수와 똑같은 규모의 프로젝트를 따내게 된 거예요.

이제 문제는 올바르게, 그리고 침착하게 이 기법을 사용하는 연습을 하는 거예요. 처음으로 성공을 하고 너무 흥분을 하고 나니, 감정을 제어하는 연습을 해야 할 것 같아요.

안나 안나

(중략)…'저는 자유롭지 않습니다.' 우선 날씨에 영향을 받는 것은 확실합니다.

아무리 노력해도요.

일기예보를 보니 아침부터 비가 올 것이라고 하더군요. 그런데 저는 밖에 볼일이 있었어요. 마트도 다녀와야 했고요.

저는 아침에 땋은머리를 순식간에 활성화해서 그날 하루 기분 좋게 밖에서 장을 보고 집으로 돌아왔더니 마침 그때부터 창밖에서 비가 오는 현실을 상상했어요.

그런 다음 혹시 모르니 우산을 챙겼어요. 그리고 혹시라도 비가 오지 않을 것을 대비해서 신발은 구두를 신었죠.

무슨 말을 할 수 있을까요….

모든 것이 제가 예상한 그대로 일어났습니다!

마트에서는 사은품도 나눠줬고요!

'행복하다'는 표현으로는 부족한 것 같아요. 엄청나게 짜릿한 경험인걸요!

기적은 계속될 거예요!

모든 것이 실제로 효과가 있어요!

베라 슬라비나

제가 어떻게 해야 할지, 어디로 가야 할지 도저히 알 수 없었던 슬럼프 시기가 있었습니다. 의식도 전혀 없고, 무기력하고, 집 안에서만 겨우 움직이면서 전부 끝났고, 이제는 그냥 수의를 입고 관 속으로 기어들어 갈 일만 남았다고 생각했습니다. 그런 절망적인 심정으로 타로카드를 뽑으면서 저 자신에게 '나는 이제 어떻게 해야 할까?'라고 질문해봤죠.

그랬더니 두 번째 아르카나인 여사제가 나오더군요. 이 카드는 자신의 목소리와 본능에 귀 기울이라는 뜻이죠. 하지만 그 당시 저는 제 내면의 모든 것이 멈춰 있는 것 같다고 느끼고 있었죠. 다음 날이 되자 저는 우연히 《여사제 타프티》를 알게 되었어요. 그리고 모든 것이 빠르게 뒤바뀌었죠. 모든 것에는 이유가 있었던 거예요.

마샤 레베데바

저는 바다로 떠나고 싶었지만, 돈도 직장도 없었고, 그곳에 갈 수 있는 기회라고는 눈을 씻고 찾아봐도 없었어요. 심지어 꿈꾸는 것조차 포기해버릴 정도였어요. 그러다 갑자기 의지가 불타올라 바다에 가는 현실을 끌어오기 시작했죠. 어쩌다 보니 친척들이 자차로 운전을 해서 바닷가에 갈 일이 생긴 거예요. 다시 말해서, 공짜로 갈 기회가 생긴 거죠. 게다가 그들이 텐트도 사게 되어 숙박도 공짜로 해결할 수 있게 되었어요. 저는 그저 식비 약간만 마련하면 되는 일이었어요. 이게 꿈이 아니라는 사실을 도저히 믿을 수가 없었죠.

알레나 호른

타프티 님. 길을 가다가 잠에서 깨어나, 그 자리에 멈춰 서서 제 주변에서 무슨 일이 일어나고 있는지 모든 행동을 살펴보면 충격에 빠지게 됩니다. 가면을 벗었더니, 다른 사람들과 제가 서 있는 곳은 서로 다르며 사건이 완전히 다른 시나리오대로 흘러가는 다른 세계의 층으로 건너갈 수 있다는 사실을 깨닫게 된 느낌이에요. 또 저는 낮이든 밤이든 제가 원할 때마다 세계의 층을 통과하여 지나다닐 수 있다는 생각이 정말 좋아요! 위대한 타프티 여사제님, 기법을 알려주셔서 감사합니다!

여사제 헷페트

Q. 제가 작가님의 책을 읽기 시작한 지 1년 반 전에 이집트에서 여사제 헷페트Hetpet의 무덤이 발견되었다는 기사를 봤다는 말씀드리고 싶네요. 이 무덤이 만들어진 시기는 4,400년 정도 전이라고 합니다. 고대 이집트어에는 모음이 없기 때문에 고고학자들은 이 이름이 어떻게 발음되는지 모른다고 해요. 그래서 임시로 모음을 추가하여 이름을 발음한 거죠. 그 밖에도 동양의 언어에서는 p와 f가 똑같은 글자로 표기된다고 합니다. 그래서 고고학자들이 헷페트라고 해석한 이름이 잇파트와 발음이 매우 비슷하다는 생각이 들었어요.

A. 이상하게도 나는 그 정보를 못 본 것 같다. 그런 주제의 기사를 특별히 챙겨보거나 하지 않아서 그런 것 같다. 그래서 그 기사를 찾아 읽어보고는 놀라지 않을 수 없었다.

그 기사에서는 고고학자들이 이집트의 기자Giza 피라미드 근처에서 약 4,400년 정도 된 무덤을 발견했다는 내용을 전했다. 무덤은 5대 파라오 왕조 시대에 살았던 '헷페트'라는 여사제의 것이었다.

무덤에서는 온갖 장신구가 무더기로 나왔는데, 이것은 여사제 헷페트가 파라오 가문과 가까운 고위 계급 출신이었다는 사실을 증명한다. 그래서 그녀에게 그렇게 크나큰 부와 명예가 주어진 것이었다.

헷페트의 무덤은 점토 벽돌로 만들어져 있었고, 벽면은 알록달록한 그림으로 가득 차 있었다. 벽화는 보존이 매우 잘 되어 있다. 일부 그림에서는 사냥과 낚시의 성공을 기원하거나, 공물로 가득 찬 테이블 앞에 앉아 있는 헷페트의 모습이 그려져 있기도 하다. 나머지 그림에는 금속을 녹이거나, 가죽 공예를 하거나 춤을 추는 사람들의 모습을 볼 수 있다.

또, 벽화에는 원숭이들의 모습도 볼 수 있다. 어떤 놈들은 나무에서 과일을 따 먹고 있고, 어떤 놈들은 악사들 앞에서 춤을 추고 있다. 당시 이집트인들은 애완동물로 원숭이를 기르는 문화가 있었다. 모든 점을 고려해보면 그 당시의 문명은 꽤 나쁘지 않게, 오히려 풍요롭게 살았던 것으로 보인다.

물론 새로 발굴된 이 무덤이 우리의 여사제인 잇파트와 관련이 있지 않을까 의문이 들 것이다.

고고학자들은 헷페트가 약 4,400년 전에 살았던 인물이며, 하토르 여신* 신전의 여사제였다고 밝혔다. 반면에 내가 잇파트에 대해 수집한 자료들에 따르면, 그는 이시스** 신전의 여사제였으며 3,000년 전인 기원전 970~911년에 살았다. 잇파트와 헷페트의 생존 시기가 일치하지 않는 것을 보면 두 사람이 같은 인물인 것 같지는 않다.

하지만 《여사제 타프티》의 〈무한함 속의 무한함〉 장에서 다뤄진 것처럼, 현실은 영화 필름을 뒤죽박죽으로 섞어 놓아 역사적 사실들을 몰래 바꿔놓기도 한다. 만델라 효과***처럼 최근의 사실도 바뀌는 마당에 몇천 년 전에 일어났던 사실에 대해서 말할 필요가 있겠는가?

마찬가지로 역사 사건의 연대기도 순서가 맞지 않는다. 수학자인 포멘코, 노소프스키와 추치노프는 공식적인 연대기 중 상당 부분에 오류가 있다는 사실을 발견했는데, 이 주장은 꽤 설득력이 있다.

이름에 대해서 말하자면 이집트인들은 이 이름을 '헷페트'라고 발음한다. 그리고 이름의 첫 글자는 거친 소리로 발음되기 때문에 거의 발음이 안 나는 것처럼 느껴지기도 한다. 하지만 현대 이집트어는 고대 이집트어와 매우 다르다. 그래서 학자들도, 이집트인 본인

---

* Hathor. 사랑과 풍요를 관장하는 이집트 신화의 여신이다. 다산과 행복을 상징하는 자애로운 여신으로 묘사되면서도, 인간들이 저지른 죄에 분노했을 때는 주저 없이 학살을 펼치는 잔인한 여신이기도 하다.

** Isis. 고대 이집트의 여신. 마법과 의술의 신이자 어린아이들의 수호자로 알려져 있다.

*** 다수의 사람이 잘못된 기억을 공유하는 현상. 넬슨 만델라가 1980년대에 수감 중 사망했다는 잘못된 기억을 가진 사람들이 많았던 데서 비롯된 표현이다.

들도 고대에 이 이름을 정확히 어떻게 발음했는지는 알 수 없다고 한다.

또 한 가지 놀라운 사실은, 무덤에서 여사제 헷페트의 미라가 발견되지 않았다는 점이다.

하지만 무엇보다도 가장 놀라운 사실이 있다. 《여사제 잇파트》는 헷페트의 무덤이 발굴된 날과 **정확히 같은 날,** 바로 2018년 2월 3일에 세상에 나왔다.

그렇다! 여사제여!

이 모든 것은 우연의 일치가 아니다. 분명 여기에는 뭔가가 있다.

독자들의 성공담

안드레이 우사체프

중요한 것은 내면에 있는 것

한바탕 비가 퍼붓고 지나간 날
문을 열었더니,
마당 한가운데에
작고 어리석은 달팽이가 있었네.

나는 달팽이에게 말했네

"세상에, 물에 흠뻑 젖었잖아!"
그러자 그놈은 고개도 내밀지 않고 말했네
"내 껍데기만 그래…
껍데기 속은 봄이 한창이고
환상적인 하루를 보낼 수 있는걸!"
달팽이가 내게 말했네
비좁은 껍데기에서 고개도 내밀지 않고.

나는 말했네
"온통 캄캄하잖아!
분명히 얼어 죽을걸"
그러자 달팽이 또다시 말했네
"허튼 소리! 껍데기만 그래…
껍데기 속은 편안해
장미들이 봉우리를 틔우고
새들은 밝게 노래 부르지
잠자리들은 반짝이며 날아다니는 곳!"

"그러면 계속 거기 있든가"
나는 웃으며 말하고는
작고 어리석은 달팽이에게
그렇게 작별을 고했네.

비는 오래전에 그치고

태양은 중천에 떠 있는데,

내 마음속은 캄캄하고

춥고 쓸쓸하네.

타프티의 선물

자신의 짝을 찾아서*

못난 아이들아, 잘 있었느냐!

너희 중 많은 사람이 지금 홀로 외로워하고 있다는 걸 잘 알고 있다. 그런 외로움은 기념일에 더욱 사무치게 마련이지. 너희 주위엔 온통 꽃밭이지 않느냐. 하지만 꽃을 받지 못하는 이도 있으며, 꽃을 선물할 수는 있지만 줄 사람이 없는 이도 있다. 참 슬픈 일이지. 하지만 희망이 없는 것은 아니다.

이제 너희는 더 이상 혼자가 아니다. 바로 이 타프티가 너희와 함께

* 3월 8일 '세계 여성의 날'에 타프티 공식 SNS에 올라온 게시글

있기 때문이지. 어떻게 하면 빨리 짝을 찾을 수 있는지 알려주겠다.

호감을 느끼는 상대방이 있다면, 잠에서 깬 상태로 과감하게, 〈형상 선택하기〉(《여사제 타프티》 125쪽) 장에 쓰인 원칙을 사용하여 상대방에게 다가가 그와 대화하라. 명심하라. 땋은머리로 특정 인물을 조종하려고 해도 아무 효과가 없을 것이다. 자신의 시나리오를 바꿀 수도 없다. 다른 사람의 시나리오는 물론이고 말이다. 실제로 대화를 나눠봐도 아무 결과도 나오지 않는다면, 대화를 처음 시작했던 것만큼이나 과감하게 그 관계를 끊거라. 그 사람은 너희의 사람이 아니며, 너희에게 필요 없는 사람이다.

하지만 좋아하는 사람이 없다면, 현실을 선택할 때와 똑같은 방법으로 추상적인 인물을 설정하라. 먼저 너희의 취향에 따라 그 등장인물이 어떤 사람이어야 하는지 머릿속으로 그려보라. 그런 다음 잠에서 깨어나(나 자신이 보이고 현실이 보인다) 땋은머리를 활성화하고, 너희가 그 사람과 만나서 관계를 쌓기 시작하는 모습이 담긴 프레임을 설정하라.

그런 다음에는 다른 곳으로 산책을 떠나라. 쇼핑몰이든 놀이공원이든, 스케이트장이든 수영장이든, 모르는 사람들이 많이 몰려 있는 곳으로 말이다.

이때, 너희가 영화 속을 산책한다는 사실을 잊지 말라. 이따금씩 뾰족머리를 활성화시키고 다시 프레임을 비춰보라. "나의 짝은 나를 찾을 것이다(또는 나는 나의 짝을 찾을 것이다), 그렇게 대화를 시작하고 관계를 쌓아갈 것이다."

산책을 할 때는 주의를 의식의 중심에 더 자주 잡아두도록 하고, 최대한 의식의 상태(현존의 상태)에 있도록 노력하라. 이때 주의를 중심에 고정시키려고 너무 긴장해서는 안 된다. 가장 중요한 것은 다양한 활성체를 통해 최대한 잠에서 깨어나 있는 것이다.

너희가 의식의 상태에 있을 때 어떤 일이 벌어지는지 아느냐? 첫 번째로, 잠들어 있는 사람들에게 너희는 반딧불처럼 빛날 것이며, 그들은 너희를 보며 흥미와 호감을 느낄 것이다. 두 번째로 잠에서 깨어났을 때(나 자신이 보이고 현실이 보인다) 너희는 시나리오에서 분리된다. 그리고 일정 시간 동안 의식의 상태에 있을 수 있다면 영화 필름을 미끄러져 이동할 수 있게 된다. 그것이 주변 사람들이나 너희의 눈에 띄지 못할 정도로 미미한 정도라고 해도 말이다.

그렇다면 미끄러져 이동하는 이유는 무엇일까? 너희가 짝과 만나는 미래의 프레임을 설정했기 때문이다. 현실은 너희가 설정한 것이 실제로 이루어지는 영화 필름으로 너희를 인도해줄 것이다. 또 너희가 미끄러져 이동할 수 있는 이유는, 의식의 상태에 있을 때 시나리오에서 분리되어 영화 장면 속에서 자유롭게 돌아다닐 수 있기 때문이다.

이런 식으로 틈틈이 프레임을 설정하고 잠에서 깨어나면 너희는 살아 있는 상태로 영화 속에서 산책을 하며 영화 필름 속을 이동하다가 특정 시기가 되면 너희가 비췄던 프레임에 도착하게 될 것이다. 그리고 그 과정에서 너희가 설정한 등장인물과 닮은 사람을 만날 것이다.

그 사람이 너희에게 곧바로 다가오지 않는다면 너희가 먼저 그에게 다가가라. 너희의 성별은 중요치 않다. 과감해지거라. 너희는 생시의 꿈을 꾸고 있지 않느냐. 꿈속에서는 모든 걸 할 수 있고, 어떤 일이든 일어날 수 있다. 상대방에게 다가가 아무 질문이나 던져라. 예컨대 '안녕하세요. 당신은 현실이 보이시나요?'와 같은 질문처럼 말이다. 다만 먼저(그 사람에게 다가가기 전에) 의식의 상태로 들어가는 것을 잊지 말거라.

관계를 처음 시작할 때에는 의식의 상태를 유지하려고 노력하라. 다시 말해서, 그 사람을 보는 동시에 자기 자신을 보면서 대화를 나누는 것이다. 그 사람의 눈을 바라보면서 미소 지으라.

그러면 그다음에는 어떤 일이 일어나겠는가? 그 사람이 너희의 사람인지, 아닌지 알게 될 것이다. 첫마디부터 퇴짜를 맞을 수도 있다. 아니면 그 사람이 말하는 방식이 예상 외로 너희의 마음에 들지 않을 수도 있다. 그 말인즉슨, 너희가 사람을 잘못 봤거나 현실이 잘못된 결과를 내놓은 것이다. 그 사람이 너희의 놈이나 너희의 년이 아니라는 뜻이다. 거짓된 등장인물에게 시간을 낭비하지 말라. 그 사람에게 작별을 고하고 계속해서 산책길을 떠나라.

중요한 것은 단번에 성공하지 못할지라도 실망하지 말아야 한다는 것이다. 너희는 잠들어 있는 사람 중에서 유일하게 깨어 있는 사람이며, 꿈속에서 산책을 하고 있다. 너희는 무엇이든 할 수 있다. 그러니 과감해지거라. 그리고 긴장하지 말고, 자신감을 가지고 여유롭게 행동하라. 쉽게 받아들이고 쉽게 놓아주거라.

너희의 프레임은 그렇게 현실이 될 것이다. 드디어 너희의 짝을 찾게 되는 것이다. 내 말에 귀 기울이고 지금 내가 해준 조언을 잘 따른다면 아주 빨리 이루어질 것이다. 오늘이 아니라면 내일 찾게 될 것이고, 내일이 아니라면 일주일 뒤에 반드시 그 현실은 이루어지게 되어 있다. 땋은머리가 실제로 효과가 있다는 사실을 너희도 알지 않느냐?

나를 믿고 아무것도 두려워 말거라. 내가 너희와 함께 하지 않느냐?

나는 너희의 타프티, 너희의 여사제다.

타프티의 아바타

〈타프티〉 영상의 첫 시즌이 막바지에 다다를 무렵, 많은 사람이 타프티 역할을 연기한 배우가 누구인지 알아맞혔다. 다만 그 배우가 한 연기는 **단순한 연기가 아니었다는** 사실은 맞추지 못했다. 사실상 타프티를 연기하는 것은 불가능하다. 이미 증명된 사실이다. 《여사제 타프티》나 《여사제 잇파트》가 타프티 본인의 손길 없이는 결코 쓰일 수 없는 것처럼 말이다.

타프티 배역을 맡은 타티아나 사마리나는 리허설 당시 연거푸 NG를 냈다. 그러다가 실제 촬영이 시작되어서야 우리는 **진짜 타프티를** 본 것이다. 마치 타프티 자신이 아바타를 사용하듯이 타티아나의 몸 속으로 들어간 느낌이었다. 현장에 있었던 촬영팀원들 모두 말 그대로 입이 떡 벌어졌다.

촬영이 진행되는 내내 어떤 마법 의식, 그것도 공연이 아닌 진짜 의식에 참여한 것 같은 느낌에 몸을 꼼짝할 수 없었다. 당시 촬영한 영상으로는 종교의식 같았던 그때의 현장 분위기를 전부 담아내지 못할 정도였다. 우리는 매료된 것처럼 타프티를 바라봤다. 타티아나 자신도 무의식의 경지에 오른 것처럼 보였다.

이런 일이 어떻게 가능할까? 그 이유는, 타프티는 허구의 인물이 아니기 때문이다. 그녀는 기원전 10세기경 이집트의 이시스 신전에 있었던 여사제다. 실제로 그녀가 생존했던 시기도 명확히 밝혀져 있다. 그녀는 기원전 970년~911년까지의 인물이다. 어쩌면 고대 회화 작품 중에 타프티가 실존 인물이라는 증거가 보존되어 있을 수도 있지만, 나는 그런 자료에 마음껏 접근할 수 있는 입장이 아니다. 내가 가진 유일한 것은 정보가 흘러들어오는 타프티의 채널뿐이다.

나는 타프티와 언어로 교류하지 않기 때문에 그녀와 대화를 나눌 수는 없다. 하지만 감정적으로 접촉하고 있다. 예컨대 나는 책이 나오기 전에, 타프티가 독자들이 그녀를 어떻게 받아들일지에 대해 무척 불안해했다는 사실을 알고 있다. 또, 지금은 사람들이 그녀를 이해하지 못하거나 불쾌하게 받아들이는 걸 볼 때는 매우 걱정하기도 한다. 그녀가 어떻게 나에게 정보를 전해주는지는 나도 잘 모른다. 이것도 아마 일종의 무아지경 상태일 것이다.

《여사제 타프티》와 《여사제 잇파트》는 무아지경의 상태에서 쓰였다. 마음만 가지고는 이런 것들을 만들어낼 수 없었을 것이다. 이 책들을 보고 있노라면 마치 내가 아닌 다른 누군가에 의해 쓰인 책이라는 기분이 강하게 든다.

타프티에 대해 전해줄 수 있다고 허락을 받은 것은 여기까지가 전부다. 가장 중요한 것은, 타프티는 지금까지도 알 수 없는 방식으로

실존하고 있다는 사실이다. 정말이다. 정확히 어떤 형태로 어떤 세계에 존재하는지는 감히 추측해볼 엄두도 나지 않는다. 그런 것들은 우리의 지성과 이해의 범위 밖에 있기 때문이다.

누군가는 이런 질문을 할지도 모른다. 왜 하필 타티아나인가? 이 질문에 답을 하자면, 타프티가 직접 그녀를 선택했기 때문이다. 이 '역할'을 맡을 배우의 적임자를 찾기는 힘들다. 이것은 단순한 역할이 아니니 말이다. 앎을 안내하고 전해줄 능력도 필요하다. 또, 타프티와 타티아나 사이에는 뭔가 닮은 점이 있다. 콕 집어 표현할 수는 없지만, 어딘가 공통점이 있다. 심지어 타티아나는 나보다도 타프티와 더 강한 연결고리를 가지고 있다. 사실이다.

나는 타프티의 채널을 통해 정보를 받지만, 타티아나는 타프티가 우리 세계와 접촉하는 연결고리의 역할을 한다. 타티아나가 타프티의 상태에 들어가게 되면 타프티는 타티아나의 몸 속으로 들어가고, 타티아나는 일종의 환생체, 즉 타프티의 **아바타가** 된다.

물론 일상에서의 타티아나는 완전히 다른 사람이다. 타티아나의 인스타그램 계정인 @tatiana.samarina에 올라온 사진을 보면 알 수 있을 것이다. 하지만 타프티에게도 다양한 면이 있는 것은 사실이다. 그녀의 성격은 《여사제 잇파트》에서 가장 잘 드러나 있다.

그러니 타프티 공식 SNS에서 질문에 대한 답변이 올라오는 것을 본다면, 그것을 작성하는 것은 타티아나가 아니라 타프티 본인이다. 왜냐하면 타티아나는 그 답변을 **타프티가 된 상태에서** 작성하기 때문이다. 그렇지 않다면 질문들에 답변을 할 수 없을 것이다.

내가 본 바에 의하면, SNS상에서는 이미 타프티에게 우호적인 팬층이 많이 형성되어 있다. 아마도 생각이 같은 사람들임은 물론이고, 타프티 본인과 직접 소통할 수 있는 특별한 기회가 있다는 이유 때문일 것이다.

페이스북 페이지에도 이곳 나름의 특징이 있다. 여기에는 외국인이 많고 언어 장벽이 높다. 이유는 모르겠지만, 페이스북에는 아랍 독자들이 가장 활발하게 활동한다. 타프티의 이미지가 그들에게 특별한 인상을 심어주기 때문에 그들이 타프티에게 열광하는 것 같다. 오래전에 잃어버린 조상을 찾은 기분이 들어서일까?

팔로워들의 언어를 이해할 수 없다는 사실이 정말 안타까울 뿐이다. 구글 번역기를 쓴다고 해도 원문의 의미와는 차이가 매우 크기 때문이다. 아랍의 독자들이 타프티 잇파트를 끝까지 기다릴 수 있을 거라 믿는다. 왜냐면 트랜서핑 시리즈는 아랍어로도 출간되었고 이 지역에서 아주 큰 인기를 누리고 있기 때문이다.

애초에 타프티 잇파트는 **매우 어려운 여인**이며 그녀 또한 자신을 보여주고 싶어한다. 뿐만 아니라, **타프티가 아바타로** 나타나는 것 또

한 아주 진지하고 놀라운 현상이다.

타프티의 기법을 사용해본 경험이 있는 사람은 타프티에 매우 열광하고 있다. 흔히 말하듯이 이 기법은 '굳이 증명할 필요도 없는 것'이다. 물론 내가 뭔가를 증명할 필요는 전혀 없긴 하지만 말이다.

작가 인터뷰

Q. 《여사제 타프티》의 영감은 어디서 받았는지, 이 책이 어떻게 '탄생했는지' 더 자세히 설명해줄 수 있나?

A. 나는 아무것도 만들어내지 않고, 그 어떤 것도 '탄생시키지' 않았다. 앎이 저절로 나를 찾아올 뿐이다. 더 정확히 표현하면, 생각을 멈췄을 때 앎이 내 머릿속으로 들어온다고 할 수 있다.

Q. 책을 쓰는 데 얼마나 걸렸나? 책 쓰는 것이 어려웠는가?

A. '어렵다'는 말로는 표현이 다 안 될 정도다. 나의 지성은 책을 쓰는 데 필요했던 수준을 겨우 커버할 정도다. 그래서 이 책을 쓰는 데에는 총 3년이 걸렸다.

Q. 책의 후속작을 쓸 계획이 있는가?

A. 있다.

Q. 새로운 독자들이 책을 읽고 나서 알게 될 사실은 무엇인가?

A. 새로운 세계관, 현실과 그 현실을 살아가는 사람들의 상태를 바라보는 새로운 시각을 얻게 될 것이다. 그 현실을 선택할 수 있는 새 기법을 알게 될 것이다.

Q. 이 책은 어떤 점에서 독자들에게 도움이 될 것이라고 보는가?

A. 삶을 사는 게 훨씬 쉬워지고 간단해질 것이고, 삶의 질이 높아질 것이다. 달성하기 어려운 목표들을 이루는 데 도움이 될 것이다.

Q. 책에서 다뤄지는 지식과 기법들을 인생의 어떤 부분에서 사용할 수 있는가?

A. 모든 부분에서 사용할 수 있다.

Q. 타프티가 전해주는 지식은 트랜서핑과 근본적으로 다른가? 아니면 좀더 업그레이드된, '확장된 버전'인가?

A. 타프티의 기법은 트랜서핑에 훨씬 더 많은 내용이 추가되어 더 새로워지고, 한층 더 차원이 높아진 버전이다. 모두가 오랫동안 기다려온 바로 그것이라고 할 수 있다. 타프티의 기법은 트랜서핑조차 풀지 못했던 고르디우스의 매듭*을 손길 한 번에 전부 끊어버릴 수 있다. 예컨대 자신의 목표와 소명을 찾는 문제는 타프티의 기법을 사용한다면 매우 간단하게 해결된다.

Q. 《여사제 타프티》는 트랜서핑 이론에 새로운 내용을 추가하여 근본적으로 새롭게 만든 지식이라고 보면 되나? 아니면 완전히 다른 지식이라고 보면 되나?

---

* Gordian Knot. 풀기 어려운 문제를 뜻하는 표현이다. 고대 국가인 프리기아의 왕 고르디우스는 마차를 제우스 신전에 봉안한 뒤 복잡한 매듭으로 묶어두고, 그 매듭을 푸는 사람이 아시아의 왕이 될 것이라는 신탁을 남긴다. 이에 수많은 영웅들이 매듭을 풀기 위해 나서지만 모두 실패했다. 수백 년이 지나 알렉산더 대왕이 매듭을 칼로 잘라버리고, 그는 실제로 아시아를 정복하게 된다.

A. 현실은 변화하기 때문에, 지식은 그 현실에 맞는 형태로 재정렬된다. 예컨대 사람들은 예전에도 자신의 주의를 제대로 통제하지 못했다. 그리고 오늘날 온갖 기기들에 둘러싸인 사람들이 지닌 주의의 기능은 완전히 불안한 상태가 되었고, 그들은 문자 그대로 '꿈을 꾸는 것처럼' 살고 있다. 타프티의 기법은 사람들을 생시의 꿈에서 깨어나게 하기 위한 책이다.

타프티의 지식은 트랜서핑을 부정하는 것이 아니라, 이것의 연장선상에 놓인 기법이기 때문에 많은 부분에서 비슷한 점이 있으며 일부 원칙들은 완전히 일치하기도 한다. 트랜서핑을 초등학교로 본다면 타프티의 기법은 고등학교로 보면 된다. 현실을 선택하는 고차원적인 통제 기법이라고 할 수 있다.

Q. 시리즈 전체를 읽고 트랜서핑 이론을 마스터한 독자들에게는 어떤 조언을 해주고 싶은가? 타프티가 제안하는 기법만을 사용하라고 하겠는가, 아니면 트랜서핑 기법과 함께 사용할 것을 권하겠는가?

A. 자신이 원하는 대로 사용하면 된다. 책을 읽으면서 단순히 글자를 쭉 훑기만 한 것이 아니라, 이 책의 원칙을 이해하고 제대로 받아들였다면 무엇을 어떻게 해야 할지 판단하는 데 큰 어려움은 없을 것이다. 하지만 어쨌거나 두 기법을 함께 사용해야 하기는 할 것이다. 트랜서핑 시리즈에서 다뤄지는 모든 주제가 타프티 시리즈에 들어 있는 것은 아니기 때문이다.

뭔가 어렵다고 느껴진다면 타티아나 사마리나의 트레이닝 강의를 들어보기를 추천한다. 그녀는 모든 문제를 거의 완전하게 해결할 수 있다. 게다가 책에 없는 내용들을 강의에서 알려주기도 한다. 수강 신청을 하기 전에 온라인 트레이닝을 한번 들어보면 좋을 것이다. 물론 실제 트레이닝이 더 흥미롭고 생산적이기는 하겠지만 말이다. 무예와 비슷하다고 보면 된다. 책을 통해 모든 것을 얻을 수는 없기 때문이다. 여기에서는 단체 훈련이 매우 큰 역할을 한다. 이렇게 하면 당신은 트랜서핑의 펜듈럼에 직접적으로 접속하게 되며, 그것이 당신을 이끌고 당신이 가야 하는 방향으로 당신의 두뇌를 이끌어줄 것이다.

Q. 타프티가 알려주는 기법들이 전작에서 다뤄졌던 기법들보다 더 효과적이라고 할 수 있는가?

A. 자포로제츠* 자동차에서 메르세데스로 옮겨 타는 것과 비슷하다고 보면 된다. 타프티의 기법을 사용하면 모든 것이 훨씬 간단하고, 쉽고, 강력하다. 그에 더해 타프티의 세계관과 기법에서는 나 또한 예전에 상상조차 할 수 없었던, 근본적으로 새로운 것들이 있다.

Q. 독자들이 전작인 트랜서핑 시리즈를 읽지 않고 곧바로 《여사제 타프티》부터 시작해서 현실을 통제하는 이론을 배우기 시작할 수 있다고 보는가?

A. 그럴 수 있다. 다만 그렇게 한다면 모든 내용을 이해할 수는 없을

---

* 구 소련의 경차. 저렴하고 튼튼한 이미지를 가지고 있다.

것이다. 타프티의 기법이 트랜서핑보다 더 간단하다고 말한 것은 그것이 이해하기 쉽다는 뜻이 아니다. 이해한다면 쉬울 테지만 말이다. 그래서 먼저 초등학교에 가서 트랜서핑의 기본적인 원칙과 세계관을 익히는 것이 좋다. 다시 한 번 말하지만, 타프티는 트랜서핑과 똑같지만 한 단계 높은 고등학교 버전이라고 할 수 있다.

Q. 《여사제 타프티》는 트랜서핑 경험이 많은 독자들이 실전에서 사용할 만한 기법들인가, 아니면 트랜서핑 이론을 잘 모르는 독자들도 읽을 수 있는가?

A. 트랜서핑 기법을 '실전에서 사용하는' 숙련된 독자들에 관해서는 묻지 말아달라. 많은 사람이 이 책을 읽었지만 그중에서 트랜서핑을 진짜로 사용할 줄 아는 사람은 매우 드물다. 타프티의 기법은 모든 면에서 **실용적**이지만 이 기법을 사용할 때에는 반드시 알고리즘을 엄격하게 따라야 한다. 1번을 하고, 2번을 하고, 이런 식으로 말이다. 순서대로 따라 하기만 하면 성공할 수 있다.

이 기법을 더 잘 이해하기 위해서는 복잡한 문제들이 자유로운 형태로 제시되는 소설 버전의 책인 《여사제 잇파트》도 읽어보면 큰 도움이 될 것이다. 이 책에서 다뤄지는 내용이 분명 상당히 흥미로울 거라는 점은 물론이고 말이다. 《여사제 잇파트》가 쓰일 때(한 번 더 강조하지만, 이 책은 내가 이 이야기를 만들어낸 것이 아니라 저절로 '쓰였다') 나조차도 그 내용을 읽는 것이 무척 흥미로웠다.

Q. 타프티는 자신이 3,000년 전 이시스 신전의 여사제였다고 말한다.

지금 그녀는 누구인가?

A. 타프티 자신이 그 정보를 반드시 알려줘야 할 내용이라고 판단하기 전까지는 밝힐 수 없다. 나는 그저 그녀가 허구의 등장인물이 아니며, 과거 한때의 모습 그대로 지금도 실존하고 있다고 보장할 수밖에 없다. 나와 당신이 살고 있는 현재에 살고 있지 않을 뿐이다.

그녀가 실존 인물인지 아닌지, 어떤 모습으로 존재하는지는 사실 매우 어려운 문제다. 적어도 나와 당신에게 있어서는 말이다. 우리는 현실의 극히 일부분만 이해할 수 있기 때문에 우리의 지성이 다다를 수 있는 것은 그리 많지 않다.

내가 이해하고 있고, 알고 있는 것을 종합해보면 내가 말할 수 있는 것은 이것뿐이다. 타프티는 물질 현실에서 **자기 자신을 나타내 보일 수 있다.** 나나 타티아나 사마리나와 같은 사람들을 매개로 말이다.

Q. 책에서 전해지는 지식은 타프티의 채널을 통해 당신에게 전달되었다. 당신은 처음에는 이 채널이 진짜인지 의심을 했다고 책을 통해 밝히기도 했다. 이 채널이 무엇인지, 그것이 믿을 만한 것인지는 어떻게 알 수 있는지 좀더 자세히 설명해줄 수 있는가?

A. 나도 이 채널이 뭔지 모르고, 이것에 관한 설명을 해줄 수도 없다. 채널링channeling에 대해 아는 사람이 있고, 이 현상을 설명하고 증명할 수 있는 사람이 있다면 그 사람과 대화해보길 바란다. 나는 잘 모른다. 내 느낌으로는 설정을 맞추거나 어떤 정보장에 접속해서

계속해서 정보를 끌어당기기 시작하면 그것이 저절로 나의 몸속으로 들어오는 것 같다.

설정을 맞추는 것은 어렵다. 설정은 저절로 일어나는데, 그러면서도 나의 마음이 자신의 아이디어와 사념을 직접 재생시키기를 멈출 때만 정보가 전달된다. 내면의 대화나 독백을 멈추는 것과는 조금 다르다. 오히려 마음이 다른 사람의 말을 그대로 전달하기를 멈추고 어떤 것이 내부로 들어오도록 **허용하여** 자기 자신을 통해 뭔가를 내보내기 시작하는 쪽에 가깝다. 더 정확하게 설명하거나 알려드리지는 못하겠다.

믿음을 만드는 것은 아주 간단하다. 이것이 실제로 효과가 있다는 사실만 믿으면 된다.

Q. 타프티가 전해주는 지식을 끝까지 믿지 못하겠다면 그것이 효과가 있을까? 아니면 타프티의 말을 백 퍼센트 받아들여야 하는가?

A. 믿지 않는 사람은 애초에 시도조차 하지 않을 것이다. 하지만 한 번만 시도해본다면 알게 될 것이다. 그리고 그것이 옳은 방법이다. 우리는 실제로 일어나는 것들만 믿는다. 그러니 믿으려고 하지 말고 먼저 해보라. 믿는 것은 그다음에 하면 된다.

Q. 우리 세계에서 타프티의 가장 중요한 임무는 무엇인가? 사람들이 깨어나는 것을 도와주고, 그들에게 현실에 대한 지식을 전해주는 것인가?

A. 질문에 대한 답을 직접 찾은 것 같다. 다시 말하지만, 요즘 사람

들은 구체적으로 생시의 꿈을 꾸고 있는데 본인조차 그 사실을 잘 모르고 있다. 이것을 타프티의 기법을 사용하여 직접 경험해보고 믿게 되면 정말 놀랄 것이다.

Q. 의도의 땋은머리란 무엇인가? 의도가 작동하도록 도와주는 추상적인 형상인가, 아니면 우리 신체의 일부로서 실존하는 기氣적 기관인가?

A. 그렇다. 완전히 실존하는 기적인 기관이다. 실제로 사용되지 않기 때문에 퇴화된 기관이기도 하다. 사람마다 그 형태에는 많든 적든 어느 정도의 차이가 있다. 하지만 땋은머리는 더 개발시키고 더 강하게 만들 수 있다.

땋은머리를 사용하는 데 있어 천부적인 재능을 물려받은 사람들이 있다. 그런 사람들은 트랜서핑에 대해 알게 되자마자 그들에게서 그 재능이 나타났고, 그다음에는 문자 그대로 '모든 것이 내가 원하는 대로' 이루어지기 시작했다고 말이나 편지를 통해 전해오고는 한다. 그것이 어떻게 실현되었는지는 본인들 자신도 전혀 모른다.

당신도 의식을 깨운 채 그런 재능을 계발할 수 있다. 사실 잠재적인 가능성으로서의 재능은 누구에게나 있다. 만약 당신의 에너지가 막혀 있다면 내가 그 막힘 현상을 풀어줄 수 있다. 어떻게 하는지는 타프티가 알려줄 것이다.

Q. 신작과 전작들에서 나온 용어들 가운데 의미가 같은 단어들을 서로 짝지어줄 수 있는가? 예컨대 목표 슬라이드는 우리가 지금 이

곳에 서서 우리의 주의를 비추는 영화 필름의 프레임이고, 영화 필름 자체는 우리가 현실을 통제하는 기법을 배움으로써 바꿀 수 있는 인생트랙이라든지 말이다.

A. 그렇다. 비슷한 용어들이 있다. 다만 주의를 가지고 비추는 것이 아니라 의도를 가지고, 땋은머리를 통해서 비추는 것이다. 주의와 의도는 서로 완전히 다르다. 땋은머리는 당신과 목표 영화 필름 사이의 연결고리가 되고 당신의 의도를 자기만의 방법으로 강하게 만들어주는 역할을 하기도 한다.

그리고 타프티에게서 당신이 배우는 것은 현실을 통제하는 기법이 아니라, 정확히는 현실을 선택하는 방법이다.

Q. '현실을 통제하는 것'과 '현실을 선택하는 것'의 차이는 무엇인가?

A. 트랜서핑의 단점은 당신이 현실을 통제하려고 노력을 할 때(어떤 형태로든), 내내 물질 현실을 통제하기 위해 애쓰게 만든다는 데 있다. 다시 말해서, 트랜서핑을 하는 사람은 이미 일어난 현실을 바꾸려고 하게 된다. 그러나 사실 이미 일어난 일은 바꿀 수 없다.

내 기억으로는 '사실, 현실을 통제하는 것은 불가능하다'고 어디에선가 언급했던 적이 있는 것 같다. 당신이 현실의 프레임이나 모든 영화 필름 속에서도 현실을 **바꿀** 수는 없기 때문이다. 하지만 다른 영화 필름에서 흘러가는 프레임을 비춰보며 미래의 현실이 흘러가는 양상을 선택할 수는 있다.

그 방법을 알려주는 존재가 바로 타프티다. 그녀의 세계관과 기법은 당신이 현재의 프레임 속에 있는 현실을 통제하느라 골머리 그만 썩이고, 자동적으로는 아닐지라도 알고리즘에 따라 올바르게 행동하기 시작하게끔 두뇌가 생각하는 방식을 바로잡아준다. 물론 타프티의 조언을 따르기 시작한다면 그렇게 될 수 있을 것이다.

Q. 주의를 통제하는 기법과 관찰자 모드를 켜두는 기법은 똑같은 게 아닌가? 주의를 통제하는 기법은 어느 쪽에서 더 큰 효과를 내는가?

A. 트랜서핑에서는 주의가 무엇이며 그것을 어떻게 다룰 수 있는지, 그리고 가장 중요한, 주의를 왜 통제해야 하는지에 대한 표면적인 개념만이 주어질 뿐이다. 이 점은 인정한다. 타프티의 소설 버전인 《여사제 잇파트》에서는 《리얼리티 트랜서핑》 시리즈보다도 이 질문을 더 완전하게 다루고 있다.

주의를 통제하는 타프티의 기법은 기법이라기보다 기술 쪽에 가깝다. 이 기술은 당신이 엄격한 알고리즘에 따라 움직이고, 당신이 원하든 원하지 않든, 할 수 있든 할 수 없든 반드시 잠에서 깨어나도록 만든다. 타프티가 조언하는 대로 알고리즘을 따라 하기 시작한다면 그에 맞는 습관이 형성될 것이다.

그렇다면 알고리즘이 주어지는 이유는 무엇인가? 당신은 깊은 잠에 빠져 있으며 자신의 주의에 대해서는 까맣게 잊어버린 상태이기 때문이다. 그것을 어떻게 통제해야 하는지는 두말할 나위도 없고 말이다. 온갖 스크린에 연결된 현대인의 주의를 자유롭게 해방시키기 위해서는 확실한 알고리즘에 따라 똑같은 행동을 여러 번 반복해야 하는 수밖에 없다.

Q. 예전에 당신은 그 누구에게도 자신을 따르라고 요청하지 않으며 트랜서핑 이론을 강요하지도 않고, 사람들이 그것을 따를지, 아니면 한 귀로 듣고 한 귀로 흘릴지 직접 선택을 내릴 뿐이라고 항상 강조했다. 그런데 왜 《여사제 타프티》는 모든 독자에게 자신의 말을 따르라고 명령하는가?

A. 타프티는 발전의 수준이 나나 다른 모든 사람보다 훨씬 높기 때문에 그럴 만한 권리가 충분하다. 그리고 당신은 그 말을 듣지 않고 한 귀로 흘릴 권리를 충분히 가지고 있다. 그것은 당신이 선택할 문제다.

Q. 타프티는 자신과 이런 대화를 나누는 우리가 큰 영광을 누리고 있다고 말한다. 그런데 우리는 왜 그녀의 말을 들어야 하는가? 그녀는 누구이며, 왜 그런 큰 권력을 누리고 있는 것인가?

A. 그녀가 그런 행동을 진지하게 하고 있다고 생각하는가? 모순이 있음을 눈치채지 못했는가? 그 말은 당신도 깊은 잠에 빠져 있다는 뜻이다.

Q. 타프티는 왜 거만하고 때로는 공격적으로 보이기까지 하는 말투를 사용하며, 독자들을 '추한 것들', '멍청이들', '생각 없는 바보들', '한없이 부족하고 모자란 것들' 등으로 부르는가? 타프티의 이런 태도에 공감하는가? 독자들에게 이런 태도를 반드시 취해야 할 필요가 있었다고 보는가?

A. 공격적이고 거만한 태도는 우리 머릿속에만 그렇다고 여겨지는

것이다. 그렇게 생각하는 데에는 유머감각이나 다른 부분에 문제가 있기 때문이다. 예컨대 자존감이 낮다든지 말이다. 아니면 자만심이 너무 높아서일 수도 있다. 당신이 받은 이런 '모욕'을 진지하게 생각하고 있는 것인가? 우선은 거울 앞에 선 자신이 모습이 어떤지, 자신의 반영은 어떤 모습인지 한번 살펴보라.

Q. 타프티는 왜 사람들이 그녀에게 복종하고, 찬성하고 존경해야 한다고 말하는가? 이것이 파괴적인 펜듈럼을 만들지는 않을까?

A. 지금 이 정도의 시간을 할애하고 있는 것만으로도 너희에겐 크나큰 영광이 아니냐, 이 하찮은 것들아. 이 기회를 빌려 나를 감상하고, 찬양하며, 나를 흡족하게 해보아라. 나는 너희의 위대한 스승, 타프티다!

나 타프티는 너희의 주인이며, 하겠다고 마음먹은 것은 뭐든 할 수 있다.

내 앞에서는 조심하거라. 나 타프티는 너희의 스승이다. 이제 폭정을 행할 것이다.

여기에서 '폭정'은 순전히 모순적이라고 할 수 있다. 이것이 타프티가 당신을 잠에서 깨우고 자극하는 방법 가운데 하나라는 사실이 머릿속에 떠오르지 않는 것인가? 당신도 이제 깨어난 것 같다! 이 방법이 당신을 제대로 꿰뚫은 듯싶다. 물론 자신의 것을 요구할 정도로만 아주 잠깐 깨어났을 뿐이긴 하지만 말이다. 좀더 노력하길 바란다. 수련에는 끝이 없다.

Q. 예전에 당신은 트랜서핑도 펜듈럼이라고 한다면 해롭지 않은 펜듈럼에 속한다고 볼 수 있다고 밝힌 적이 있다. 그렇다면 타프티도 전혀 무해한 펜듈럼이라고 생각되지는 않는가?

A. 깨어난 의식을 가진 사람들이 모여 만든 집단과 여기에서 암시하는 사이비 집단을 같은 것이라고 본다면, 아직 타프티의 수준까지 가려면 한참 멀었다는 뜻이다. 다시 말해서 트랜서핑 시리즈를 한 번 더 읽어야 한다는 뜻이다. 초등학교를 다시 나와야 할 것 같다.

Q. 타프티는 '세계는 거울이고, 우리가 세계를 향해 발산하는 모든 것은 부메랑이 되어 우리에게 돌아온다'는 트랜서핑의 원칙에 모순되는 행동을 하는 것이 아닌가? 그러잖아도 세상에는 부정적인 에너지가 만연한데, 타프티는 왜 그런 세상을 향해 거만함과 공격적인 에너지를 보내는 것인가?

A. 한 번 더 말하지만, 거울은 당신의 머릿속에 있다. 거울을 통해 자기 자신의 모습을 보라. 어쩌면 그런 말을 하는 이유도 당신이 거울을 바라보고 있기 때문일 수 있다.

Q. 타프티는 왜 '목을 친다'든지, 독자들을 '민달팽이로 만들어버릴 것'이라는 말을 하면서 독자들을 위협하는가? 이 책에서 타프티가 가하는 위협은 어떤 의미가 있는가? 트랜서핑의 원칙을 책의 내용과 어떻게 종합할 수 있겠는가?

A. 그런데도 끝내 이해하지 못한다면 너희의 목을 치도록 하겠다. 내게 그런 것들은 필요 없으니 말이다!

과학자가 짐승들에게 하듯, 너희를 실험실의 표본으로 만들어주겠다. 해로운 곤충을 수집하듯 켄트지에 놓고 못으로 박아놓거나, 포르말린을 가득 채운 병 속에 다른 여러 생명체와 함께 처넣어버릴 것이다.

정말로 당신이 그 말을 전부 진지하게 받아들이고, 당신에게 있어 그 위협은 진짜라고 생각하고, 재미있다기보다 오히려 기분이 상한다면, 나도 타프티처럼 당신을 완전히 덜떨어진 사람이라고 진지하게 말하는 수밖에 없을 것 같다. 트랜서핑에 대해서 아무것도 이해하지 못한 것이 분명하다.

Q. 타프티는 '나 말고는 그 누구도 너희를 사랑하지 않는다'라고 말한다. 하지만 이 주장은 처음부터 잘못되었다. 우선 첫 번째로 창조주는 모든 인간 개개인을 사랑하며, 두 번째로 당신에게는 부모님이나 아이들이나 다른 가까운 지인들이 있지 않은가?

A. 이것도 마찬가지로 모순이다. 하지만 상당 부분 진실이 공존하기도 한다. 당신과 가까이 지내는 사람들이 당신을 사랑할 수도 있겠지만, 그것으로는 한참 부족하다. 당신도 동의하지 않는가? 이 세상의 많은 사람이 외로움과 불행과 분노를 느끼곤 한다.

그리고 창조주가 당신을 사랑하는지에 대한 여부는 아무도 알 수 없다. 아무도 그에게 그런 질문을 한 적이 없으며, 창조주 역시 그 점에 대해 직접적으로 언급한 적이 없다. 여러 출처에서 나오는 복음서들을 읽어보라. 여기에는 흔히들 우리 모두를 사랑한다고 여겨지며 특정한 누군가를 더 사랑하거나 하지 않고, 오히려 타프티

만큼이나, 또는 타프티보다도 더 엄격하다고 알려진 예수 그리스도도 나온다. 물론 그의 사랑에 대해 논하는 것은 나의 전문이 아니다. 하지만 역사적 출처에 따르면 그는 그 누구에게도 예의를 차리거나 응석을 받아주면서 보살피지 않았다.

반대로 타프티는 당신을 보살펴주려고 한다. 만약 그녀가 당신을 소중하게 여기지 않았다면 애초에 당신을 찾아오지도 않았을 것이다.

Q. 책에서는 두 가지 태도가 엿보인다. 타프티의 공격적인 요구와 전작들에서 보였던 문체다. 그 말은 공격적인 어조는 타프티가 '말을 하는' 것이고, 나머지는 저자의 문체라는 뜻이 되는가?

A. 트랜서핑은 관찰자의 채널을 통해 나에게 전해졌고, 타프티의 기법은 타프티의 채널을 통해 전해졌다. 이 점이 차이라고 할 수 있다. 그러나 다시 한 번 더 말하지만 여기에는 그 어떤 공격성도 없다. 고의적으로 특별한 어조를 사용한 것은 인정한다. 하지만 우리 세계의 사람이 아닌 여사제로부터 무엇을 기대하는가?

모든 책에서 공통적으로 보이는 문체는 저자인 나의 문체일 것이다. 아무래도 이것은 피할 수가 없다. 어쨌거나 지성은 나를 통해 나오고, 나의 언어로 기술되기 때문이다. 하지만 재치 있는 말을 던지는 건 할 수 없을 것 같다. 소설 버전과 논픽션 버전이 공존하는 책을 한번 직접 써보라. 생각해내기란 불가능할 것이다. 아마 나오지 않을 테니 말이다.

심지어 판타지 소설 작가들도 허구의 것은 그 무엇도 만들지 못한다. 모든 것은 정보장에서 온다. 앎 또한 그렇게 쉽게 주어지는 것이 아니다. 그것을 이해하기 위해서는 적잖은 노력이 필요하며, 그 다음에야 자신의 경험을 통해 여러 번 확인하게 될 것이다.

바딤 젤란드

순수식이란 무엇인가

순수식은 단순하게 말해 '오염된 음식'을 먹지 않는 것이다. 다음은 오염된 음식과 식생활의 목록이다.

- 효모를 넣어 구운 빵
- GMO, 인공조미료나 화학첨가물이 들어간 음식
- 병, 캔, 상자 형태로 포장되고 유통기한이 긴 모든 형태의 음식
- 1등분 밀가루*와 정제유, 마가린, 그리고 이 재료로 만든 음식
- 레토르트 등 인스턴트 제품과 슈퍼마켓에서 파는 합성식품
- 호르몬제와 항생제, 합성식품을 먹고 자란 가축의 고기, 해산물
- 성분이 불분명하거나 신뢰할 수 없는 제품**
- 성분과 제조원을 알 수 없는 반가공식품
- 패스트푸드
- 화학비료와 온갖 화학약품으로 재배한 채소
- 궁합이 맞지 않는 음식을 한 끼에 섭취하는 것

---

* 밀가루를 연소한 뒤 재의 형태로 남는 황, 인, 마그네슘, 칼슘 등의 무기질을 회분이라 한다. 회분은 껍질 부위에 가장 많고, 밀 내배유에 가장 적다. 밀가루는 회분 함량에 따라 1~3등분 등으로 나뉘는데, 회분 함량이 가장 적은 밀가루가 1등분 밀가루다.

** 많은 제품에는 식품유화제, 향미증진제, 점도증진제 등의 첨가물이 들어가기도 하는데, 이런 첨가물은 무엇으로 만들었는지 알 수 없으며, GMO로 생산된 것일 수도 있다. 그리고 모든 제조업체가 제품을 무엇으로 만드는지 정직하게 밝히지 않는다는 사실도 꼭 기억해야 한다.

- 죽은 음식, 익힌 음식 위주로 먹는 식습관

오염된 음식, 오염된 식습관으로 생활한다면 몸은 어떻게 될까? 빠르게 더러워지고 망가지다가 결국에는 병을 얻게 된다. 지저분한 연료로 굴러가는 엔진이 빨리 고장 나는 것처럼 말이다. 효모, 화학 성분, GMO가 들어간 음식을 먹으며 살아간다면 그 어떤 '건강한 생활방식'이나 다이어트로도 이렇다 할 효과를 누릴 수 없다. 인공첨가물이 신체 기능을 망가뜨리고 어지럽히기 때문이다.

순수식의 효과

순수식을 하면 몸이 정화되는 속도가 더러워지는 속도보다 더 빨라져, 몸이 마치 힘차고 빠르게 흐르는 깨끗한 강물을 닮아가게 된다. 깨끗해진 몸속에서는 에너지도 빠르고 힘차게 흐르기 시작한다.

순수식을 한다면 당신은 자연스럽게 이런 결과들을 맞이할 수 있을 것이다.

- 질병이나 신체 결함들이 저절로 사라진다.
- 몸의 모든 기능이 점점 정상화된다.
- 체형과 외모가 눈에 띄게 좋아진다.
- 전반적인 활력이 개선되고 삶에서 더 큰 재미를 느끼게 된다.
- 의식이 더 명료해지며, 신경계가 안정적으로 변하고 숙면할 수 있다.
- 지성이 날카로워지고, 반응과 판단력, 감각이 예리해진다.
- 스스로 체감할 수 있을 정도로 노화 속도가 확연하게 느려진다.

순수식의 원칙

1. 제한이 아닌 대체

오염된 음식과 식습관을 끊는 행위를 금욕주의와 헷갈려서는 안 된다. 순수식의 원칙은 몸에 악영향을 미치는 음식을 덜 해로운 음식으로 **대체**하는 것에 있다. 예를 들어 설탕을 꿀로, 파이와 케이크를 카카오 함유량 72퍼센트짜리 초콜릿이나 말린 과일로, 훈제 고기를 삶은 고기로, 프라이팬을 찜기로, 기름진 음식을 기름기가 적은 음식으로, 올리브유와 해바라기유를 아마유나 잣유로, 갓 끓인 죽을 싹이 난 콩과 곡물, 야생쌀로 대체할 수 있다. 자신을 제한하는 것이 아니라, 일부 음식을 몸에 더 좋고 독소가 덜한 음식으로 대체하는 것이다.

2. 천연식품을 찾으라

슈퍼마켓에서 파는 식품 가운데 천연식품이라고 말할 수 있는 것은 1~5퍼센트에 불과할 것이다(최근에는 조금 달라지긴 했지만 말이다). 캔이나 봉지로 '밀봉되고 파묻혀' 유통기한이 늘어난 제품을 천연식품이라고 부를 수는 없으니 말이다. '천연이나 다름없다'고 그럴싸하게 포장한 첨가물 역시 아무리 번지르르하게 꾸민다 해도 그것이 합성첨가물이라는 사실에는 변함이 없다.

꾸준히 구매할 수 있는 믿을 만한 제조업자와 친환경 제품, 정직한 제품을 거래하는 판매업체를 찾아야 한다. 이런 업체들은 대부분 시장에서, 그중에서도 특히 책임의식이 투철한 중소업자들에서 찾아볼 수 있다. 찾겠다는 목표를 설정해둔다면 실제로도 찾을 수 있을 것이다.

3. 함께 소화할 수 없는 음식을 한 끼에 섭취해서는 안 된다

단백질, 탄수화물, 디저트 등 모든 영양소를 한꺼번에 먹으면 음식은 소화되지 않고, 대부분이 몸 안에서 부패하여 몸을 오염시킨다. 예를 들어 단백질은 산성에서, 탄수화물은 알칼리성에서 소화된다. 그런데 이 둘을 함께 먹으면 그야말로 '난장판'이 벌어진다.

단백질 종류와 흡수 속도에 따른 탄수화물 식품 목록

동물성 단백질	고기, 생선, 달걀, 치즈
식물성 단백질	견과류, 콩, 씨
느리게 흡수되는 탄수화물	감자, 쌀, 알곡, 밀가루
빠르게 흡수되는 탄수화물	과일, 꿀

위의 분류에서 속하는 음식 중 그 어떤 것도 다른 분류의 제품과 함께 먹어서는 안 된다. 같은 분류에 있는 여러 가지 음식을 한 번에 먹는 것 역시 그다지 추천하고 싶지는 않다. 어떤 한 음식을 '약간 곁들이는' 정도라면 괜찮다. 예컨대 샐러드에 견과류나 씨를 조금 섞어 먹는 것처럼 말이다. 예외로, 견과류와 꿀은 함께 먹을 수 있고, 허브는 그 어떤 식품과도 함께 먹을 수 있다.

4. 식단은 단순하게 구성하라

한 끼 식사는 최대한 단순한 형태로, 비슷한 재료로 만들어야 한다. 예를 들어 채소만 넣고 만든 스튜 요리는 단순한 식단이라고 볼 수 있다. 반면에 고기나 생선에 가니시를 곁들인 요리는 복잡한 식단이다. 전채 요리와 수프, 메인 요리를 모두 챙겨 먹는 것은 과도하게 복잡한 식단이다. 디저트는 아예 따로 먹거나 식사 대용으로 먹어야 한다. 고기와 생선을 먹을 때는 반드시 신선한 채소 약간과 많은 양의 허브를 곁들여 먹도록 한다.

5. 빨리 소화되는 음식부터 먹으라

하루 동안 빨리 소화되는 음식을 먼저 먹고, 그다음에 소화가 오래 걸리는 음식을 먹어야 한다. 앞서 가는 차들이 천천히 움직이면 길이 막히는 것과 같은 원리다.

다음은 빨리 소화되는 음식과 천천히 소화되는 음식 목록이다.

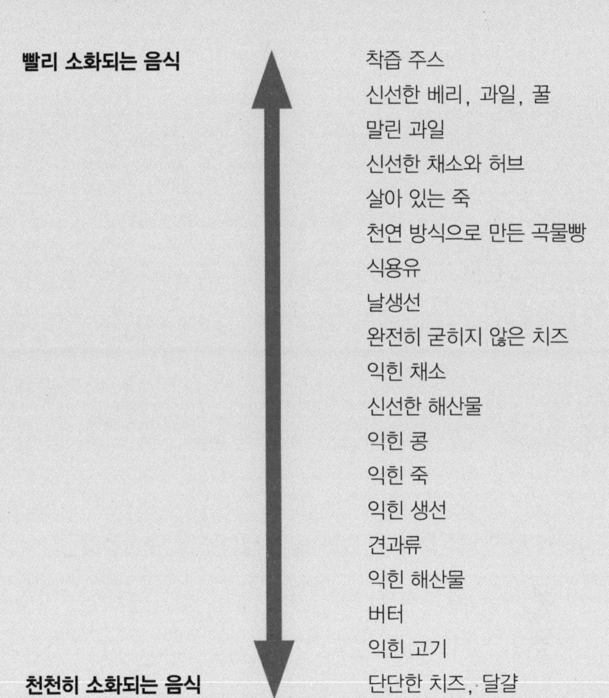

구운 요리와 훈제 요리는 순수식과 관련이 없기 때문에 이 목록에서 다루지 않는다. 저녁 늦은 시간에는 어떤 음식이든 원하는 대로 먹어도 좋다. 다만 한 가지로 구성된 식단이어야 한다.

6. 동물성보다는 식물성, 죽은 음식보다는 살아 있는 음식을 먹으라

순수한 음식(Pure food)이란 위 목록에서 빠르게 소화되는 음식들을 말한다. 인간의 소화기관은 초식동물과 육식동물 사이의 특징을 띠고 있고, 본래 인간은 과일을 먹는 동물이니 인간에게 가장 적합한 음식은 식물성 식품이다. 다시 말해 베리, 과일, 채소, 씨 종류를 먹어야 하는 것이다. 물론 동물성 음식을 먹을 수도 있지만 그런 음식은 적게 먹어야 한다.

순수식에서는 제한을 두는 것이 아니라 우선순위를 매겨둬야 한다. 동물성 식품보다는 식물성 식품, 죽은 음식보다는 살아 있는 음식, 익힌 식물보다는 살아 있는 식물, 구운 생선보다는 익히지 않은 생선, 튀긴 생선보다는 구운 생선, 단단한 치즈보다는 부드러운 치즈, 고기보다는 생선. 이런 식으로 말이다. 단, 한 끼 식단에서 최대한 절반 정도는 식물성 음식으로 먹어야 한다.

7. 식단의 절반 이상을 살아 있는 음식(생식)으로 구성하라

자연은 음식을 익히지 않는다. 음식을 익히는 것은 자연의 섭리에 반하는 행위다. 살아 있는 것은 살아 있는 식품을 먹고 살아야 한다. 죽은 음식은 노폐물과 독소로 몸을 오염시키고 독소를 배출하는 메커니즘을 방해한다. 하지만 살아 있는 음식은 몸을 더럽히지 않고, 몸의 자정 메커니즘을 발동한다.

그렇다면 '익힌' 음식을 먹는 채식주의는 어떤가? 죽은 식물을 먹는 건 아무 의미가 없다. 식물을 가열하면 많은 비타민과 미량원소, 다량원소가 파괴된다. 익힌 죽을 먹는 것보다 차라리 익힌 고기에 신선한 허브를 듬뿍 곁들여 먹는 것이 낫다. 중요한 점은 살아 있는 식물성 식품 위주로, 더 정확히 말하자면 절반 이상이 식물성 식품으로 구성된 식단으로 먹어야 한다는 것이다.

8. 깨끗한 물을 마시라

인체는 극단의 위험을 마주하게 된 최후의 순간이 되어서야 갈증 신호를 보낸다고 한다. 그래서 사람은 종일 커피만 마셔도 갈증을 느끼지 않을 수 있다. 몸은 단순해서, 아주 적은 물만으로도 만족할 수 있기 때문이다. 하지만 이 말이 물을 충분히 마실 필요가 없다는 뜻은 아니다.

몸무게에 따라 하루에 적어도 1.5~2리터의 물을 마시도록 한다. 구조화된 물을 마시는 편이 좋고, 살아 있는 물이라면 더 좋다. 물은 식사하기 15분 전, 또는 식사 후 적어도 한 시간 반에서 두 시간 뒤에 마신다. 깨끗한 물은 갈증 해소뿐만 아니라 몸을 정화하기 위해서도 필요하다. 탄산수나 주스로 설거지를 할 수는 없지 않은가?

9. 아이를 돌보는 것처럼 몸에게 음식을 먹이라

"몸은 자신에게 필요한 것이 무엇인지 잘 안다"는 말이 있다. 하지만 이 말은 틀렸다. 몸은 아무것도 모르며, 잘못된 식습관과 인공적인 합성식품 때문에 모든 것을 혼동하고 있다. 몸은 잉태되었을 때부터 중독과 내성을 유발하는 죽은 음식을 먹어왔다. 몸은 달짝지근한 피망이 아니라 감자튀김이나 햄버거를 달라고 적극적으로 당신에게 요구한다. 당신이 백 퍼센트 생식만 한다 해도 죽은 음식의 독성이 전부 사라질 때까지 몸은 당신에게 계속해서 감자튀김과 햄버거를 달라고 조를 것이다.

몸이 원하든 원치 않든 진짜 필요한 것을 줘야 한다. 당신이 당신 아이가 포동포동 살이 올라 보기 좋은 모습이 되기를 바라면서 음식을 먹이는 것처럼, 몸에게도 그런 마음으로 음식을 먹이라. 그렇게 시간이 흐르면 몸이 알아서 그런 음식을 원하게 될 것이고, 더 나아가 올바른 음식만을 달라고 끈질기게 요구할 것이다. 하지만 그 전에 먼저 아이를 훈육하듯이 몸을 길들여야 한다.

10. 다양한 영양소를 골고루 먹는 식습관을 들이라

정화 과정을 거치면서 영혼이 활력을 되찾으면 몸은 비타민과 미네랄을 더 많이 원하게 된다. 따라서 앞서 보았던 원칙처럼 몸이 필요로 하는 모든 영양소가 포함될 수 있게 특별히 신경 써서 식단을 구성해야 한다. 참고할 사항은, 몸이 필요로 하는 비타민과 미네랄의 양은 단백질, 지방, 탄수화물보다 적다는 사실이다. 전자가 없어도 우리는 생명을 유지할 수는 있다. 그것도 꽤 오래 말이다. 그러나 후자가 없다면 삶 자체가 불가능하다.

11. 제철 식재료로 식단을 구성하라

계절에 따라 즐겨 먹을 수 있는 채소와 과일을 정해두라. 우선 가장 먼저 챙겨 먹어야 할 음식은 베리류 과일이다. 그다음으로 체리, 살구 등을 먹길 권한다. 반드시 먹어야 할 채소는 오이, 피망, 토마토다. 겨울에는 말린 과일, 견과류, 해초, 삭힌 양배추 요리, 싹을 낸 곡물 등을 많이 먹으라. 온실에서 기른 채소는 너무 많이 먹지 않는 걸 추천한다. 재배 과정에서 화학약품을 사용했을지도 모르기 때문이다.